KB246674

일본의 몰락

반도체 패권, 일본은 왜 스스로 무너졌을까?

일본의 몰락

이명찬
지음

EDEN
HOUSE

잃어버린 30년의 뿌리, 반도체에서 디지털까지

나는 90년대 초부터 10년 동안을 일본에서 유학 생활을 했다. 그 세월 속에서 제2의 경제 대국 일본의 정점의 모습들도 목격했었고, 또한 시간의 흐름에 따라 서서히 바래어져 가던 그늘의 스산한 편린들도 목격했었다. 그러나 그 그늘의 정점은 무어라 해도 2019년의 팬데믹을 대처하는 일본 사회의 조악한 몸짓이었다. 그것은 전 세계에 적나라하게 노출되었던 너무나도 비효율적인 아날로그적 대처였다. 이때의 일본의 민낯에 경악을 금할 수 없었다. 기술의 일본, 높은 민도의 일본이라고 자부하던 그 모습은 팬데믹이라는 세계적인 재앙 앞에서 그 편린도 찾아볼 수 없었다.

왜일까? 나는 이 물음에서 일본의 현실을 나타내는 여러 가지 자료를 찾아보다가 충격을 받았다. 그 결과물이 몇 년 전 출판했던 《한일역전》이라는 책이다. 그런데 그 책의 저술작업을 진행하면서 특히 일본이 어떻게 세계 반도체 산업의 정점에 올랐는지와 동시에, 그 영광이 얼마나 빠르게 무너져내렸는지도 자료를 통해 알 수 있었다. 또한 반도체 산업이 무너져내린 근본 이유 중 하나가 디지털 사회로의 변신이 이루어지지 못했기 때문임도 알게 되었다. 일본의 '잃어버린 30년'은 반도체의 몰락과 디지털 사회로의 변신이 지체된 탓이었던 것이다.

이 책을 쓰게 된 이유는 단순하다. 일본의 반도체 부흥과 몰락은 결코 한 나라의 산업사에 그치지 않는다. 이는 혁신의 갈림길에서 어떤 선택을 하느냐가 국가의 운명을 어떻게 바꾸는가를 보여주는 압축된 역사다. 미국을 스승 삼아 기술을 쫓던 일본은 1980년대 세계 1위에 올라섰으나, 불과 한 세대가 지나기도 전에 그 자리를 내주었다. 품질과 끈기, 정부의 집중 지원으로 빛나던 일본 반도체는 왜 몰락의 길을 걸었는가. 그 과정을 통해 우리는 '성공의 법칙'만큼이나 '실패의 이유'를 직시해야 한다.

반도체 몰락의 근본적인 이유 중 하나가 디지털화의 지체다. 지금 전 세계는 디지털화가 진행되고 있다. 미국의 상장 기업들 중 시가총액 최상위에 있는 애플, 마이크로소프트, 알파벳(구글), 아마존, 메타(페이스북) 등은 모두 디지털과 관련된 글로벌 IT 회사들이다. 이들 5개 기업의 시가총액을 합산하면 도쿄증권거래소 상장사의 시가총액 합계를 넘는다. 미국은 디지털 산업으로 엄청난 부를 창출했지만, 일본은 그렇지 못했다. 1989년 전 세계 시가총액 상위 20개사 중에는 일본 기업이 14개나 포함되어 있었다. 그러나 지금은 상위 20개사에 일본 기업은 하나도 없다. 일본이 디지털화에 완전히 실패했기 때문이다. 일본의 노동생산성(취업자 1명당 GDP)은 지극히 낮다. OECD 여러 국가들 중에서 최하위의 그룹이다. 최근에는 한국에도 뒤처졌다. 그 큰 원인이 디지털화의 지연에 있음은 틀림없다.

그런데 일본의 특징이라면 누구나 떠올리는 '장인 정신'이 이 디지털 지연의 원흉이라고 한다면 믿겠는가? 그러나 학자들의 연구 결과가 이를 증명하고 있다. 일본의 유명한 경영사상가이며 평론가인 오마에 겐이치大前研一는 일본이 한국에 뒤처지기 시작한 핵심적인 이유가 디지털화의 지체와 영어교육의 실패라고 했다. 독자께서는 이 책을 통해 디지털화의 지체가 일본 사회 전반에 어떻게 답답하고 정체된 현실을 초래하고 있는지 확인하게 될 것이다.

책의 내용은 크게 세 갈래로 흘러간다. 첫째, 일본 반도체가 어떻게 부흥했는지를 다룬다. 패전국에서 세계 정상으로 도약하기까지, 일본 기업과 정부가 선택한 전략과 환경을 살펴본다. 둘째, 정점에 오른 일본이 어떻게 균열을 맞이했는지를 짚는다. 변화에 적응하지 못한 조직 문화, 글로벌 경쟁 환경의 전환, 그리고 스스로의 강점이 약점으로 전락하는 아이러니를 기록한다. 셋째, 이 역사를 통해 오늘날 한국과 세계가 배워야 할 교훈을 모색한다.

나는 이 책을 특히 젊은 연구자들과 기업가, 정책 입안자들이 읽어주길 바란다. 일본의 사례는 우리에게 낯설지 않다. 한때 "기적"이라 불렸던 성장 뒤에 찾아온 정체와 위기의 그림자, 그리고 다시 도약을 모색하는 몸부림은 한국이 당면한 현실과 깊이 맞닿아 있기 때문이다. 지금은 한국이 일본을 앞지른 시대라 하지만, 그 역전은 결코 영원히 보장된 것이 아니다. 우리가 일본의 경험에서 배우지 못한다면, 내일의 한국은 어쩌면 오늘의 일본이 될 수도 있다.

독자들이 이 책에서 얻어가길 바라는 것은 단순한 산업사의 지식이 아니다. 나는 일본 반도체의 흥망에서 혁신을 가능하게 하는 조건과 혁신을 파괴하는 함정을 동시에 보았다. 그것은 기업의 문제이자 사회의 문제이며, 문화의 문제다. 기술은 언제나 시대를 거센 물살 위로 올려 태우지만, 제도가 그것을 뒷받침하지 못하거나 조직이 스스로 변화를 거부한다면, 혁신의 흐름은 순식간에 퇴조한다. 오늘날 일본과 한국의 경제문화적 위상은 뒤바뀌었다. 그러나 역전의 순간이야말로 우리가 가장 경계해야 할 때다. 일본의 길을 깊이 이해하고 반추하는 일은, 한국이 다시 새로운 혁신의 길로 나아가기 위해 반드시 거쳐야 할 과정이다. 이 책이 그 길잡이가 되기를 바란다.

2025년 세밑에
이명찬

차례

제1부
"메이드 인 재팬" 신화는 이렇게 시작됐다

제2부
"히노마루 반도체", 일본의 부흥을 노리다

제3부
부활을 위한 마지막 기회

제4부
일본은 대체 왜 디지털화에 뒤처졌는가?

제1부

"메이드 인 재팬"
신화는 이렇게 시작됐다

1장

패전국은 어떻게
반도체 1위 국가가 되었는가?

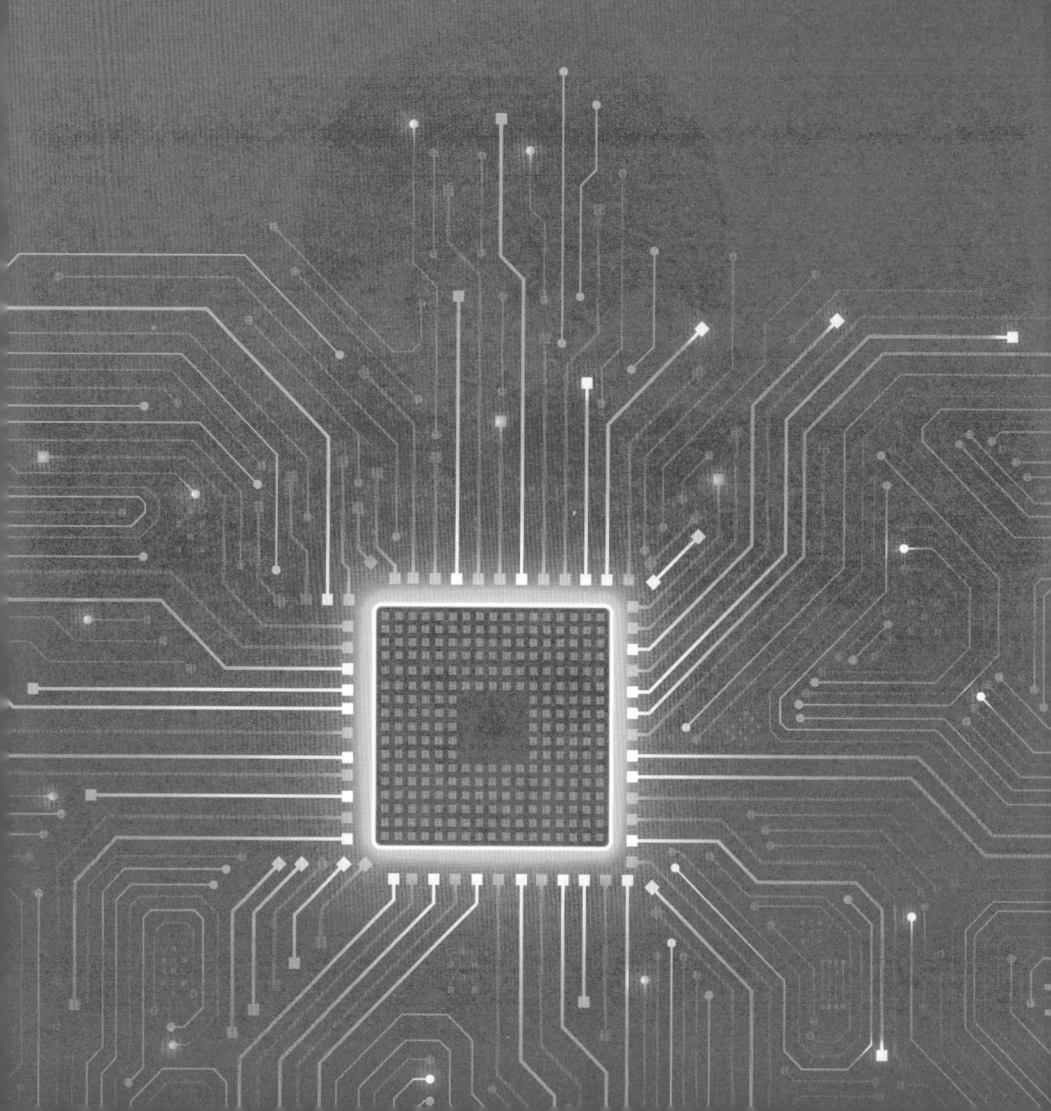

반도체 판매에서 일본이 미국을 처음으로 앞질렀던 때는 1986년이다. 본사 소재지 기준(국가·지역별)으로 집계한 반도체 판매 금액에서, 그동안 줄곧 1위를 지켜온 미국을 일본이 넘어서며 정상에 오른 것이다. 미국 반도체 업계로서는 충격적인 사건이었다.

1948년, 냉전의 서막이 막 올라가던 시기다. 제2차 세계대전의 패전국 일본은 여전히 폐허 속에서 먹고살 길을 찾는 상황이었고, 미국은 전후 질서의 주도권을 쥐기 위해 아시아를 관리해야 했다. 소련이 빠르게 세력을 넓히고, 중국에서는 공산당이 국공내전을 승리로 이끌 기세를 보이던 때였다. 미국은 일본이 좌경화하거나 사회주의 진영에 기울면 태평양 전략 전체가 흔들릴 것을 우려했다. 따라서 군사적 점령뿐 아니라 경제적 부흥을 지원해, 일본을 자유주의 진영의 전초기지로 삼으려 했다.

냉전이 불러온 기회

그 경제 부흥 전략의 한 축에 있던 것이 첨단 기술이다. 미국은 자국에서 막 태동한 반도체 기술, 특히 트랜지스터를 일본 기업에 활용하도록 길을 열어주었다. 원조에 그치는 것이 아니라, 미국 기술을 이용해 일본이 제조하여 세계 시장을 장악한다는 구도를 만들어 소련 및 중국에 맞설 산업적 방패를 세우려 한 것이다. 이 맥락 속에서 일본 기업들은 미국의 기술을 들여와 제품화를 시도했고, 그 대표적 사례가 바로 소니SONY(당시 도쿄통신공업)였다.

소니는 1953년 웨스턴일렉트릭Western Electric과 특허 계약을 맺고 트랜지스터 제조 특허를 취득하고 '소니 라디오'를 세상에 내놓았다. 이 라디오는 저렴함과 훌륭한 성능으로 순식간에 세계를 석권했다. 이 흐름은 다른 기업으로도 이어졌다. 샤프Sharp Corporation(당시 하야카와전기)의 계산기가 대표적이다. 샤프가 1964년에 계산기에 탑재한 트랜지스터도 미국제다. 기술 전수, 응용 및 제조로 이어지는 이러한 과정은 일본이 반도체와 전자 산업을 발판으로 세계 시장에 복귀하는 계기가 되었고, 동시에 미국이 일본을 냉전 체제의 중요한 경제 동맹국으로 묶어두는 시발점이 되었다.

이처럼 일본은 1950~60년대에 트랜지스터 기술을 응용하며 반도체 산업의 초석을 다져갔다. 이어서 1960년대 후반에는 미국으로부터 장비와 기술을 들여와 본격적으로 반도체 제조 경험을 축적하기 시작했고, 이 과정에서 소니를 비롯한 일본 기업은 반도체를 자사 제품에 응용할 뿐만 아니라, 더 나아가 반도체 제조 기술 자체를 내재화하기 시작했다.

이러한 준비 과정은 곧 메모리 반도체의 등장을 맞이하면서, 본격적인 '반도체 산업 경쟁'으로 이어지게 되었다.

'찰칵찰칵의 나라'라는 오명

1971년, 인텔Intel이 세계 최초로 1킬로비트kilobit D램Dynamic Random Access Memory을 상용화하면서, 메모리 반도체 시대가 열렸다. D램은 메모리 반도체의 한 종류로, 대량 생산과 가격 경쟁이 가능해 이후 반도체 산업의 주류를 형성하게 된다.

인텔이 '인텔 1103'이라는 1킬로비트 D램을 상용화하며 메모리 반도체 시대의 문을 연 뒤, 1970년대에는 미국이 시장을 주도하며 점유율 1위를 차지했다. 같은 시기 일본 기업들은 미국으로부터 기술을 접수받아 D램 개발에 착수했으며, 히타치 제작소Hitachi, Ltd., 도시바Toshiba Corporation, NEC(일본전기), 후지쓰Fujitsu Limited, 미쓰비시 전기Mitsubishi 등 주요 전자업체들이 모두 D램 생산을 전략 사업으로 삼았다. 이들은 도입한 기술과 장비를 토대로 생산 경험을 축적하고 자체 역량을 키워나갔다. 그리하여 1986년, 마침내 일본은 세계 시장에서 미국을 제치고 반도체 점유율 1위에 올랐다.

일본 입장에서 이는 굉장히 고무적인 일인데, 사실 제2차 세계대전 이후 한동안 일본 제품은 '싸고 저품질'을 의미하는 '치프

Cheap'의 대명사로 여겨졌기 때문이다. 크리스 밀러Chris Miller는 저서 《칩 워Chip War》에서 이 시기에 대해 "미국 반도체 기업들이 모인 회의에서는 일본 기업이 사진을 찍으며 아이디어를 베껴 간다고 해서, 일본을 '찰칵찰칵의 나라'"라고 야유했다고 전한다.

이런 불신과 비웃음을 뚫고 일본은 단기간에 눈부신 발전을 이뤄냈다. 어떻게 그런 일이 가능했을까?

미국을 넘어서려는 일본의 움직임

크리스 밀러는 그 이유로 2가지를 꼽는다. 하나는 높은 품질, 그리고 다른 하나는 일본 정부의 극진한 지원이다.

첫째, 품질은 곧 기술력의 지표였다. 당시 미국 휴렛 패커드 Hewlett-Packard, HP의 임원이었던 리처드 앤더슨Richard W. Anderson은 도시바, NEC 같은 일본 D램 제조사를 조사했다. 미국과 일본에서 각각 세 기업의 제품을 대상으로 첫 1,000시간 사용했을 때의 불량률을 비교했는데, 미국 기업들의 평균 불량률은 0.09%였던 반면, 일본 기업들은 0.02% 이하로 훨씬 낮았다. 조사 대상 중 불량률이 가장 높았던 미국 기업의 경우, 0.26%로 일본 기업의 10배 높은 수준에 달하는 결과가 나왔다.

둘째, 1976년에 설립된 공공기관과 민간기업 합동 컨소시엄 '초고밀도 집적회로 기술연구조합'이 일본의 반도체 산업에 본격

일본의 몰락

적인 탄력을 불어넣는 계기가 되었다. 이 컨소시엄에는 도시바, NEC, 히타치 제작소 등 주요 반도체 제조사들이 참여했으며, 기업들이 한데 모여 차세대 집적회로 개발에 협력했다. 이러한 대규모 협업은 캐논이나 니콘 같은 노광장치^{Lithography equipment} 기업들의 기술 개발에 박차를 가하는 계기가 되었다.

일본 기업들이 힘을 모아 대규모 집적회로 프로젝트에 함께 나서는 모습은 당시 미국에서는 좀처럼 보기 어려운 일이었다. 미국에서는 '반트러스트법'(시장 경쟁을 해치는 독점·담합·불공정 행위를 규제하기 위한 법률. 반독점법 혹은 독점금지법)으로 인해 반도체 기업들 간의 광범위한 협업 자체가 사실상 불가능했기 때문이다.

일본 정부의 기업에 대한 보조도 매우 적극적이었다. 실제로 '초고밀도 집적회로 기술연구조합'에는 1976년부터 1980년까지 291억 엔에 달하는 지원금이 투입되었다. 한편 미국의 인텔 같은 기업들은 1980년대에 들어서 일본의 제조 방식을 모방해 D램 사업을 다시 일으켜보려 했지만, D램 시장에서 사실상 일본의 독점적 지위는 좀처럼 흔들리지 않았다.

일본 반도체, 그 영광의 나날

일본 반도체 부흥과 쇠락의 분석에 앞서 일본 반도체가 얼마나 독보적 위치에 있었는지 한번 짚고 넘어갈 필요가 있다. 반도체 판매에서 일본이 미국을 처음으로 앞질렀던 때는 1986년이다. 본사 소재지 기준(국가·지역별)으로 집계한 반도체 판매 금액에서, 그동안 줄곧 1위를 지켜온 미국을 일본이 넘어서며 정상에 오른 것이다. 미국 반도체 업계로서는 충격적인 사건이었다.

　시장 조사회사인 데이터퀘스트Dataquest(현재의 가트너)는 세계 반도체 제조사를 미국, 일본, 유럽, 그리고 기타(아시아 태평양) 등 4개 지역으로 나누어 본사 소재지별 판매액을 매년 발표해왔다. 이 통계는 반도체 업계에서도 널리 알려져 있었다. 데이터퀘스트의 자료에 따르면, 1980년대 전반까지만 해도 미국이 계속해서 반도체 판매에서 선두 자리를 지키고 있었다.

반도체 메이커 매출 순위(1971~1996년)

순위	1971년	1981년	1986년	1989년	1992년	1996년
1위	T1	T1	NEC	NEC	인텔	인텔
2위	모토로라	모토로라	히타치	도시바	NEC	NEC
3위	페어차일드	NEC	도시바	히타치	도시바	모토로라
4위	내셔널 세미컨덕터(NS)	히타치	모토로라	모토로라	모토로라	히타치
5위	시그네틱스	도시바	T1	후지쓰	히타치	도시바
6위	NEC	내셔널 세미컨덕터	필립스	T1	T1	T1
7위	히타치	인텔	후지쓰	미쓰비시	후지쓰	삼성
8위	AMI	마쓰시타	마쓰시타	인텔	미쓰비시	후지쓰
9위	미쓰비시	필립스	미쓰비시	마쓰시타	필립스	미쓰비시
10위	유니트로드	페어차일드	인텔	필립스	마쓰시타	SGS-톰슨

출처: 데이터퀘스트

일본의 몰락

대표적으로, 미국의 경우 텍사스 인스트루먼트TI나 모토로라 Motorola가 선두 그룹을 유지하고 있었는데, 1971년 상위 10개사를 보면 미국 기업은 7곳, 일본 기업은 3곳에 불과할 정도였다. 그러나 1980년대에 들어서면서 이 구도가 크게 달라졌다.

1981년에는 상위 10개사 중 미국이 5곳, 일본이 4곳, 유럽이 1곳으로 미국 기업의 비중이 줄어들었다. 이후 일본과 유럽 기업이 점차 존재감을 키웠고, 1986년에는 상위 10개사 중 일본 기업이 6곳으로 과반수를 차지하게 된다. 미국 기업은 3곳으로 줄었고, 나머지 1곳은 유럽 기업이 차지했다. 이 비율은 1989년과 1992년 발표에서도 그대로 유지됐다.

그뿐만 아니라 NEC는 1983년부터 1991년까지 1위를 지켰으며, 1992년에 인텔에게 선두 자리를 내주기 전까지 장기간 정상의 자리를 유지했다.

일본은 미국의 예상보다 훨씬 빠른 속도로 성장했다. 1970년대부터 1980년대 초반에 걸쳐 히타치, 도시바, 후지쓰, NEC 등 일본 기업들은 D램 제조 분야에서 세계 시장을 장악하기 시작했고, 이로 인해 양국 간에 마찰이 불거지게 되었다. 위기를 느낀 미국의 반도체 기업들은 "일본 기업이 자국뿐 아니라 미국 시장에서도 각종 보호를 받으며 부당한 이익을 누리고 있다"고 공개적으로 불만을 표출했다.

동시에 텍사스 인스트루먼트나 내셔널 세미컨덕터National Semiconductor도 D램 사업에서 구조조정에 내몰리게 된다. 이에 위기감을 강하게 느낀 미국 기업들은 정부에 적극적으로 로비를 벌였고, 그 결과 1984년에 '반도체 칩 보호법'이 제정되었다. 반도체 칩 보호법은 미국이 일본의 추격을 막기 위해 꺼내 든 방패였다. 반도체 칩의 회로 배선 설계를 저작권처럼 보호해, 기술 복제를 법적으로 차단하려는 조치였다. 따라서 이 법을 통해 반도체 관련 지적 재산권 보호를 꾀할 것이었다. 그러나 그 방패는 생각보다 약했다. 설계를 베끼는 건 막을 수 있었지만, 기술력과 생산성까지 막을 수는 없었기 때문이다. 일본의 반도체 기업들은 이미 차원이 다른 경쟁력으로 승부를 보고 있었다. 바로 품질이었다. NEC, 히타치, 도시바, 후지쓰는 미세공정 기술과 자동화, 품질 관리에서 미국을 압도하고 있었다. 일본 기업의 D램은 싸고, 불량이 거의 없었다. 반면 인텔의 D램은 품질이 들쭉날쭉했고, 원가는 높았다. 시장은 냉정했다. 1984년 무렵, 인텔의 D램 점유율은 1% 밑으로 떨어졌고, 1985년 인텔은 D램 사업에서 조용히 철수했다.

일본인은 대단하다?

당연히 일본이 어떻게 미국을 추월했는지, 또는 일본이 어떻게 반도체 분야에서 세계 1위에 오르게 되었는지에 대한 논의가 양국에서 활발히 이루어졌다. 크게 보면 다음과 같은 몇 가지 견해

일본의 몰락

로 나눌 수 있다. 첫째, 일본인이 지닌 기질과 특성이 배경이 되었다는 설이다. 둘째, 일본 정부(통산성)가 강력한 보호와 육성 정책을 펼쳤기 때문이라는 시각이 있다. 셋째, 일본의 반도체 사업이 종합 전기·전자 기업의 한 부문으로 자리하며 안정적인 투자와 지원을 받았다는 설명이 있다. 마지막으로, 기술적으로 앞서 있던 미국이 일본에 기술 정보를 개방했던 점이 결정적인 계기가 되었다고 보는 견해도 있다.

1980년대 일본의 반도체 산업 융성에 대한 다양한 해석

1	일본인은 본래 제조(모노즈쿠리)에 강점을 지니고 있었다.
2	새로운 기술과 제품에 대한 호기심이 매우 활발했다.
3	기존 기술을 모방하고 개선하는 역량이 탁월했다.
4	타고난 지적 능력과 학습 능력, 그리고 끊임없는 향상심이 자연스럽게 결합되었다.
5	제2차 세계대전 이전부터 아시아에서 유일하게 공업화가 빠르게 진행되었다.
6	반도체 선진국이던 미국의 개발 성과를 꾸준히 흡수해왔다.
7	일본 정부가 1950~1960년대에 자국의 반도체 산업을 미국 반도체 기업의 일본 진출로부터 보호해왔다.
8	미국 반도체 기업들이 군·우주 분야(성능 중시, 비용 비중 미고려) 중심으로 사업을 확대한 반면, 일본 기업들은 민수용 반도체(비용 절감과 제조 수율 중시)에 주력해, 미국보다 저렴하고 품질이 뛰어난 제품을 생산할 수 있었다.
9	일본의 반도체 기업 대부분이 종합 전기·전자 기업의 한 부문으로 자리해 단기적인 수익에 크게 구애받지 않고 설비 투자와 개발 투자에 집중할 수 있었다.

출처: 2021 아키라 후쿠다

이 밖에도 일본 반도체 산업이 1980년대에 번영한 이유에 대해서도 다양한 해석이 제시됐다.

앞서 제시된 표를 보면, 1부터 4까지는 소위 '일본인의 특성'을 이유로 든 해석이며, 5는 역사적 배경, 6은 미국과의 관계, 7은 일본 정부의 산업 정책, 8은 용도의 차이가 제품 특성을 갈랐다는 시각, 9는 종합 기업과 전업 기업의 차이에 주목한 관점이다.

1980년대 후반에서 1990년대 초반까지 일본에서 비교적 널리 받아들여졌던 해석은 "1. 일본인이 지닌 기질(모노즈쿠리에 자신이 있고, 호기심이 강하며, 모방과 개선에 능하다)"을 주된 이유로 꼽는, 이른바 '일본인은 굉장하다'라는 설명이었다. 그러나 현재는 이러한 '일본인 굉장하다' 설은 더 이상 설득력을 가지지 못한다. 적어도 반도체 산업에 있어서는 "인종이나 국적에 따른 능력 차이는 없다"는 것이 오늘날의 상식으로 자리잡았다.

일본의 사업구조 덕분이었을까?

이처럼 한 시기에는 꽤 그럴듯하게 여겨졌던 해석 가운데 "3. 일본의 반도체 사업이 종합 전기·전자 기업의 한 부문이었기 때문에 경쟁력이 높았다"는 견해가 있다. 그 요지는 다음과 같다.

미국의 반도체 기업들은 대부분 반도체에만 특화된 전업 기업이었으며, 여기에 더해 4분기마다 결산을 실시해 수익을 엄격하게 점검해야 했다. 매출원이 반도체 하나뿐이었으니 기업 전체의 매출 규모가 상대적으로 작았고, 단기 실적에 대한 압박으로 장기적인 관점에서 대규모 개발 투자나 설비 투자를 단행하는 데 한계가 있었다.

이에 반해 일본의 종합 전기·전자 기업들은 반도체 부문에서 단기적으로 크게 수익을 내지 않아도 괜찮았고 대규모 개발 투자와 설비 투자를 이어갈 수 있었기 때문에, 결국 미국을 따라잡고 앞설 수 있었다는 설명이 한동안 널리 받아들여졌다. 그러나 반도체 산업의 호황과 불황에 따른 수익 변동 폭이 점점 커지면서, 1990년대에 들어서는 이 구조가 오히려 부정적인 영향을 미치기 시작했다. 반도체 불황기에 반도체 부문에서 거액의 적자가 발생해 종합 전기·전자 기업 전체의 경영 실적을 악화시키는 결과로 이어졌기 때문이다.

한편, 미국의 반도체 전문 기업들은 경기 침체기에 어떻게 대응했을까. 어떤 기업들은 결국 도산했지만, 다른 기업들은 사업을 전환하며 생존을 모색했다. 당시 인텔의 경영진은 더 이상 버틸 수 없다는 사실을 알고 있었다. 이미 바닥난 경쟁력을 다시 세울 수는 없었다. 결국 인텔은 D램을 버리고, CPU에 모든 것을 걸었다. 그리고 이 결단이 훗날 인텔을 세계 최대의 마이크로프로세서 제국으로 끌어올렸다.

새로운 기술로 시장을 만들어내려는 반도체 벤처도 꾸준히 생겨났고, 인수합병을 통해 사업을 확대하거나 연명하려는 사례도 흔하게 일어났다. 미국의 반도체 산업은 이처럼 끊임없는 도산과 재편을 반복하는 '신진대사' 덕분에 경쟁력을 유지해왔다고도 볼 수 있다. 전업 기업이었기에 생존을 위해 어쩔 수 없이 적응해야 했던 것이다. 이런 점에서 보면, "일본인은 대단하다"는 설과 마찬가지로 "종합 전기·전자 기업이라서 강했다"는 해석 역시 현재로서는 별다른 설득력을 갖지 못한다.

2장

그렇다면 일본 부흥의 핵심은
어디에 있는가?

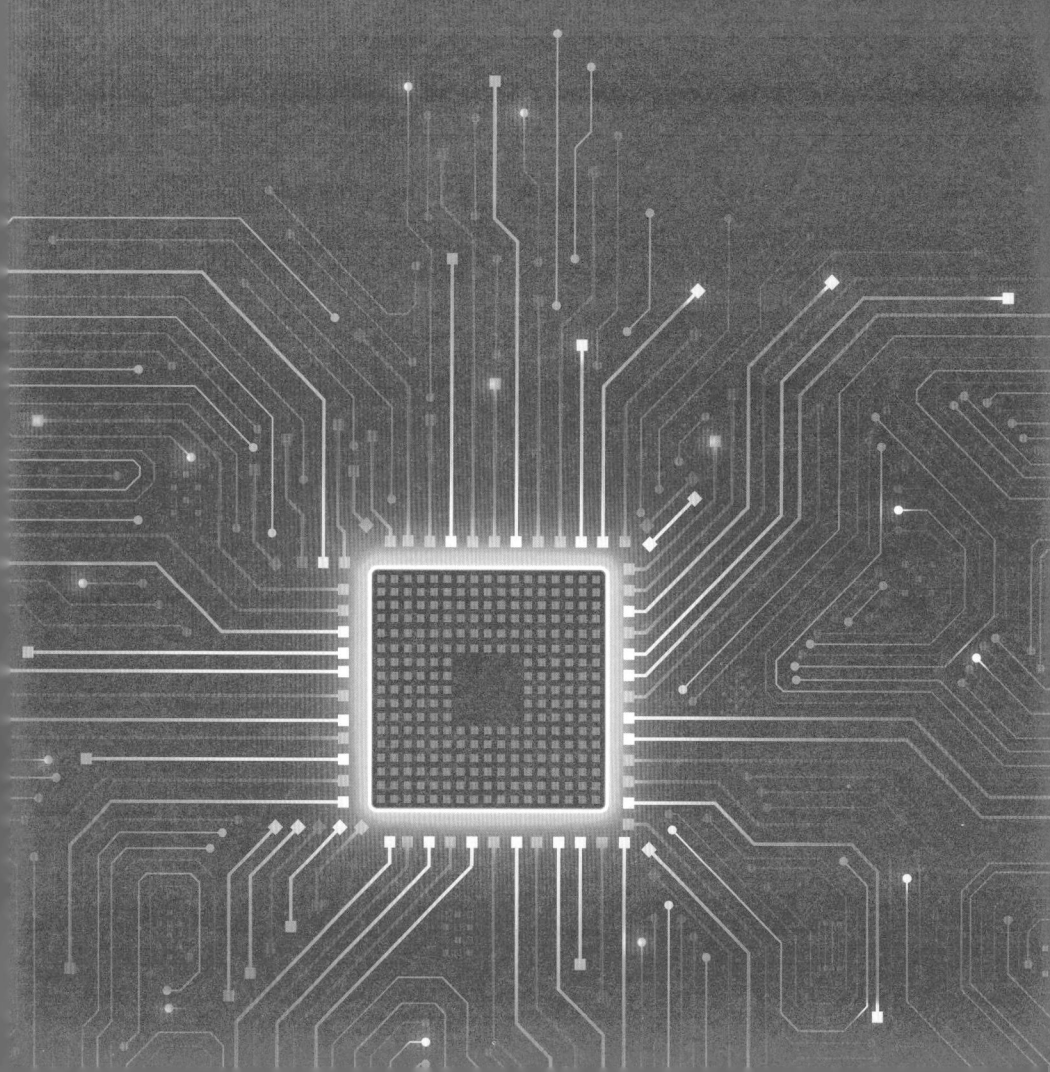

다시 돌아보면, 미국에서 시작된 반도체 기술 혁신을 뒤쫓으면서,
산업 규모에서도 비교적 일찍 미국을 따라잡을 잠재력을 갖춘 나라는
소련과 일본 정도였다는 점을 알 수 있다. 그러나 소련은
미국의 동맹국이 아니었기 때문에, 냉전이 시작되자
미국의 반도체 기술을 도입하는 것이 사실상 불가능해졌다.

결국 남는 것은 우선 "2. 일본 정부, 즉 통산성이 강력한 보호와
육성 정책을 펼쳤기 때문이라는 해석"과, 이어서 "4. 반도체 기술
에서 앞서 있던 미국이 일본에 기술 정보를 제공해주었기 때문에
일본이 성장할 수 있었다는 해석"이다. 이 2가지 설은 현재까지
도 널리 통용되며, 역사적 사실과 부합한다.

　사실 일본 반도체 산업의 부흥은 단일한 원인으로 설명하기
어렵다. 통산성이 추진한 보호와 육성 정책, 그리고 미국의 기
술 개방을 활용해 일본 기업들이 빠르게 기술을 흡수한 점이 가
장 중요한 요인이었다. 여기에 전쟁 전부터 축적된 공업화의 기반
과 숙련된 기술자의 존재가 결합해 산업 회복 속도를 높였다. 하
지만 이러한 요소들만으로는 1980년대 일본이 미국을 넘어 세계
정상에 선 사실을 충분히 설명하기 어렵다.

"운이 좋았다" 천우신조의 징조

산업의 성장은 언제나 제도적 요인과 기업의 노력에만 의존하지 않는다. 특정 시기의 국제 정세와 환경, 그리고 우연에 가까운 요인들이 함께 작용한다. 일본 반도체 산업의 경우에도 그러했다. 통산성과 기업들의 집요한 추진력이 산업 발전의 토대를 마련했다면, 그 위에서 성과를 가속화시킨 것은 당시 일본이 처한 비교적 유리한 환경이었다. 전후 일본은 다른 아시아 국가들과 달리 사회적 혼란이 크지 않았고, 전쟁 이전부터 이어져온 공업화와 기술자 집단이 그 과정에서 중요한 역할을 했다.

냉전 구도 또한 일본에 유리하게 작용했다. 제2차 세계대전이 시작될 당시 세계에서 유럽 제국에 필적할 만큼 공업화를 달성한 나라가 일본뿐이라는 점이다. 이미 살펴본 것처럼, 이 때문에 미국은 일본을 공산주의에 맞서는 아시아의 방패로 삼기 위해 적극적으로 후원했다.

따라서 일본 반도체의 성장은 정책과 기업 노력, 공업화의 기반 위에 국제 환경과 시대적 조건이 더해져 이루어진 성과였다. 일본 사회가 보여준 에너지와 집중력은 분명 뛰어났지만, 그 자체만으로는 세계 최강국 미국을 추월하는 결과를 설명하기 어렵다. 일본 반도체 산업의 황금기를 이해하기 위해서는 이러한 '운과 환경'의 요소를 함께 살펴보아야 한다.

미리 분명히 해두겠다. 여기서 일본인이 전후 부흥에 온 힘을 쏟아 이뤄낸 피나는 노력을 부정하려는 의도는 전혀 없다. 반도체 산업의 발전에도 일본인 경영자와 기술자들의 방대한 연구, 노력, 끊임없는 시도가 있었기에 비록 일시적이었지만 세계 정상의 지위를 쌓아 올릴 수 있었다고 할 수 있다. 앞서 언급한 여러 해석 역시 일본의 독립적 노력을 부정하기는커녕, 오히려 반도체 산업이 융성할 수 있었던 중요한 배경으로 꼽고 있다.

그럼에도 불구하고 일본이 스스로 일군 노력만으로 1980년 대에 미국을 추월하는 성과를 이루기는 어려웠을 것이라는 점을 설명하고자 한다. 한 측면으로는, "운이 좋았다"는 요소를 결코 무시할 수 없다. 그렇다면 여기서 말하는 "운이 좋았다"는 구체적으로 무엇을 뜻하는가?

간단히 정리하면 2가지를 들 수 있다. 첫째, 전후 일본에서는 무력 분쟁이나 사회적 혼란이 일어나지 않았다는 점, 둘째, 미국의 반도체 산업이 극도로 개방적이어서 일본에 아낌없이 기술 정보를 제공해주었다는 점이다.

다음은 일본 반도체 산업(전자 산업)이 "운이 좋았던 점"을 언급한 분석들로, 모든 요소를 망라한 것은 아니다.

무엇보다 먼저 짚고 넘어가야 할 것은 일본이라는 나라가 지닌 '운의 좋음'이다. … (중략) … 미국에서 반도체 기술이 탄생한 것. … (중략) … 미국이 막대한 자금과 노력을 들여 만들어낸 트랜지스터 기술을 아낌없이 일본에 나누어주었다는 사실이다. 게다가 반도체 기술이 아직 실험실 단계에 머물던 초기 시점에서 일본이 참여할 수 있었다는 점은 특별히 행운이었다.

_ 일본 NHK 스페셜 취재반, 《전자입국 일본의 자서전 ― 완결편》
(1992년 5월 발행, 일본방송출판협회)

반도체 산업사를 돌아보면, 많은 천우신조와 더불어 일본 기업들의 끊임없는 근면한 노력이 발전을 촉진해왔음을 알 수 있다. … (중략) … 제조 기술을 중시하는 일본 기업에게 유리하게 작용했다. 세계 전자기기 시장에서 시스템 제품보다 반도체의 중요성이 높아지면서, 모델 체인지와 기능 개선에 강점을 지닌 일본 기업들의 독무대가 되었다.

_아라이 미쓰요시, 〈일본의 반도체 산업에 관한 논설〉
(1994년 11월, 가나가와대학 경제학부 《상경논총》 제30권 제2호)

여기서는 일본 반도체 산업의 부흥을 단순한 기술력만이 아니라 '운과 환경적 요인'에서 찾고 있다. 미국이 트랜지스터 기술을 아낌없이 개방해준 덕분에 일본이 반도체 개발 초기 단계부터 참여할 수 있었고, 동시에 제조 기술을 중시하는 일본 기업들의 특성이 세계 시장의 흐름과 맞아떨어지며 독자적 무대를 형성할 수 있었다는 점을 강조한다.

시대가 일본을 황금기로 이끌다

일본이 미국을 따라잡을 당시 일본을 둘러싼 세계 정세를 살펴보자. 1950년대부터 1960년대에 걸쳐 미국에서 반도체 산업이 태동하고 발전하던 시기에, 거듭 말했듯, 비교적 자유롭게 미국의 뒤를 쫓을 수 있었던 나라는 일본뿐이었다. 유럽은 미국과 거의 같은 시기에 독자적으로 트랜지스터를 개발하려 했지만, 미국 반도체 기업들이 유럽 시장에 진출하면서 유럽의 산업 발전이 일정 부분 저해되었다.

아시아의 상황은 더 열악했다. 한국은 1953년까지 한국전쟁으로 초토화되었고, 이후 1961년 군사 쿠데타 등 정치적 불안정이 이어졌다. 한국 자본으로 설립된 한국 최초의 반도체 기업은 1970년으로, 당시 조립 공정부터 출발했다. 웨이퍼 공정(실리콘 원판 위에 회로를 새기고 층을 쌓아 반도체 칩을 만드는 과정)을 다루는 기업, 즉 삼성전자가 전공정에 참여하기 시작한 것은 1974년의 일이다. 일본이 게르마늄 트랜지스터의 양산을 시작한 시점이 1953~1954년이었음을 감안하면, 약 20년의 격차가 있었다.

대만은 중국 본토에서 중국의 주도권을 두고 벌어진 국공내전에서 패한 국민당 정부(장제스가 이끌던 난징 정부군)가 1949년에 이주해 지배권을 쥔 이후, 현지 주민들의 무장봉기와 그에 대한 강경 진압이 이어지면서 오랫동안 공포정치의 시대가 지속되었다. 대규모 개발 투자와 설비 투자가 필요한 반도체 산업에 대해

당시 대만 사회의 관심은 높지 않았다. 대만 정부는 1974년에 반도체 연구개발 조직인 '전자공업발전센터'를 설립했고, 이 센터를 기반으로 1980년에는 UMC United Microelectronics Corporation, 1987년에는 TSMC Taiwan Semiconductor Manufacturing Company가 분리 독립했다. 대만에서 1980년이 반도체 산업의 본격적인 출발점으로 여겨지며, 시기로 보아도 한국보다 늦은 출발이었다.

중국은 1953년에 트랜지스터 기술을 소련에서 도입해 연구를 시작했다. 이 시점 자체만 보면 꽤 이른 편이었다. 1958년에는 독자적으로 트랜지스터 개발에도 성공했다. 그러나 곧이어 닥친 대기근(1959~1961년)과 문화대혁명(1966~1976년)으로 인한 극심한 혼란이 반도체 산업을 포함한 제2차 산업의 발전을 크게 저해했다. 중국이 반도체와 전자 산업 육성에 본격적으로 나서기 시작한 것은 1978년, 덩샤오핑이 최고 지도자가 되어 개혁·개방 정책을 천명한 이후부터였다.

다시 돌아보면, 미국에서 시작된 반도체 기술 혁신을 뒤쫓으면서, 산업 규모에서도 비교적 일찍 미국을 따라잡을 잠재력을 갖춘 나라는 소련과 일본 정도였다는 점을 알 수 있다. 그러나 소련은 미국의 동맹국이 아니었기 때문에, 냉전이 시작되자 미국의 반도체 기술을 도입하는 것이 사실상 불가능해졌다. 결국 미국의 동맹국이었던 일본만이 반도체 기술에 접근할 수 있었고, 산업 규모까지 함께 키워낼 수 있었다.

1950년대부터 1960년대에 걸쳐 미국의 반도체 산업은 일본에 대해 매우 개방적인 태도를 보였다. 유상 계약이기는 했지만, 미국 반도체 기업들은 핵심 특허와 제조법, 다양한 기법에 대해 일본 기업들에게 사용권을 제공했다. 기술 사용권 계약을 맺은 일본 기업의 기술자가 미국을 방문했을 때, 현지의 엔지니어들은 대체로 매우 친절하게 맞이했다. 사진 촬영이나 메모는 금지되었지만, 반도체 공장의 생산 설비를 거리낌 없이 자세히 견학시켜 주었다. 그뿐만 아니라, 기술 사용권 계약을 맺지 않은 일본 기업의 방문자들에게도 공장 내부를 보여주곤 했다. 이러한 사례들은 NHK TV의 특집 방송을 책으로 펴낸 《전자입국 일본의 자서전(상권)》에 여러 차례 등장한다.

"당시는 미국 측도, 거래도 계약도 없는데 비행장에 마중 나와주거나 사진은 안 된다고 하면서도 공장 안을 개인적으로 안내해주거나, 노트 필기는 물론 사진 촬영도 안 된다고 말하면서도 실제로는 메모를 하게 해주거나 때에 따라서는 샘플을 주거나, 돌아오는 길에 비행장까지 배웅해주거나 (했다.)"

"미국인이 그렇게 친절하고 너그러운 국민이라고는 생각하지 않았지요. RCA와의 계약에서는 비법 전수의 범위 같은 것이 있었습니다만, 그런 부분도 우리를 담당했던 사람은 상당히 융통성 있게 처리해주었습니다. 그래서 장황한 것 같지만, RCA는 일본이 반도체를 시작하게 해준 은인이라고 생각합니다."

이 개방적인 자세가 결국 미국 반도체 산업에는 화근이 되었다. 1980년대에 들어서면서 일본 반도체 산업의 판매액이 미국을 추월하기에 이른다. 1988년에는 전 세계 반도체 판매액 중 일본계 기업이 차지하는 비중이 50.3%에 달하며 사상 최고치를 기록했다. 같은 해 미국계 기업의 비율은 36.8%에 그쳤고, 두 나라의 격차는 13.5포인트에 이르렀다.

반도체 황금기의 역풍

이처럼 1980년대는 일본 반도체 산업이 '세계 제일의 반도체 생산국'으로 자리매김한 황금기였다. 특히 전성기였던 1988년에는 D램으로 대표되는 메모리 반도체를 비롯해 일본의 반도체 제품 생산량이 세계 전체 생산량의 절반 가까이를 차지했다. 이윽고 1990년대 세계 반도체 메이커 톱10 순위에는 일본 기업이 6개나 이름을 올렸다. 매출액 점유율만 보더라도, 1988년에는 세계 시장의 50.3%를 일본이 차지하고 있었다.

1980년대까지 미국은 소련과의 냉전을 계속 이어갔다. 미국이 최전선에서 공산주의 세력과 대치하며 국가적 역량을 소모하는 동안, 일본은 그 틈을 이용해 경제적 이익을 얻을 수 있었던 것이다. 당시 미국은 일본을 공산주의에 맞서는 방파제로 삼겠다는 전략 아래 자국 시장을 사실상 조건 없이 개방했다. 그 결과 일본은 이 기회를 활용해 경제적 승리를 독차지할 수 있었다. 이러한 상황을 더 이상 방치할 수 없다고 판단한 미국은 1970년대 말부터 일본의 반도체 산업 정책을 거세게 비판하기 시작하며, 1980년대 중반부터는 통상법 301조에 따른 제소나 반덤핑 소송을 제기하기도 했다.

일본의 전성기는 길지 않았다. 1980년대 중반을 정점으로 일본의 반도체 산업은 서서히 하락 곡선을 그리기 시작했다. 한때 세계 시장 점유율 50%를 넘어섰던 일본 반도체는 불과 10여 년 만에 추락했다. NEC, 도시바, 히타치, 후지쓰가 미국 기업을 밀어내며 '반도체 왕국'이라 불리던 시절은 옛말이 되었다. 엔화 고평가, 버블 붕괴, 과잉투자, 그리고 미일 반도체 협정이 겹치면서 산업의 뿌리부터 흔들렸다. '메이드 인 재팬'의 찬란하던 영광은 더 이상 기술 우위의 상징이 아니었다. 대신 미국이 새 판을 짜며 한국과 대만이 생산으로 주도권을 나눠 갖는 시대가 도래했다.

일본 반도체 산업의 쇠퇴가 미일 반도체협정 때문이라는 해석은 지금도 일정 부분 지지를 받고 있는 듯하다. 그러나 이 견해에 동의하지 않는 이들도 많다. 일본 반도체 기업들이 세계 시장에서 점유율을 잃고, 결국 반도체 사업 자체에서 철수하게 된 배경에는 여러 요인이 얽혀 있으며, 그중 일부는 상당히 심각했다. 다음 장에서는 이 다양한 요인들을 하나씩 살펴볼 것이다.

3장

일본 반도체 몰락의
7가지 이유

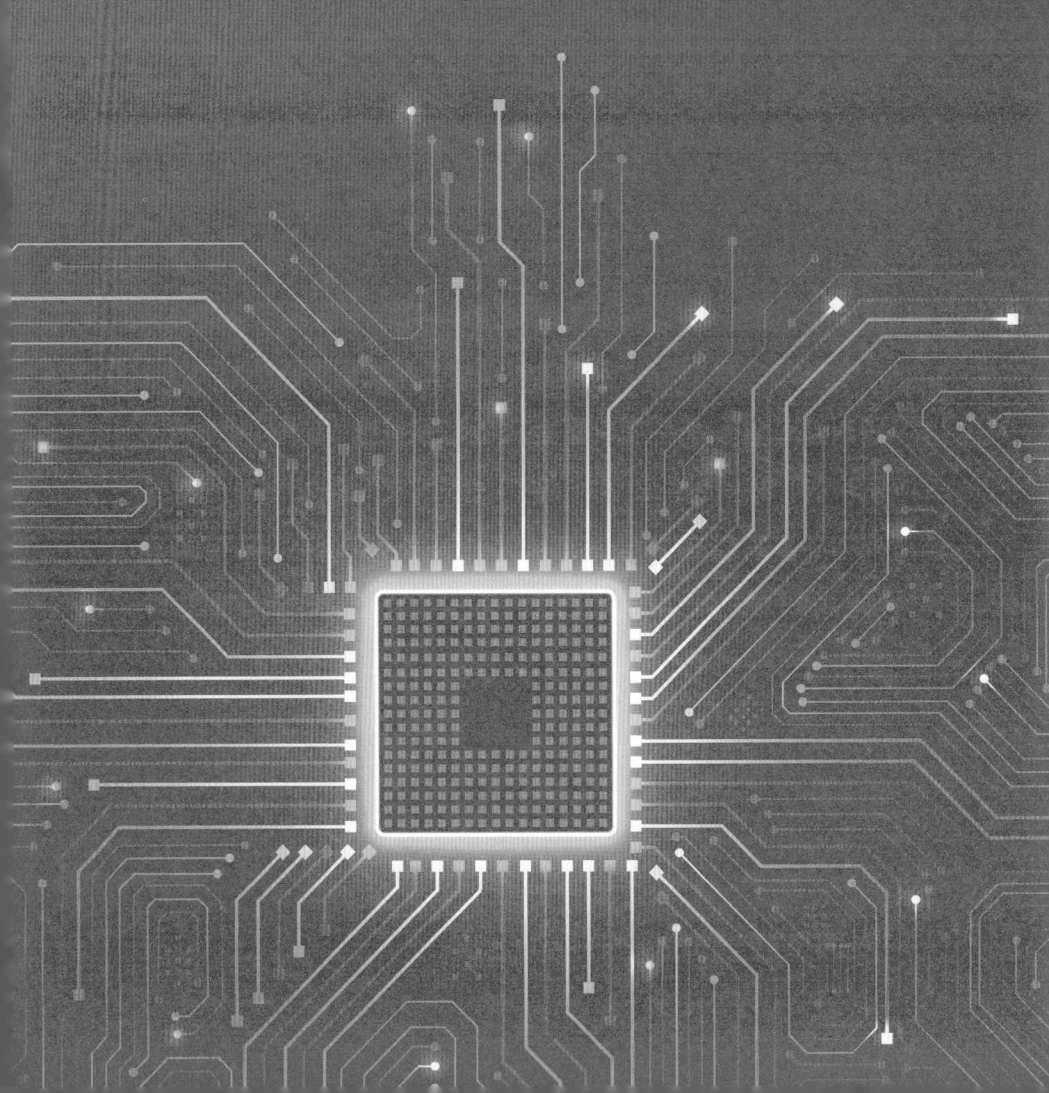

**결국 일본 반도체 산업의 쇠퇴는 외부 압력만으로 설명되기 어렵다.
미국의 압박은 분명했지만, 진짜 문제는 일본 내부의 대응 방식이었다.
기술보다 외교를 우선한 결과는 참혹했다. '외국산 반도체 점유율 20%'라는
협정 조항은 일본 스스로 기술 주권의 일부를 내어준 상징이었다.**

경제산업성이 2021년에 발표한 '반도체 산업 전략'에서, 당시 가지야마梶山精六 경제산업장관은 이렇게 말했다. "반도체는 국가의 운명을 좌우한다. 지난 30년의 '잃어버린 시간'을 반성하고, 반도체 정책을 크게 전환하기로 했다."

그는 일본 반도체 산업이 지난 30년 동안 쇠퇴한 주요 원인으로 5가지를 지목했다.

1. 미일 무역마찰로 인한 메모리 패전
2. 설계와 제조의 수평 분리 실패
3. 디지털 산업화 지체로 인한 고객 부재
4. 일본식 자체 완결주의라는 함정
5. 국내 기업의 투자 축소와 함께 한국·대만·중국의 기업 육성

여기에 이 책에서는 다음 2가지 이유를 더해 살펴보고자 한다.

6. 과잉 기술과 과잉 품질에 대한 집착
7. 반도체를 잘 모르는 본사 주도의 경영 관행

1970년대 후반에 이르러, 미국 반도체 산업은 일본의 급격한 추격에 대해 강한 경계심을 품기 시작했다. 1977년 3월에는 일본 반도체 산업에 대응하기 위해 미국의 주요 반도체 기업 5사(페어차일드, 인텔, 내셔널 세미컨덕터, 어드밴스드 마이크로 디바이스AMD, 모토로라)가 공동으로 미국 반도체산업협회, 다시 말해 SIASemiconductor Industry Association를 설립했다.

일본이 이기자, 미국이 판을 뒤집다

이 무렵 미국이 내세운 비판 논리는 산업 경쟁을 넘어 안보 문제로 확장되었다. "일본 반도체의 미국 진출은 미국의 하이테크 산업과 방위 산업의 기반을 위협하는 안전보장상의 문제다"라는 인식이 퍼지면서, 일본을 동맹국으로 두고도 거센 견제를 시작한 것이다. 그 결과, 1980년대 중반부터는 압박이 본격화되었다. 1984~1985년에는 일본 기업을 상대로 지적 재산권 침해 소송이 이어졌고, D램과 EPROM(자외선으로 지우고 다시 기록할 수 있는 메모리)에 대한 덤핑 제소까지 더해지면서 미일 반도체 마찰은 본격적인 국면으로 접어들었다.

상황이 바뀐 것은 기이하게도 일본 반도체 산업이 절정에 달했던 1986년이었다. 1985년 9월, 플라자 합의Plaza Accord가 체결되면서 엔화 가치는 인위적으로 끌어올려졌다. 미국의 무역적자가 사상 최대를 기록하자, 미국이 수출 경쟁력을 회복하기 위해 달러 약세·타국 통화 강세 유도했던 것이다. 달러 대비 환율은 불과 2년여 만에 1달러 대비 240엔에서 120엔으로 절반 가까이 떨어졌다. 이 급격한 엔고円高는 일본 경제 전반에 큰 충격을 안겼다.

같은 시기, 미국 반도체산업협회SIA는 "일본 반도체 업계가 불공정 무역을 하고 있다"며 조사가 필요하다는 청원서를 미국 정부에 제출했다. 이를 계기로 미국은 일본을 향한 압박 수위를 높였고, 결국 1986년 7월에는 제1차 미일 반도체협정(일본의 반도체 무역에 관한 협정)이 체결되기에 이른다.

협정의 주된 목적은 일본산 반도체의 덤핑 수출을 차단하는 데 있었다. "일본 정부는 자국 내 사용자들에게 외국산(실질적으로는 미국산) 반도체의 활용을 장려한다" 등 미국에 유리한 조항들이 포함되었고, 일본 반도체 산업 전반을 철저히 감시하는 체제가 마련되었다.

이듬해 미국 정부는 일본이 협정을 위반했다고 주장하며 보복 조치에 나섰다. 1987년 4월, 당시 레이건 대통령은 "일본의 제3국 수출에서 덤핑이 지속되고 있으며, 일본 내 시장에서 미국산 반도체 점유율이 확대되지 않았다"는 이유로 통상무역법의 보복 조치를 강화한 특별 조항, 이른바 '슈퍼 301조'를 발동했다. 이 조치의 여파는 컸다. 일본산 TV를 비롯한 전자제품에 100% 관세가 부과되면서, 일본 제품의 가격은 플라자 합의로 인한 엔고 영향까지 감안하면 사실상 2배로 뛰어올랐다. 강력한 제재가 현실화된 것이다.

제2차 미일 반도체협정, 몰락의 서막

미일 반도체협정은 일본산 D램의 대미 수출량을 제한하는 내용을 담고 있었다. 하지만 수출 물량은 줄어들었음에도 가격이 오히려 상승해 일본 기업들은 경영 측면에서 큰 손실을 보지 않았다. 그 결과 1988년에는 일본의 반도체 산업이 세계 생산액의 50%를 넘길 만큼 성장하게 된다.

일본이 반도체 시장을 평정할 수 있었던 원동력은 생활용 전기 기기, 이른바 가전제품이었다. 소니의 라디오를 시작으로 계산기, TV, 비디오 데크, 휴대용 오디오 플레이어에 이르기까지, 고품질·저가격의 '메이드 인 재팬' 제품이 전 세계에 수출되었고, 그에 탑재되는 반도체도 꾸준히 증산됐다. 미국의 가전은 세계 시장에서 밀려났고, 그에 따라 미국산 반도체 역시 일본 기업에 자리를 내주는 구도가 형성됐다. 이후에는 '메인프레임'이라 불린

대형 범용 컴퓨터에 품질이 높고 고장이 적은 일본산 D램이 잇따라 채택되면서 일본의 반도체 점유율 확대를 더욱 뒷받침했다.

그 후에도 일본의 우위가 좀처럼 흔들리지 않자, 미국은 압박 수위를 계속 높였다. 1991년 7월 제1차 협정이 만료되자, 미국은 같은 해 8월에 제2차 '미일 반도체협정'을 사실상 강요했다. 이 협정에는 일본 국내에서 생산하는 반도체 규격을 미국 기준에 맞추도록 하고, 일본 내 시장에서 미국산 반도체 점유율을 10%에서 20%로 끌어올리겠다는 조항이 포함됐다. 이러한 내용은 1991년 체결된 제2차 미일 반도체협정에 공식적으로 명문화되었다.

일본 정부는 전자 메이커들에게 외국산 반도체를 적극적으로 사용하라고 강하게 지침을 내렸다. 히타치에서 반도체 개발을 이끌어온 마키모토 쓰기오牧本次生 전 전무는 다음과 같이 말했다.

가전이나 컴퓨터 사업부 등 사내에 판매하는 경우, 가장 먼저 눈길이 가는 것은 외국산 반도체의 사용 여부였다. 그 뒤 미일 무역 마찰이 과열되자, 미국은 압력을 가하는 대상을 섬유 제품이나 철강에서 자동차, 컬러 텔레비전 등으로 차례차례 넓혀갔다. 이런 움직임 속에서 일본 정부는 수세에 몰려 잇따라 조약에 서명했다. 그중에서도 "미일 반도체협정"의 충격은 컸고, 이를 계기로 일본의 반도체 산업은 쇠퇴하기 시작했다.

통산성의 무책임으로 맺어진 미일 반도체협정으로 인해, 미국 측이 요구한 "외국계 반도체 점유율 20%"를 받아들이게 되었고, 그 결과 사외에서도 히타치제 반도체와 호환되는 외국산 반도체를 소개해야 하는 비정상적인 상황이 벌어지고 있었다.

그리하여 일본 기업이 한국의 삼성전자의 반도체 제품을 파는 것 같은 불합리한 시대가 10년간이나 계속되었다고 한다.《칩 워》에서는 "일본을 패배시키는 열쇠는 한국 삼성전자와 같은 더 저렴한 아시아 반도체 공급원을 찾아내는 것이었다"고 서술하고 있다.

일본 반도체 산업의 쇠퇴는 외부 압력만으로 설명되기 어렵다. 미국의 압박은 분명했지만, 진짜 문제는 일본 내부의 대응 방식이었다. 기술보다 외교를 우선한 결과는 참혹했다. '외국산 반도체 점유율 20%'라는 협정 조항은 일본 스스로 기술 주권의 일부를 내어준 상징이었다.

PC 혁명과 삼성의 부상

일본 반도체가 협정과 압박 속에서 갈피를 잡지 못하는 사이, 미국에서는 또 다른 변화가 일어나고 있었다.

1981년, IBM의 PC가 세계적으로 큰 인기를 얻으면서 컴퓨터 분야에 혁명이 시작된 것이다. 애플은 1984년에 초대 매킨토시를 출시했고, 이듬해인 1985년에는 마이크로소프트가 PC용 운영체제OS를 내놓았다. 이 시기에 다시 부활하기 시작한 것이 인텔이었다. D램 사업에서 철수한 뒤 PC용 마이크로프로세서에 전념한 전략이 결실을 맺은 것이다. 또한 당시까지 이어졌던 엔저·달러 강세 국면이 반전되어 엔고·달러 약세가 되면서, 미국산 제품의 수출 가격이 상대적으로 낮아진 점도 순풍이 되었다

1992년, 미국의 컴팩Compaq이 인텔 칩과 마이크로소프트 OS를 탑재한 PC를 IBM보다 저렴한 가격으로 판매하기 시작했다. 이를 계기로 전 세계 PC 출하 대수가 급격히 증가했고, 인텔도 성장 동력을 더 얻게 되었다. 1995년 마이크로소프트의 OS '윈도우 95' 출시로 PC는 일반 가정에도 급속히 보급되었고, 인텔은 다시금 반도체 업계의 중심적 지위를 확고히 하게 되었다.

이 무렵부터 한국의 삼성전자가 본격적으로 부상하기 시작했다. 1980년대에 반도체 제조에 나선 삼성에게 인텔은 기술과 라이선스를 아낌없이 제공했다. 당시 한국의 생산 비용과 임금은 일본보다 훨씬 낮았기 때문에, 인텔은 한국산 D램이 일본산 제품을 빠르게 대체할 수 있을 것으로 기대했다.

이러한 변화는 시장 수요 구조에도 그대로 반영되었다. D램의 대규모 수요처였던 메인프레임은 1990년대에 접어들면서 완전히 퇴조했고, 반도체의 주력 시장은 PC로 옮겨갔다. 그 핵심 부품으로 인텔 브랜드가 부착된 삼성산 D램이 잇따라 채용되면서, 일본 반도체 기업들에게 직격탄을 날렸다. 일본의 세계 점유율은 점점 뒤로 밀려났고, 반대로 일본 국내에서 외국산 반도체의 점유율은

1996년에 20%에 이르렀다. 이는 제2차 미일 반도체협정에서 목표로 설정된 수준과 같았다.

실제로 제2차 미일 반도체협정 이후 일본의 반도체 산업은 내림세를 그리기 시작했다. 일본 정부가 자국 기업들이 미국산 반도체를 얼마나 사용하고 있는지를 지속적으로 점검할 만큼 미국의 압박이 거셌다. 1997년 7월, 제2차 협정의 만료 시점에 이르자 미국 정부는 일본 반도체 산업의 기세가 완전히 꺾였다고 판단했고, 그제야 미일 반도체 협정의 효력 상실을 공식적으로 인정했다. 이른바 '일본 짓밟기' 전략은 예상대로 효과를 발휘한 것이다.

여기서부터 빠른 추락이 시작됐다. 1997년부터 시작된 실리콘 사이클에 따른 대규모 불황으로 일본 업체들의 실적은 일제히 악화됐고, 1999년 이후에는 사실상 패전 처리 국면에 접어들었다. 히타치와 NEC는 D램 사업을 분리·통합해 엘피다 메모리를 설립했고, 2003년에는 미쓰비시전기의 D램 사업도 엘피다에 흡수되었다. 후지쓰는 1999년에, 도시바는 2001년에 각각 범용 D램 사업에서 철수를 선언했다.

일본인들 중에는 미일 반도체협정을 못마땅하게 여기며 일본 반도체 산업의 몰락이 전적으로 이 협정 때문이라고 주장하는 이들도 있다. 그러나 이는 여러 원인 중 일부에 지나지 않는다. 협정이 규정한 것은 "5년 이내에 일본 시장에서 외국산 반도체의 점유율을 20% 이상으로 끌어올린다"는 내용뿐이었다. 지금 중국에 대해 시행되고 있는 철저한 수출 규제와 비교하면, 그 영향

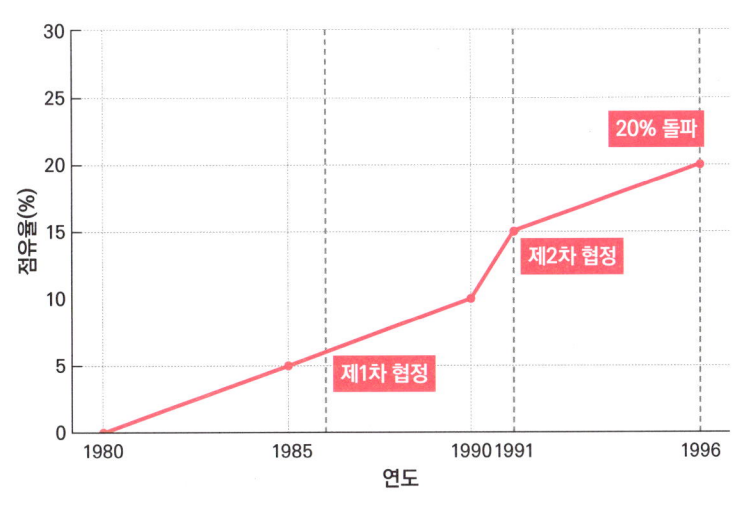

일본 내 외국산 반도체 점유율(1980~1996)

력은 마치 담뱃갑에 붙은 "흡연은 당신의 건강을 해칩니다"라는 경고문 수준에 불과했다고 할 수 있다.

　미국으로부터의 압박이 상당한 영향을 준 것은 분명하지만, 일본 자체에도 문제는 있었다. 하기우다 고이치萩生田光一 전 경제산업장관은 일본 반도체의 쇠퇴가 미국 등 경쟁자의 압박과 반격과도 관련이 있지만, 그보다 더 근본적으로 일본 스스로의 전략과 전술의 오류가 몰락과 좌절을 불러왔다고 지적한다. 또한 히타치의 반도체 부문 전 간부는 "일본 반도체가 약해진 것은 미일 반도체협정 때문이 아니다. 시대의 변화를 알아차리지 못했기 때문이다"라고 회고한다.

전 세계 반도체 판매 추이와 일본 반도체 판매 추이 변화

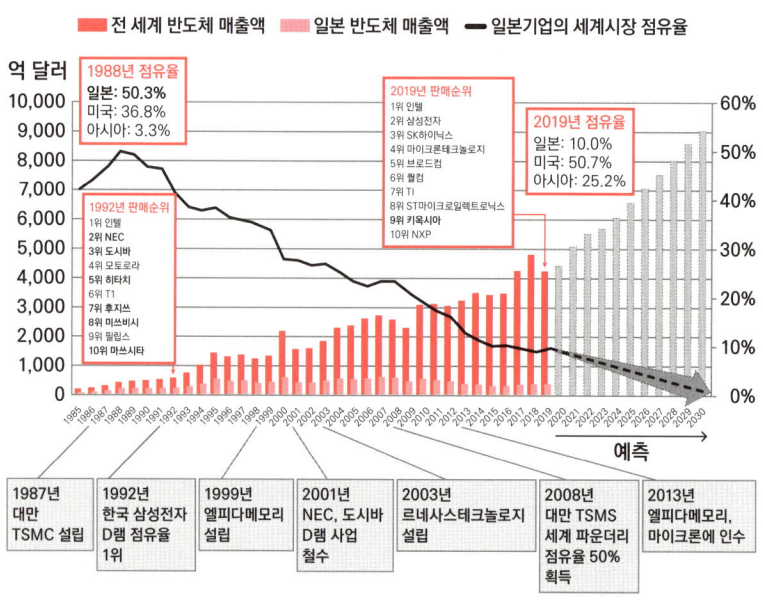

출처: 데이터퀘이사

시대의 흐름을 읽지 못한 패착

일본 반도체 산업의 몰락을 가져온 2번째 요인은 비즈니스 모델의 변화에 일본이 적응하지 못한 것이다. 1980년대까지 컴퓨터시장의 중심은 메인프레임이라고 불리는 대형 컴퓨터였다. 일본컴퓨터 업계의 출하액 추이를 보면 1970~1980년대에 걸쳐서 메인프레임의 출하액이 꾸준히 증가했다. 이에 따라 일본의 D램 점유율도 상승했고, 1980년대에는 일본이 미국을 앞지른다.

1980년대 중반에는 D램 시장 점유율이 80%까지 상승한다. 즉 일본은 대형 컴퓨터용 D램의 생산에서 시장 점유율 세계 1위가 되었다.

그런데 1990년대에 들어서면서 컴퓨터 산업에 거대한 패러다임 전환이 일어났다. 앞서 말했듯. PC의 보급이다. 48쪽 그래프에서도 확인할 수 있듯이, 대형 컴퓨터의 출하액은 감소하기 시작한 반면 PC의 출하액은 급격하게 증가했다. 문제는 일본 반도체 산업의 주력이 메인프레임용 D램이었다는 점이다. 1980년대 일본은 고품질·대용량 D램으로 세계 시장을 석권했지만, PC 시대가 열리면서 반도체 수요의 무게중심이 범용성과 가격 경쟁력을 중시하는 PC용 반도체로 이동했다. 인텔은 마이크로프로세서를, 마이크로소프트는 운영체제를, 그리고 삼성은 값싼 D램 공급을 맡으며 새로운 질서를 만들어갔다. 반면 일본 기업들은 메인프레임 중심의 고급 D램 생산 방식에 머물렀고, 급격히 성장하는 PC 시장의 흐름에 제대로 대응하지 못했다.

1993년 인텔이 마이크로프로세서 '펜티엄'을 출시하고, 뒤이어 1995년 마이크로소프트가 PC용 운영체제 '윈도우 95'를 발매하자, 산업은 워크스테이션 중심에서 PC 중심으로 급격히 이동했고 곧 인터넷 시대가 본격적으로 열리기 시작했다. 이러한 변화는 일본 반도체 산업의 기반을 무너뜨린 결정적 전환점이었다. 이러한 흐름에 일본 기업들은 끝내 제대로 대응하지 못했다.

중요한 변화가 하나 더 있다. 미국을 중심으로 반도체 업계에

세계 D램 시장 점유율 추이(1980~2000)

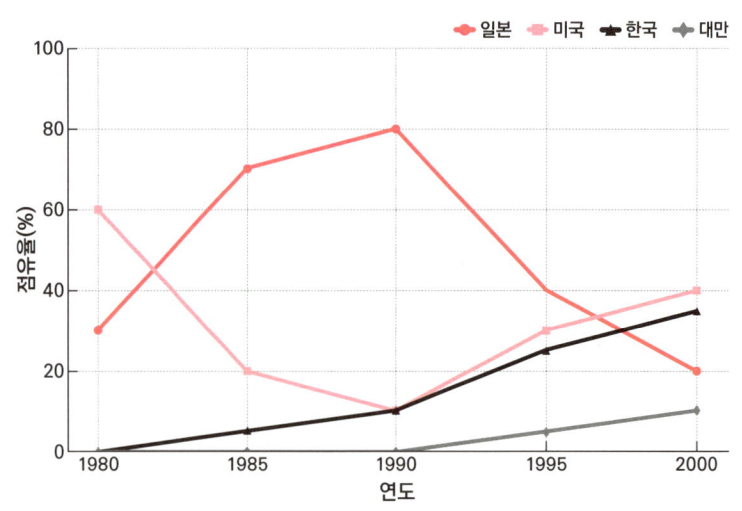

세계 컴퓨터 출하액 추이(1980~1990)

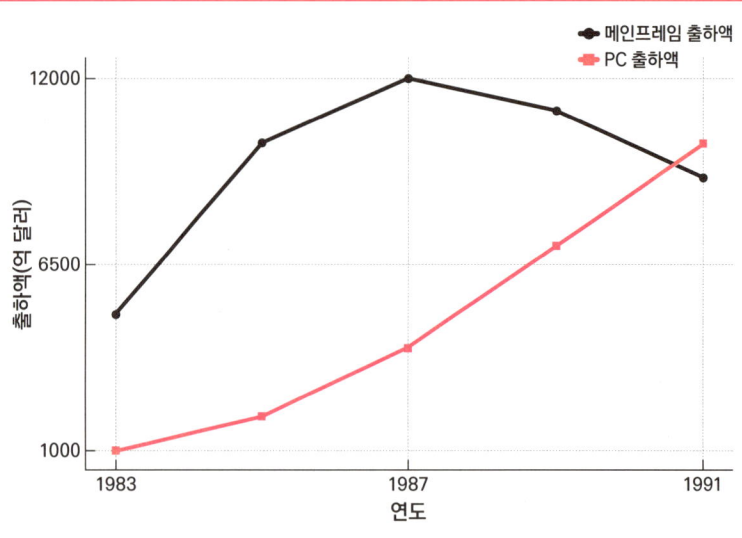

출처: 데이터퀘스트

일본의 몰락

서는 이러한 흐름을 기회로 삼아 설계를 담당하는 팹리스fabless 기업과 제조를 담당하는 파운드리foundry 기업으로 역할을 나누는 흐름이 나타나기 시작했다. 특히 1987년 대만에서 TSMC가 설립되면서, '설계는 팹리스가 하고, 생산은 파운드리에 맡긴다'는 새로운 분업 체계가 본격적으로 자리잡았다. 1990년대 후반 이후에는 시스템 반도체의 설계·제조가 기존의 수직 통합형 방식에서 벗어나, ARM(반도체 설계 표준 아키텍처)과 같은 표준화된 오픈 아키텍처를 활용하는 팹리스·파운드리 중심의 수평 분업 모델로 급속히 전환되었다. 그러나 일본은 여전히 설계와 제조를 모두 자사 내부에서 해결하려는 수직 방식을 고수했고, 이러한 시스템 반도체 산업의 구조 변화에 일본은 적응하지 못한 것이다.

말하자면 그때까지 주력 시장이었던 D램은 공급 과잉으로 빠지면서 'D램 불황'이 일본 반도체 산업에 큰 타격을 주었다. 여기에 2차례에 걸친 미일 반도체협정까지 겹치자 일본은 쇠락하고 미국 반도체 업계는 압도적 우위를 확보하게 되었다.

4장

반도체 운명을 바꾼
결정적 갈림길

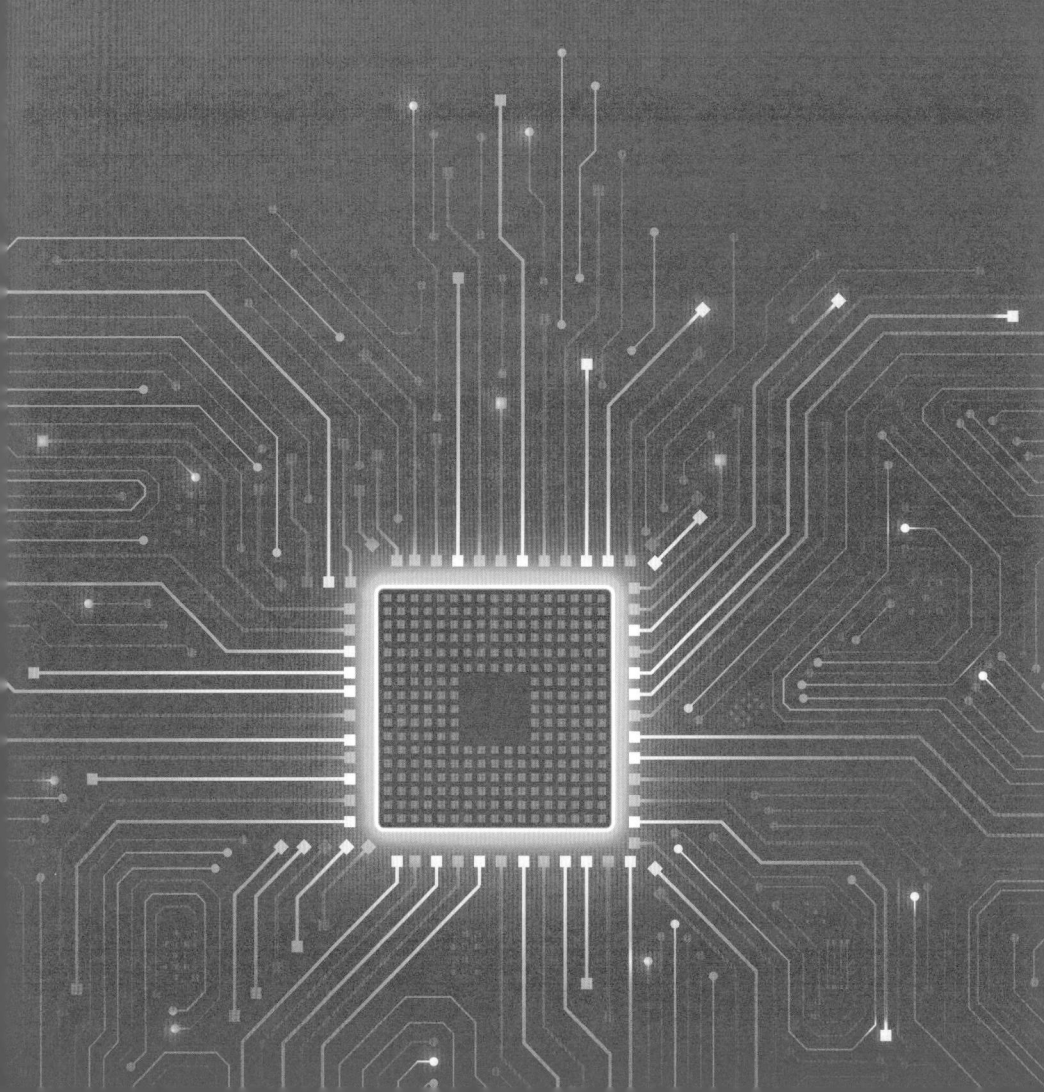

일본의 반도체 산업은 1990년대에 여전히 무역흑자를 유지하고 있었고,
2000년대에 들어서부터 쇠퇴하기 시작했다.
따라서 일본 반도체 산업의 쇠퇴 원인은 미국이 아니라,
한국이나 대만의 칩 산업이 대두해온 것에 있다고 봐야 할 것이다.

일본 반도체 산업이 몰락한 이유를 미일 반도체협정로만 보는 것은 너무 단순하다. 보다 근본적으로는 산업 구조의 변화를 따라가지 못한 데 있었다. 1980년대까지 세계를 석권했던 일본 기업들이 왜 1990년대 이후 빠르게 무너졌는지를 이해하려면, 메모리 반도체와 시스템 반도체라는 두 갈래의 길에서 일본이 어떤 선택을 했고 무엇을 놓쳤는지를 살펴볼 필요가 있다. 이 장에서는 일본이 놓친 갈림길과 그 결과를 구체적으로 짚어보고자 한다.

시스템 반도체 제조의 3가지 과정

반도체는 크게 메모리 반도체와 시스템 반도체(비메모리 반도체)로 구분할 수 있다. 일본에서는 시스템 반도체를 '로직logic 반도

체'라고 부르기도 한다. 현재 메모리 반도체 부문에서는 삼성전자의 시장 점유율이 약 50%에 이를 정도로 압도적이다. 과거에는 일본 업체들이 메모리 반도체 시장을 지배했으며, 1980년대에는 전 세계 D램 시장 점유율이 80%에 달했다. 메모리 반도체만큼 높은 점유율은 아니었지만, 한때 일본 기업들은 시스템 반도체도 활발히 생산해왔다.

메모리 반도체는 소품종 대량 생산이 가능하지만, 시스템 반도체는 탑재되는 제품의 특성에 맞춰 다품종 소량 생산을 해야 한다. 그만큼 제조 과정이 훨씬 복잡하고 고도의 전문화가 요구된다.

이 제조 과정의 첫째는 설계 단계다. 반도체가 어떤 기능을 수행할지, 어떤 구조를 가질지를 '도면'처럼 짜는 과정이다. 이 일을 전문으로 하는 기업이 앞서 언급했던 팹리스다. 팹리스 기업은 공장을 보유하지 않고, 설계에만 집중하는 비즈니스 모델을 갖는다. 현재 이 분야는 주로 미국과 유럽 기업들이 주도하고 있다.

두 번째는 전공정이다. 실리콘 웨이퍼(반도체 회로를 새기는 얇은 원판) 위에 회로를 새겨 칩을 실제로 만드는 단계다. 여기서는 파운드리라고 불리는 반도체 위탁생산 전문 업체가 핵심 역할을 한다. 대표적으로 대만의 TSMC가 있으며, 전 세계 파운드리 시장의 절반 이상을 차지하고 있다.

세 번째는 후공정이다. 전 공정에서 완성된 칩을 조립하고, 성능을 테스트하며 포장해 최종 완제품으로 완성하는 단계다. 이 단계는 전공정과의 연계가 매우 중요하기 때문에, 대만과 중국의 전문 업체들이 특히 강세를 보이고 있다.

지금까지 설명한 설계, 전공정, 후공정을 모두 수행하는 기업들도 있는데, 이를 IDM_{Integrated Device Manufacturer}(종합 반도체 회사)이라고 부른다. 과거에는 메모리와 시스템 반도체 기업 대부분이 이러한 수직 계열화된 IDM 체제를 채택하고 있었다. 그러나 1980년대에 접어들면서 미국 실리콘밸리를 중심으로 설계만 전문으로 하는 팹리스 기업들이 등장하며 변화가 생겼다. 제조 공장을 설립하려면 막대한 자금과 인력이 필요했기 때문에, 이들 실리콘밸리 기업들은 설계에 집중하고 제조는 외부에 위탁하는 방식을 선택한 것이다.

일본은 왜 다른 선택을 했나?

이러한 시스템 반도체 산업의 구조 변화 속에서 등장한 기업이 바로 대만의 TSMC였다. 1987년, 반도체 엔지니어 모리스 창_{Morris Chang}은 56세의 나이에 TSMC를 창업했다. 당시 일본 기업들은 TSMC가 반도체 공장을 세운다는 소식을 듣고도 전혀 경계하지 않고 대수롭지 않게 여겼다. 반도체 제조에서는 설계 부문이 수익성이 가장 높다고 여겨졌기 때문에, 일본 업계에서는 오랫동안 웨이퍼 파운드리를, 낡은 기술과 노동집약적인 산업을 대표하는 뒤처진 영역으로 간주했다. 단순히 싸게 수탁 생산만 하는 역할이라고 생각했던 것이다. 이런 인식 탓에 일본에서는 파운드리 산업이 제대로 발전하지 못했다.

지금 되돌아보면, 제조 기술이 고도화되면서 새로운 공장과 생산 설비를 건설하거나 기존 설비의 감가상각비를 부담하는 것이 반도체 제조에서 가장 큰 비용으로 자리 잡았다. 그 결과 투자 대비 수익ROI이 점점 낮아졌고, 생산의 일부를 TSMC 같은 파운드리에 위탁하는 편이 훨씬 효율적이라는 판단이 확산됐다.

1990년대에 접어들면서 팹리스 기업이 늘고 주문량도 증가하면서 TSMC의 사업 규모는 지속적으로 확대되었다. 하지만 일본은 이러한 팹리스와 파운드리의 분업 체계에 전혀 적응하지 못했다. 후지쓰 전자기기 사업 본부장이었던 후지이 시게루藤井滋는 "일본이 시스템 반도체 분야에서 패배한 이유는 팹리스와 파운드리 구조에 제대로 대응하지 못했기 때문"이라고 지적했다.

일본에서 이러한 분업 체계가 본격적으로 자리 잡은 것은 2000년대에 들어서부터였다. 이후 엘피다(메모리)와 르네사스(일렉트로닉스) 두 회사가 이 체계를 따르기는 했으나, 의사결정 과정이 경직되어 실질적 전환은 10년 이상 지체되었다. 특히 통산성이 주도한 국가 프로젝트는 새로운 흐름을 뒷받침하기는커녕, 오히려 종합 전자 회사 체제를 고수하도록 만들며 구조 전환을 늦췄다.

흐름이 바뀌는 사이 반도체 공장 한 곳을 건설하는 데 드는 비용은 500억 엔에서 5000억 엔으로 치솟았다. 그러나 일본 대기업의 연간 투자액은 3000억 엔 남짓이었기에, 반도체 단일 분야에 전사적 투자를 단행하기는 사실상 불가능했다. 정책 실패로 전환이 늦어진 가운데, 투자 여력까지 제한된 것이 일본 반도체 산업의 발목을 잡았다. 반면 삼성전자와 TSMC는 과감히 대규모 자금을 투입하며 세계 시장에서 입지를 다져갔다.

결국 생존에 실패한 엘피다는 도산했고, 이를 미국 마이크론이 인수했다. 일본 기술자들은 갈 곳을 잃고 세계 각지로 흩어졌으며, 오랜 세월 쌓아 올린 기술은 해외 기업의 손에 넘어갔다. 일본 반도체 산업이 한 번 꺾인 흐름을 회복하지 못한 이유가 여기에 있었다.

결정적 대목에서 저지른 판단미스

일본이 실패한 원인을 더 잘 이해하려면, 전성기 시절 일본 반도체 산업이 어떤 내수 구조에 기반했는지 살펴볼 필요가 있다. 앞서 말했듯 일본이 세계 반도체 시장 점유율 1위를 차지하고 있던 시기, 일본 국내에는 막대한 반도체 수요가 존재했다. 그 수요의 대부분은 일본의 전자 메이커에서 비롯되었다. 일본 가전제품이 세계 최고로 불리던 시절이었기에 가능했던 일이다. 과거 일본 전자 및 통신 업계는 매우 높은 위상을 자랑했으며, 이들은 반도체 산업의 주요 고객이었다. 1980년대 시가총액 기준 전 세계 50대기업 순위에는 일본 기업이 30곳 이상 포함되어 있었다.

통신 및 IT 서비스 기업인 NTT^{Nippon Telegraph and Telephone} Corporation는 1980년대 중반 시가총액 기준으로 미국 IBM을 제치고 세계 1위를 기록했다. 시가총액 세계 1위 IT 기업인 만큼 반도체 사용량도 매우 높았다. 소니, 미쓰비시, NEC, 히타치 등 전자 산업 분야의 대기업들도 대규모 반도체를 사용했다.

당시 일본에서 반도체 제조를 담당한 기업들은 NEC, 도시바, 히타치, 후지쓰, 미쓰비시 등 종합 전자 회사들이었다. 이들은 각자 내부에 반도체 부문을 두어 개발과 생산을 실행했다. 이들 기업은 외부에도 반도체를 판매했지만, 자체적으로 반도체를 보유해야 하는 회사들이었다. 종합 전자 회사들의 반도체 부문은 대내외 고객의 요구에 부응해 기술력을 경쟁적으로 향상시켰다.

일본 대기업들은 반도체 사용량도 많았거니와 고품질 반도체 확보를 필수로 여겼다. 예를 들어 NTT는 25년 보증이 가능한 긴 내구성을 갖춘 통신 기기용 반도체를 반도체 업체에 요구했다. 이러한 수요 기업의 요구는 일본의 특수한 환경과 밀접한 관련이 있다. 일본은 섬나라이기 때문에 해저 케이블에 대한 수요가 매우 높다. 해저 케이블에 사용되는 반도체가 고장 나거나 파손될 경우, 케이블 전체를 수면 위로 끌어올려 수리해야 하는데, 이때 막대한 비용(수억 엔에 달하는 비용)이 발생한다. 때문에 장기간 고장이 발생하지 않는 반도체 생산이 절실히 요구되었다. 도요타 등 자동차 기업들도 마찬가지로 고품질 반도체를 요구했다.

이러한 환경은 기술적 진보를 촉발했다. 메인프레임 제조사들은 "고장 나지 않는 D램을 가져오라"고 요구했고, 일본 반도체 업체들은 실제로 이러한 반도체를 만드는 데 성공했다. 이 과정에서 반도체 업계는 기술력을 크게 향상시켰고, 장비도 지속적으로 개선했다. 일본 반도체 업체들이 사용한 고가의 반도체 장비 중에는 1000억 엔이 넘는 것들도 있었다. 이러한 초고가 장비가 일본에서 사용될 수 있었던 배경에는, 고품질 제품에 대한 수요가 탄탄히 뒷받침되고 있었기 때문이다.

그러나 앞서 말했듯, 1990년대에 들어서면서 수요의 무게중심이 PC와 디지털 기기로 이동하면서, 일본 반도체 업계는 근본적인 한계에 직면하게 된다. 이러한 내수 중심의 특수한 성공 조건은 1990년대 이후 새로운 흐름 앞에서 더 이상 통하지 않았다.

21세기에 접어들며 상황은 더욱 심각해졌다. PC, 인터넷, 스마트폰, 데이터센터 보급 등 디지털 시장이 전 세계적으로 급속히 성장하는 동안 일본 내 디지털 투자는 뒤처졌다. 이에 따라 일본 국내 디지털 시장이 침체하면서 반도체의 주요 고객층도 약화되었다. 또한 전자제품 주력 품목이 PC와 스마트폰으로 변화하는 과정에서 반도체의 주 고객은 해외 제조사로 이동했지만, 일본 반도체 산업은 해외 고객을 제대로 확보하지 못했다.

이 같은 변화는 직접 산업현장에서 현실을 목격한 일본 인사들에게 충격으로 다가왔다. 후지쓰의 전자기기 사업 본부장이었던 후지이 시게루는 2001년 미국을 방문해 반도체 산업의 변화를 목격하고 뒤늦게 현실을 자각했다. 시스템 반도체는 범용성에 따라 ASSP^{Application Specific Standard Product}(특정 용도용 표준형 반도체)와 ASIC^{Application Specific Integrated Circuit}(주문형 반도체)로 구분된다. 그가 방문했을 당시 시장의 주류는 범용성을 가진 ASSP였다. ASSP는 특정 고객에 의존하지 않고 다수의 사용자를 대상으로 하기 때문에 대량 생산을 통한 규모의 경제로 원가 절감이 가능하다. 미국의 팹리스 벤처 기업들은 인텔 프로세서와 같은 범용 제품을 목표로 연구개발에 막대한 투자를 하고 있었다.

일본이 자랑하던 반도체는 특별 주문형인 ASIC이었다. 일본 반도체 업체들은 가전이나 자동차 회사의 주문에 맞춰 반도체를 생산하는 데 익숙했기 때문에, ASSP와 같은 범용 아이디어를 적극적으로 모색하지 못했다. 1980년대에는 특별 주문 중심의 탄탄한 내수 시장 덕분에 큰 문제가 없었지만, 1990년대 들어 글로벌 시장이 값싸고 범용성이 높은 반도체 수요로 전환되면서 일본 산업은 적응에 실패해 도태 위기에 놓였다. 미국 팹리스 기업들이 점차 기술을 고도화하는 동안, 설계와 생산을 동시에 담당하던 일본 기업들은 전문성에서 뒤처질 수밖에 없었다.

엎친 데 덮친 격으로 경제 불황 속에서 일본에는 소프트웨어 대기업조차 부족했다. 한 경제학자의 추산에 따르면, 1990년대 미국의 정보통신기술^{ICT} 투자 비율은 일본 GDP의 4배에 달했다. 게다가 일본의 투자 비율은 영국, 독일, 이탈리아보다도 낮아 G7 국가 중 최하위 수준이었다. 즉 일본에는 기업가도, 투자를 주도하는 사람도 부족했다는 의미다.

산업기술 저널리스트인 니시무라 요시오西村 吉雄는 저서《전자입국은 왜 쇠락했는가?電子立國は、なぜ凋落したか》에서 일본 기업들이 '제조 방법' 연구에는 뛰어났지만, '무엇을 만들 것인가'에 대한 판단이 부족했다고 지적한다. 그는 1980년대 후반 일본 반도체 산업이 직면한 위기 요인들을 열거하며, 그중 하나로 '프로그램 내장 방식'의 등장으로 부가가치의 원천이 하드웨어에서 소프트웨어로 이동한 점을 꼽는다. 인터넷 보급 이후 이러한 경향은 더욱 강화되고 있다.

소프트웨어는 하드웨어를 구동하는 도구만은 아니다. 포토숍이나 위챗WeChat과 같은 소프트웨어를 개발할 수 있다면 단숨에 거대 기업으로 성장할 수 있다. 그러나 일본은 오랜 세월 동안 소프트웨어가 지닌 부가가치를 거의 인식하지 못했다. 일본 기업들은 뛰어난 '모노즈쿠리(장인정신)'에 자부심을 가졌지만, 퀄컴이나 인텔, 구글, 아마존과 같은 혁신적인 소프트웨어 기업을 만들어 내지는 못했다.

일본 안에서 다 할 수 있다는 오만

일본은 1990년대 후반 이후 대규모 연구개발과 기술개발 예산을 투입했음에도 불구하고, '자체완결주의'라는 함정에 빠져 세계와 연결되는 오픈 이노베이션 생태계나 국제 제휴를 구축하지 못했다. 문제의 핵심은 '스스로 무엇이든 할 수 있다'는 과도한 자만심이었다. 각 기업은 국가 지원이나 산학 협력 없이도 "우리는 할 수 있다"고 믿었고, 이로 인해 세계가 만들어가던 거대한 혁신의 물결에서 점점 고립되었다.

자체완결주의 폐해를 대표하는 사례 중 하나는 반도체 설계에 필요한 EDA(전자설계자동화) 도구의 문제다. 1980년대 후반부터 1990년대에 접어들면서 반도체 설계에 CAD(컴퓨터 지원 설계)를 본격적으로 활용하게 되었다. 기능 설계 → 논리 설계 → 회로 설계 → 레이아웃 설계로 이어지는 계층적 하향식 설계 방식이 널리 퍼졌으며, 특히 로직 계열과 SOCSystem on Chip 설계에서는 필수적인 방법이 되었다. 이에 맞춰 케이던스Cadence, 시놉시스Synopsys, 멘토Mentor 등의 EDA 벤더들이 시장에서 점차 입지를 다져갔다.

같은 시기 미국은 세마텍SEMATECH을 중심으로 장비·공정 기술을 공동 개발했고, 유럽은 아이멕IMEC을 통해 각국 기업과 대학, 정부가 긴밀히 협업하는 연구 네트워크를 구축했다. 반면 일본 기업들은 여전히 개별 회사 내부의 연구소와 자금만으로 모든 것을 해결하려 했다. 그 결과 국제 표준 기술의 형성 과정에서 영향력을 행사하지 못했고, 장비·소재 강국임에도 글로벌 생태계의 핵심 네트워크에서 배제되었다.

대표적인 사례가 ASML과의 협업이다. 네덜란드의 ASML은 미국 IBM·인텔, 일본 니콘·캐논까지 고객으로 확보하며 차세대 노광장비의 표준을 주도했지만, 일본 기업들은 "우리가 직접 EUV를 만들 수 있다"는 생각에 고립적인 개발을 이어갔다. 결국 ASML이 세계 유일의 EUV 장비 공급업체로 성장했을 때, 일본은 사실상 뒤처져버렸다.

또한 일본 반도체 기업들은 퀄컴, ARM 같은 설계 전문 기업IP과의 협력에도 소극적이었다. 미국 팹리스 기업들이 ARM 아키텍처를 활용해 스마트폰용 칩을 빠르게 확산시킬 때, 일본 기업들은 "자체 설계 능력으로 충분하다"는 태도를 고수했다. 이로 인해 2000년대 모바일 혁명에서 사실상 일본 반도체의 존재감은 사라졌다.

산학 협력의 부재도 치명적이었다. 미국은 실리콘밸리 대학 연구실과 스타트업이 기업과 긴밀히 연결되어 혁신을 가속화했지만, 일본 대학의 연구 성과는 기업과 잘 이어지지 않았다. 연구자들이 독립적으로 성과를 쌓는 구조였기에 연구가 산업에 즉각 연결되는 시스템이 부족했던 것이다.

다시 말해, 자사의 EDA 툴에 고집했던 일본 메이커들은 EDA 기술의 급속한 진보에 뒤처졌고, 그 결과 설계한 IP는 범용성을 잃었을 뿐만 아니라, 외부의 뛰어난 IP를 쉽게 활용하지 못하는 뒤처진 개발 환경에 머물게 되었다. 이는 일본 반도체 업체들이 1990년대 이후 시스템 반도체 제품 분야에서 크게 도약하지 못한 주요 원인 중 하나로 여겨진다.

반도체 제조 공정의 개략 플로우

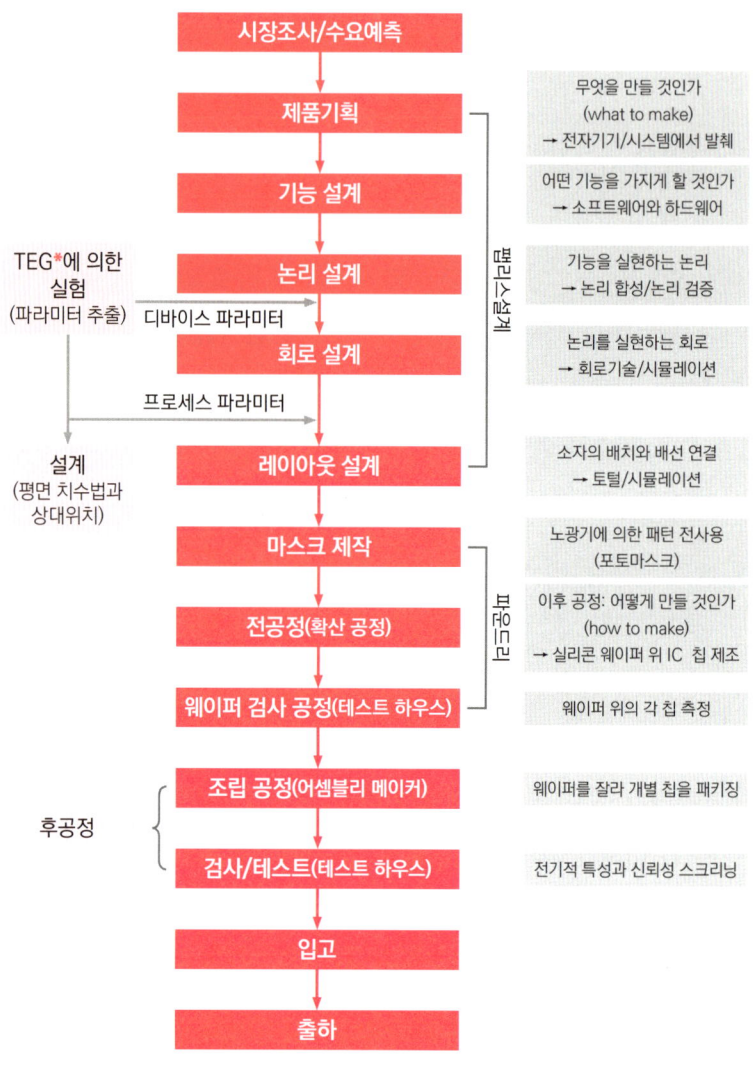

시장조사/수요예측

제품기획 → 무엇을 만들 것인가
(what to make)
→ 전자기기/시스템에서 발췌

기능 설계 → 어떤 기능을 가지게 할 것인가
→ 소프트웨어와 하드웨어

TEG*에 의한 실험
(파라미터 추출)

디바이스 파라미터

논리 설계 → 기능을 실현하는 논리
→ 논리 합성/논리 검증

회로 설계 → 논리를 실현하는 회로
→ 회로기술/시뮬레이션

프로세스 파라미터

설계
(평면 치수법과 상대위치)

레이아웃 설계 → 소자의 배치와 배선 연결
→ 토털/시뮬레이션

마스크 제작 → 노광기에 의한 패턴 전사용
(포토마스크)

전공정(확산 공정) → 이후 공정: 어떻게 만들 것인가
(how to make)
→ 실리콘 웨이퍼 위 IC 칩 제조

웨이퍼 검사 공정(테스트 하우스) → 웨이퍼 위의 각 칩 측정

후공정

조립 공정(어셈블리 메이커) → 웨이퍼를 잘라 개별 칩을 패키징

검사/테스트(테스트 하우스) → 전기적 특성과 신뢰성 스크리닝

입고

출하

LSI 설계

반도체 제조

* TEG: Test Element Group의 약어. 반도체의 설계, 프로세스, 제조, 신뢰성을 검토 평가하기 위한 소자 혹은 그것을 위한 마스크.

일본 반도체 산업의 성공은 대규모 제조 설비를 기반으로 했다. 시장은 부품에서 완성품, 제조에서 판매까지 자사 내에서 모두 완결하는 세로형 사업 구조를 유지했다. 예를 들어, 도시바가 부품을 생산하면 자사 공장에서 조립하고, 도시바의 운영체제를 탑재한 뒤, 도시바 판매 부문이 직접 제품을 판매하는 수직 통합 방식이었다.

하지만 PC 시장은 이와 달리 움직인다. 공급망의 각 단계에는 상류의 부품 제조사부터 하류의 조립 공장, 소프트웨어 개발 기업에 이르기까지 다양한 기업들이 긴밀히 협력하고 있기 때문이다. 예를 들어, 휴렛팩커드의 PC는 인텔이나 웨스턴디지털에서 부품을 조달하고, 조립은 폭스콘에 위탁하며, 마이크로소프트의 운영체제와 어도비의 포토숍을 탑재하는 구조다.

과학기술과 시장의 발전에 따라, 반도체 공급망은 전 세계적인 분업 체제로 전환되었다. 세계 곳곳에서 설계, 제조, 패키징 및 테스트 단계를 거쳐 완성된 제품이 세계 각지로 유통된다. 이를 통해 생산 효율이 크게 향상되고, 기업들은 비용을 효과적으로 절감할 수 있었다. 그러나 일본 기업들은 여전히 구시대적인 생산 방식에 얽매여 소규모 생산에 머물렀고, 효율적인 생산 체계를 구축하지 못했다. 그 결과 일본 반도체 산업 전체가 세계 시장에서 전반적으로 뒤처지는 상황에 직면하게 되었다.

산업 생태계 전체를 아우르는 글로벌 협력망에 참여하지 못하고 "우리만으로 충분하다"는 폐쇄적 사고에 매달린 것이, 일본 반도체 산업이 1990년대 이후 회복할 수 없을 정도로 힘을 잃은 결정적 원인 중 하나였다.

이 새로운 시스템 아래, 부가가치의 원천은 제조 기술이나 비용 통제에서 소프트웨어 개발의 아키텍처와 하류 애플리케이션으로 옮겨갔다. 일본 기업들이 반도체 제조의 분업화 필요성과 국내 반도체 산업의 쇠퇴를 인지했을 때는 이미 늦은 상황이었다. 웨이퍼 OEM 생산에는 막대한 자본 투자와 고도의 기술이 요구되며, 투자 회수 기간도 길다. 한편, 거대 시장은 이미 대만과 한국 기업들에게 넘어간 상태였다.

일본과 한국, 판이 바뀌는 순간

일본의 반도체 산업은 1990년대에 여전히 무역흑자를 유지하고 있었고, 2000년대에 들어서부터 쇠퇴하기 시작했다. 따라서 일본 반도체 산업의 쇠퇴 원인은 미국이 아니라, 한국이나 대만의 칩 산업이 대두해온 것에 있다고 봐야 할 것이다. 거품경제가 꺼진 뒤 일본은 헤이세이 장기 불황에 빠지며 대담한 미래 투자를 단행하지 못했고, 기업 활동은 오히려 위축되었다. 반면, 한국, 대만, 중국은 연구 개발뿐만이 아니라 대규모 보조금 감세 등으로 장기에 걸친 국내 기업의 설비 투자를 지원하여 육성해왔다.

미국이 일본 반도체 메이커를 견제하고 약화시켜 나갈 때, 미국의 지원을 받아 급성장한 대표적인 기업이 삼성전자다. 1980년 대까지 한국은 일본과 미국산 반도체의 패키징·조립 공급처로서 중요한 역할을 담당했다. 인텔과 같은 미국 기업들은 한국이 새로운 D램 제조의 거점이 될 수 있다고 기대했다. 당시 한국 기업들은 물가 차이 등으로 일본 기업보다 저렴한 가격에 D램을 생산할 수 있었기 때문이다. 인텔 창업자 중 한 명인 로버트 노이스Robert Noyce는 "이는 일본 반도체 시장에 큰 타격이 될 것"이라고 예측했다. 66쪽 그래프에서 보듯, 반도체의 국가별 점유율을 그래프로 변환하면 일본 반도체 산업의 하향세가 급격했음이 눈에 띄게 드러난다. 변화의 기점에서 일본의 성장세가 꺾임과 동시에 한국의 성장은 그 정반대의 곡선을 그리고 있다.

삼성전자는 1996년경 D램 분야 첨단 기술 개발에서 일본을 따라잡았다. 일본의 위세가 크게 꺾인 1997년 이후에도 삼성은 투자를 지속적으로 확대했다. D램 시장이 불황에 빠졌을 때, 삼성은 제조 장비를 저렴하게 대량 구매하며 생산 증대에 나섰다. 1998년 한국은 메모리 반도체 시장 점유율에서 일본을 제치고 처음으로 세계 1위를 기록했다. PC용 D램을 저렴하게 대량 생산하면서 시장 점유율을 높인 결과였다. 삼성전자는 포토마스크 사용량을 줄이는 등 다양한 노력을 통해 가격 경쟁력을 강화했다.

1990년대 중반 D램 점유율 1위에 오른 삼성은 1990년대 후반 일본을 추월한 이후에도 일본 기업의 반도체 기술자를 한국에 적극 영입하며 기술력을 흡수하는 등 야심을 멈추지 않았다.

반도체의 국가별 점유율

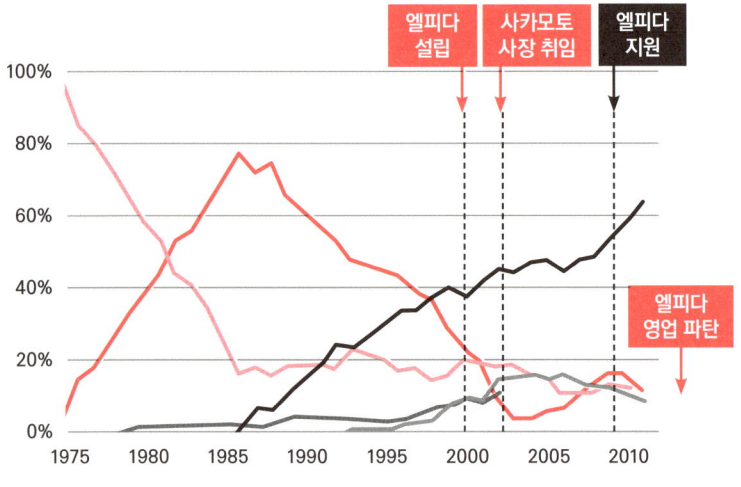

출처: 데이터퀘스트

이러한 성장 배경에는 당시 이건희 회장의 "아내와 자식 외에는 모두 바꿔라"라는 강력한 지시가 있었다. 30년간 거의 변화가 없었던 일본과는 대조적인 모습이다. 도시바 반도체 부문의 전 임원인 가와니시 쓰요시川西剛志는 "삼성이 일본에서 기술을 가져갔지만, 그것이 성공의 핵심 원인은 아니다. 이건희 회장에게는 D램 성공 이후에도 강한 타개력과 리더십이 있었으며, 일본에는 그러한 것이 결여되어 있었다"고 평가했다. 이는 일본 경영진의 방심과 자만심이 그들의 시야를 흐리게 했다는 자조적인 평가다.

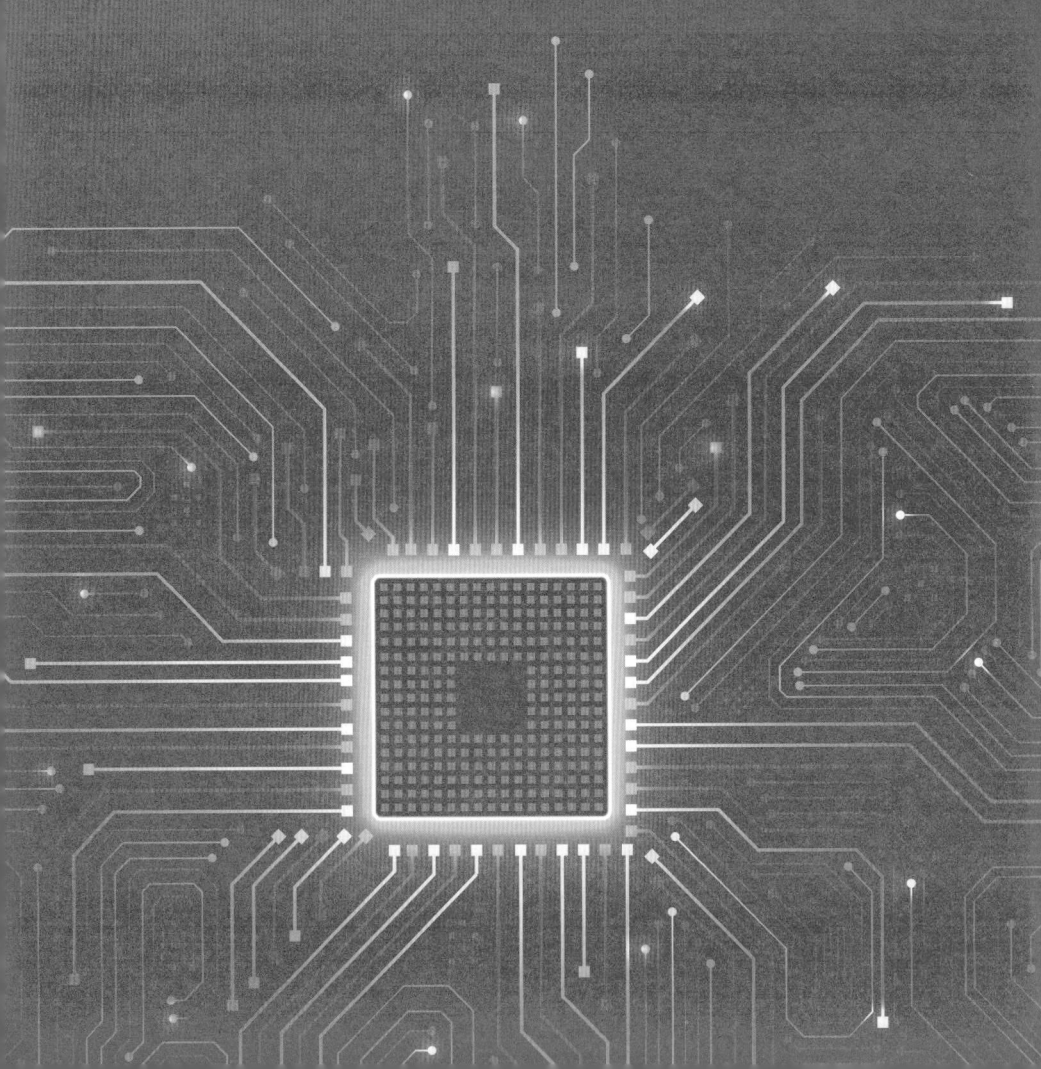

5장

과거의
덫에 걸린 일본

지구상에서 가장 강력했던 생물인 공룡도 빙하기 등 환경 변화에
적응하지 못해 멸종했다. 1980년대 D램 시장을 석권했던
일본 반도체 산업의 쇠퇴는 마치 공룡의 멸종을 연상시킨다.

한 가지 더, 1990년대 중반부터 두드러진 현상은 반도체 기술과
인재의 유출이었다. 당시 일본 기업들은 신흥 강자인 한국의 삼
성전자, SK하이닉스, 대만의 TSMC에 맹렬히 추격당하고 있었
다. 이러한 상황의 배경에는 일본 기술자들이 반도체 기술 정보
를 해외로 제공한 사실이 있었다. 구조적 불황에 빠진 기업들은
고용 형태와 인사 제도에 변화를 줬고, 일본 반도체 업계에서도
정리해고와 임금 삭감이 이루어졌다. 이에 따라 일본 기술자들이
헤드헌트되어 해외로 유출되는 사례가 잇따랐다.

그들은 왜 해외로 기술을 유출했을까?

버블 붕괴로 1991년경 일본 반도체 부문은 차례로 폐쇄되었고,

고급 기술자들도 정리해고 대상에 포함되었다. 해고는 시간문제였으며, 일본 기술자 명단은 이미 한국 측에 넘어간 상태였다. 한국은 이를 바탕으로 은밀히 접근해 유혹을 시작했다. 당시 삼성과 현대(현 SK하이닉스)의 반도체 사업체에는 일본 기술자들이 주말마다 한국에 방문해 지도하고 장비를 가동했다. 한국뿐만이 아니다. 조기 퇴직하거나 해고된 일본 기술자들이 중국 현지로 이동하기 시작했다. 이러한 현상은 액정과 플라즈마 디스플레이뿐 아니라 전자산업 전반에 걸쳐 나타났다.

후지쓰의 후지이 시게루는 다음과 같이 전한다.

"한국의 일류 기업에서 근무했을 때 일본 기술자의 연봉은 3000만 엔에서 4000만 엔 사이입니다. 보통 3년 계약이고, 소득세는 5년간 면제됩니다. 경우에 따라 첫 해는 4000만 엔, 둘째 해는 3000만 엔, 셋째 해는 무보수인 경우도 있습니다. 중국은 급여와 혜택이 일본의 몇 배지만, 실제로 돈을 벌어 돌아올 수 있을지 모르는 위험도 있었습니다. 그럼에도 불구하고 일본 기술자들은 해외로 떠났습니다."

당시 일본 기술자의 평균 연수입은 특별 수당 없이 전국 일률 임금 체계 하에서 40대 기준 약 450만 엔에 불과했다. 이러한 상황에서는 경쟁이 어려웠으며, 한 전 대기업 반도체 기술자도 이를 인정했다고 전한다.

"1990년대 중반, 많은 일본인 기술자들이 매주 주말 '토출월귀(토요일 출국, 월요일 귀국)'라 불리는 아르바이트 형태로 한국이나 대만에 나가 일본의 반도체 기술을 가르쳤습니다. 저도 삼성전자의 간부로부터 세금을 제외하고 연간 3000만 엔, 2년 계약에 매년 갱신하는 조건으로 헤드헌트를 받았습니다. 당시 회사에서는 급여 20% 삭감 통보를 받아 과감히 퇴사하고 2년간 서울에 머물렀습니다. 일본은 외국보다 정보 관리가 훨씬 느슨했습니다. 저 역시 많은 일본인 기술자들이 일본 반도체 핵심 기술을 한국에 유출하는 모습을 직접 목격했습니다."

일본의 기술자들은 금요일 밤 도쿄에서 서울로 비행기를 타고 이동하여 토요일과 일요일 이틀간 삼성전자에 가진 기술을 아낌없이 전수했다. 일요일 저녁 비행기로 도쿄로 돌아와 월요일 아침에는 아무 일 없던 듯 출근했으며, 이틀 동안 받은 현금은 도시바 월급 상당액에 달했다. 영수증도 없는 현금이었다. 그들은 "가지 않을 이유가 없다"라고 말했다.

어떤 이는 오랫동안 도시바에서 헌신적으로 일해왔으며, 종신고용제가 무너질 것이라고는 상상조차 하지 못했다고 회고했다. 그러나 자신이 결국 해고 대상이 되자 충격을 받았다고 한다. 다만 한국에서는 자신이 닦아온 기술이 평가받는 것만으로도 자존심을 지탱할 수 있었고, 게다가 급여가 일본의 약 4배에 달했기에 서울로 향하지 않을 이유가 없었다고 말했다. 그는 토·일요일마다 서울을 오간 것이 자신만의 일이 아니었으며, 몇 명이 아니라 아마 수십 명에 이르는 동료들이 같은 길을 걸었다고 덧붙였다.

그의 진술에 따르면, 이러한 행위에는 한국 정부도 일정 부분 관련되어 있어 삼성전자 단독의 행위가 아니라고 한다. 더욱 놀라운 것은 이후 단계였다고 전했다.

"그들은요. 우리 기술자를 서로 경쟁하게 하고, 그때그때 가장 필요한 기술자를 끌어 옵니다. 반도체도, 어떤 하이테크 제품을 제조할 것인가에 따라 내용이 바뀝니다. 우리들, 약간 앞선 기술자로부터 빨아들일 수 있는 기술을 다 빨아들이면, 돌연 '해고'되는 거예요. 다만, 몰래 한 고용이기 때문에, '해고'라는 말은 적절하지 않습니다만⋯⋯. 요는, '쓸모없음'이 된 것입니다."

이 일련의 토로 가운데 가장 충격적인 점은, "누구나가 한국 측에서 '해고'되지 않으려고 보다 핵심적이고, 보다 기밀성이 높은 도시바 기술을 한국 측에 제공하는 것이었고, 토·일요일 서울 왕래자끼리가 서로 경쟁하는" 실태였다는 점이다. 또한 한국 측 관련 기업들 사이에서도 사례금을 추가하며 경쟁이 벌어졌다고 한다. 그러나 한 가지 의문이 고개를 든다. 아무리 그렇다고 한들 이토록 대규모적이고 스스럼 없는 기술 유출은 대체 어떤 이유에서 벌어지는 것일까? 이러한 상황이 발생한 더 깊은 속사정은 대체 무엇일까?

우수한 기술에는 걸맞은 대우가 필요하다

기술 유출 문제는 결국 기술자를 어떻게 처우할 것인가 하는 문제와 연결된다. 그들이 가진 노하우를 장기적으로 국가가 어떻게 보호할 것인가는 노동 정책이자 산업 정책의 영역이다. 일본은 이를 각 기업에 맡겨왔으며, 각 기업은 필요 없다고 판단한 시니어 기술자를 해고하는 등 방치했다. TSMC 창업자 모리스 창은 신기술 개발을 위해 IBM과 히타치 등에서 핵심 기술자를 고액으로 영입했다. 일본 외 기업들은 최고의 인재를 헤드헌트하는 것을 당연시한다.

일본은 그런 스카우트를 하지 않았다. 반도체 산업 초기에는 미국 기업으로부터 정식으로 기술을 도입하거나 자사에서 자체 기술을 개발해왔기에 인재의 저변은 넓었다. 그러나 이들을 모두 먹여 살릴 수 없게 되자 인재를 버려버렸다. 그 결과, 많은 인재가 한국이나 중국으로 건너갔다. 한국과 중국 모두 우수한 기술자에 대해 훌륭한 대우를 제공하며, 심지어 중국에서는 5년간 면세 혜택도 받았다고 한다.

일본 메이커들은 스스로 기술을 개발했다고 주장하지만, 외부에서 정상급 인재를 채용하고 상응하는 처우를 제공하지 못했을 뿐이다. 인재에게 수억 엔을 지급하는 메이저리거 방식을 선택할 것인지, 모두 같은 급여를 받는 사회인 야구 방식을 고수할 것인지의 문제다. 사회인 야구에 메이저리거는 오지 않을 것이다.

일본은 노동자의 유동성이 낮아 전체 임금이 억제되므로, 최상급 인재를 고용할 수 없게 되었다. 그 결과, 전자 산업 분야에서 일본은 삼등국으로 전락했다. 부활을 목표로 한다면 노동 정책을 바꾸지 않으면 안 되지만, 평등주의를 바꿀 각오가 일본에 있을지는 의문이다. 아마 없을 것이다.

지구상에서 가장 강력했던 생물인 공룡도 빙하기 등 환경 변화에 적응하지 못해 멸종했다. 1980년대 D램 시장을 석권했던 일본 반도체 산업의 쇠퇴는 마치 공룡의 멸종을 연상시킨다.

6장

전략은 실패했다.
연속된 오판

고품질·고사양 기술은 더 이상 경쟁력이 되지 못했다.
다시 말해, 기술적 우위를 유지했음에도 시장에서 통하지 못한 순간,
그것은 이미 기술 경쟁에서도 패한 것이나 다름없었다.

PC 위주로 시장이 재편되면서 글로벌 시장이 본격적으로 가격 경쟁으로 전환되자 기술에 집중하는 경향이 치명적인 약점으로 돌아왔다. 특히 일본 기업들이 고집한 '과잉 기술Overengineering'은 투자 대비 효율성을 떨어뜨렸고, 반대로 마이크론과 같은 경쟁사는 불필요한 공정을 과감히 줄이며 비용 우위를 확보해갔다. 결국 일본 반도체 산업은 성능에서는 앞섰지만, 시장의 핵심이 된 '비용 절감'이라는 요구를 외면한 채 뒤처질 수밖에 없었다.

과감한 결단의 부재

일본과 달리 D램 전업 메이커였던 미국의 마이크론은 일본 메이커보다 약 40% 적은 공정 수로 제품을 제조했다. 공정 수가 40%

줄면 제조 비용도 약 40% 절감되고, 같은 생산량을 위한 설비 투자도 약 40% 감소하므로, 결과적으로 제조 비용이 약 3분의 1($0.6 \times 0.6 = 0.36$) 수준으로 줄어드는 셈이다. 물론 다른 요소들도 있어 실제 효과는 이보다 작을 수 있다.

반도체 부문 자체가 독립적인 결정권을 갖지 못했다는 점은 단순히 국가 프로젝트의 실패 문제에 국한되지 않았다. 투자 등 주요 결정은 본사에서 이루어졌으며, 반도체 시장에 대한 이해를 바탕으로 위험을 감수하며 과감한 경영 결정을 내리는 일은 거의 불가능했다. 더욱이 반도체 부문이 이익을 낼 때는 이익을 모두 본사가 가져가고, 손실이 발생하면 사업을 즉시 중단하라는 압박을 받았다.

종합 전자 회사 내에서 반도체 부문이 단지 하나의 부서처럼 취급되면서 또 다른 문제로, 임금 체계의 부조리가 발생했다. 반도체 기술자와 일반 사원의 임금을 동일하게 책정하는 관행은 해외 반도체 기업들의 관점에서는 이해하기 어려운 일이었다. 이러한 구조는 해외의 우수 인재를 영입하는 데 큰 장애가 되었을 뿐 아니라, 내부 기술자들에게도 기술 혁신에 대한 동기를 부여하기 어려운 환경을 조성했다. 결국 해외 고급 인재 영입은커녕, 국내에 남아 있던 소수의 우수 인재들조차 해외로 유출되는 결과를 낳았다.

또한 반도체는 최종 소비자가 직접 사용하는 제품이 아니라, 어디까지나 전자기기의 부품에 불과하다는 인식이 강했다. 이로 인해 반도체 사업 부문과 사내 다른 사업 부문 간에 신제품 개발이나 범용 제품 공급을 둘러싸고 실무적·심리적 갈등이 자주 발생하기도 했다. 타 부문에서는 반도체가 호황기에는 매출이 크게 늘지만, 불황기에는 급격히 침체하는 '돈 먹는 하마' 같은 '이단아'로 인식되었다고 할 수 있다. 이러한 분위기 속에서 불황기에도 수백억 엔 이상의 대규모 투자를 감행할 용기를 가진 최고경영자는 거의 존재하지 않았다. 반면 해외의 반도체 전업 메이커들은 회사 최고경영자가 반도체 비즈니스의 특성을 충분히 이해하고 있었기에, 과감하고 적절한 대응을 할 수 있었다.

SOC로 가자? 실체 없는 캐치프레이즈

1990년대 이후, 일본 반도체 메이커는 D램에서의 점유율 대폭 감소와 시스템 반도체 분야에서의 점유율 확보 실패로 인해 쇠퇴가 확실해지고 있었다. 이때 일본 반도체 메이커의 최고경영진은 "이제부터는 SOCSystem on Chip로 전환한다"는 전략을 발표했다. SOC란 하나의 칩 안에 CPU 같은 연산 회로, S램 같은 기억 회로, 심지어 아날로그 기능까지 여러 회로 블록을 집약해 넣는 방식이다. 설계·제조 기술이 발전하면서, 미리 만들어둔 기능 블록(IP 코어)을 조립하듯 활용할 수 있게 된 것이 배경이었다.

그러나 다시 생각해보면, "SOC로 간다"는 주장은 다소 모호하게 느껴진다. SOC는 어디까지나 설계 기법이나 회로 구성 방식을 통칭하는 용어일 뿐, D램이나 마이크로프로세서처럼 구체적인 제품을 가리키는 명칭이 아니기 때문이다. 따라서 반도체 업계 관계자들 사이에서는 "SOC가 중요하다는 건 알겠는데, SOC로 도대체 어떤 제품을 만들겠다는 것인가?"라는 의문이 뒤따랐을 것이다.

나쁘게 표현하자면, 이는 궁지에 몰린 최고경영자의 난처한 상황을 반영한 말이거나 혹은 실상을 제대로 알지 못하는 최고경영자가 측근의 조언을 받아 덥석 붙잡은 일종의 캐치프레이즈에 불과했을 수도 있다. SOC 자체가 논리 회로와 S램 등 메모리, 나아가 D램이나 아날로그 회로까지 혼재하는 구조이므로 설계와 제조 비용은 오히려 증가할 수밖에 없기 때문이다. 비즈니스 관점에서 보면, SOC를 활용해 비교적 높은 가격에 판매하면서도 충분한 수량을 생산하는 제품을 만들어내야 말이 되었다.

사실 SOC와 관련해 일본 반도체 메이커들은 또 다른 문제를 안고 있었다. SOC 비즈니스가 본격화한 1990년대부터 앞서 언급한 파운드리 비즈니스의 부상과 함께 '팹리스+파운드리'라는 상호 보완적 수평 분업 체계가 자리잡아 가는 상황이었음을 상기해보자. 팹리스 업체들은 전자기기별 특성에 맞는 기술과 기법을 바탕으로, 표준화된 EDA 툴을 적극 활용하며 범용성 높은 코어 IP를 개발하고 이를 설계에 적용했다. 특히 휴대전화로 대표되는 모바일 단말기의 폭발적 보급으로 인해, 통신 분야에 특화되고 빠른 개발 속도를 자랑하는 팹리스 기업의 입지는 더욱 커졌다. 이렇게 팹리스가 설계한 IC 칩은 고도의 생산 시스템을 갖춘 파운드리에 위탁 생산되어 효율적으로 시장에 공급되었다.

일본 반도체 메이커가 개발한 SOC는 대부분 외부 판매보다는 자사 내 또는 국내용 가전제품용으로 개발되었다. 예를 들어, 자사 휴대전화에 탑재되는 코어 칩은 당연히 사내 장치 부문과 긴밀히 협력하여 개발되지만, 그 기술 내용은 장치 사업부의 기법에 맞추어져 있어 외부에는 공개되지 않았다. 따라서 이렇게 개발된 코어 칩은 처음부터 특수한 용도에 머물러 범용화되지 못했고 당연히 업계 표준이 될 수 없었다. 또한 일본 국내용 가전을 비롯한 전자기기용 SOC는 국내 시장 성장 둔화와 수량 제한 문제도 함께 안고 있었다. 내수 위주 시장은 이미 포화 상태였고, 제품별 맞춤형 SOC는 대량 생산이 어려워 수익성도 제한적일 수밖에 없었다.

SOC라는 용어가 일반화되기 전에는, CPU나 기억 회로, 주변 장치를 하나로 묶어 집적한 칩을 통칭해 '논리 LSI'라 불렀다. 일본 메이커들은 이 논리 LSI, 특히 주문형 ASIC에서는 여전히 강세를 보였지만, 대량 판매가 가능한 표준품 ASSP, FPGA에서는 이미 팹리스 업체들에 밀리기 시작했다.

그럼에도 불구하고 적확한 전략을 구상하지 못한 경영진은 여전히 생산방식에 대해서 변화가 필요하다는 점을 깨닫지 못하고 있었다.

과잉 기술과 과잉 품질에 집착

일본 반도체 메이커 최고경영층은 한때 다음과 같이 주장했다.

> "미세화로 대표되는 첨단 기술을 채용한 SOC에서는 설계와 제조 간
> 보다 치밀한 '정밀 조정 작업(すり合わせ, 서로 다른 부품이나 공정을 아
> 주 세밀하게 조정·최적화하는 작업)'이 필요하다. 이 때문에 팹리스·파
> 운드리라는 분업 체제에는 한계가 있으며, IDM만이 그 '해결책'이다."

당시에는 설비, 생산, 판매까지 자체적으로 처리하는 IDM 체
제야말로 첨단 제품을 안정적으로 생산할 수 있다는 믿음이 업
계 전반에 퍼져 있었던 것이다.

그러나 현실은 정반대로 흘러갔다. 1990년대 들어 반도체 제
조 장비와 공장 건설 비용은 기하급수적으로 증가했고, 버블 붕
괴 이후 장기 불황에 빠진 일본 대기업들은 필요한 자금을 마련
하지 못했다. 투자 대비 수익도 점점 낮아지면서, 첨단 공정을 유
지하기 위한 거대한 설비 투자는 오히려 기업의 부담으로 작용했
다. 그 결과, 내부에서는 IDM이야말로 정답이라고 외쳤지만, 실
제 현장에서는 파운드리에 생산을 위탁하는 사례가 나타날 수밖
에 없었다.

저비용이 중요한 PC용 D램에서는 과잉 기술과 과잉 품질이
오히려 부정적인 영향을 미쳤다. PC 시장에서 고품질 D램은 맞

지 않았다. 이때 일본의 선택이 운명을 좌우했다. 25년 보증의 고사양 D램을 PC 시장에도 그대로 적용했지만, PC에는 2~3년만 버티면 충분한 값싼 제품이 필요했다. PC용 반도체는 일본이 생산하던 제품과는 본질적으로 다른 제품이었다. 이로 인해 일본은 PC용 저비용 D램을 대량 생산한 한국 등에 점유율과 경쟁력 면에서 뒤처졌고, 결국 D램 사업에서 철수하게 되었다.

경영학자 클레이튼 크리스텐센Clayton M. Christensen의 말을 빌리자면, "일본 반도체 메이커는 25년 보증의 고품질이 필요 없는 PC용 D램을 저렴한 가격에 대량 생산하는 한국, 대만, 미국의 마이크론 테크놀로지 같은 업체들의 '고도화된 파괴적 기술'에 의해 시장에서 밀려났다"라고 할 수 있다. 단순히 "비용 경쟁에서 졌다"라고 말하는 것은 부적절하다. 비용과 기술은 별개의 개념이 아니기 때문이다. 하지만 여전히 고품질을 요구하는 고객도 존재한다. 예를 들어 자동차 산업이 그렇다. 도요타는 "크라운 기종이 운행하는 한 반도체를 공급해달라"는 요구를 하고 있다. 자동차용 반도체에 장애가 발생했을 때의 대응 비용이 막대하기 때문에, 품질 향상을 요구하는 것은 당연한 일이다. 통신 분야도 마찬가지다. 반도체 고장으로 인해 해저 케이블을 끌어올리는 데는 수억 엔의 비용이 소요된다.

단, 현재 반도체 설비 투자와 기술을 주도하는 것은 대형 컴퓨터나 해저 케이블, 자동차가 아니다. PC도 아니라는 점이 중요하다. 그 주역은 스마트폰이다. 스마트폰용 반도체는 PC보다도 고품질을 덜 요구한다. 그러나 기술적으로는 스마트폰용 반도체가 최첨단에 속하며, 대만의 TSMC는 기술 개발을 스마트폰 분야에 집중하고 있다.

다시 말해, 1990년대 이후 일본 반도체 기업들은 시장이 요구하는 방향과는 다른 길을 걷고 있었다. 소비자는 값싸고 짧은 수명만 보장되면 충분한 제품을 원했지만, 일본 업체들은 여전히 최고 성능과 장기간 보증에 집착했다. 뛰어난 기술을 갖고 있었음에도 그 초점이 시장과 어긋난 것이다.

히타치에서 근무했던 일본 반도체 전문가 유노가미 다카시<ruby>湯之上隆<rt></rt></ruby>는 2003년 도시샤대학에서 연구를 시작하며, 일본이 과잉 기술과 과잉 품질 문제로 고통받고 있음을 발견했다. 즉 30년 이상 전에 형성된 극한 기술과 고품질 추구 문화는 30년이 넘는 세월 동안 D램 분야에서 큰 실패를 겪었음에도 불구하고, 현재까지도 전혀 변화하지 않았다는 것이다.

그러나 일본 반도체는 자신들의 문제를 자각하지 못했고, 그로 인해 치료도 하지 못한 채 오늘에 이르고 있다. PC용 D램이나 디지털 가전용 반도체 등 저렴한 제품이 주류인 반도체 시장에서는, 이 문제를 해결하지 않는 한 재도약은 어려울 것이다.

그런 이유로 "경영, 전략, 비용 경쟁력에서 졌다"는 견해에도 한계가 있다. PC용 D램을 저비용으로 대량 생산하는 한국 등에 점유율에서 추격당한 일본 반도체 산업은 "경영, 전략, 비용 경쟁력에서 졌다"와 "기술로는 지고 있지 않다"는 두 문장으로 그 입

80년대와 90년대 D램 트렌드의 변화

	~1980년대	1990년대	2000년대
D램의 용도	메인 프레임	PC	멀티 디바이스
D램의 경쟁력	고품질	저비용	원가 경쟁력
일본	**D램으로 점유** 극한 기술과 고품질의 기술 문화 형성	**경쟁력 상실 D램 철수** 과잉 기술로 과잉 품질을 계속 만들었다	**SoC** 무엇을 어떻게 만들지 알 수 없음
한국		**저비용 D램으로 점유**	**점유율↑**

출처: 《동아시아 연구》, 제39호

장을 요약한다. "기술로는 지지 않았다"는 주장은 일정 부분 타당하다. 고품질 D램 생산 기술에서는 확실히 한국이나 미국에 뒤처지지 않았기 때문이다. 이러한 고품질 D램 성공 경험이 일본 반도체 업계의 자신감의 근거가 되고 있다.

그러나 1990년대 이후 PC 시장이 요구한 것은 값싸고 짧은 수명을 전제로 한 D램이었고, 고품질·고사양 기술은 더 이상 경쟁력이 되지 못했다. 다시 말해, 기술적 우위를 유지했음에도 시장에서 통하지 못한 순간, 그것은 이미 기술 경쟁에서도 패한 것이나 다름없었다.

반도체를 모르는 결정권자

이러한 결정이 따른 배경에는 일본 기업이 안고 있는 경영적 문제를 들 수 있다. 일본 반도체 업체들이 IDM 체제를 고수한 배경에는 경영 구조와도 깊은 연관이 있다. 국가 프로젝트에 참여한 도시바, 후지쓰, NEC 등은 모두 종합 전기 회사로서, 반도체 사업은 전체 비즈니스의 일부에 불과했다. 경영 측면에서 독립적인 의사결정권이 없던 반도체 부문이 설계와 생산을 분리하는 것은 매우 어려운 일이었다. 반도체 생산과 투자 관련 의사결정은 모두 회사의 핵심 부서에서 이뤄졌으며, 그 핵심 부서 인사들은 반도체와 직접 관련이 없는 경우가 많았다. 이로 인해 반도체와 시대 흐름에 부합하지 않는 의사결정이 반복적으로 이루어지는 결과를 낳았다.

반도체 부문 자체가 독립적인 결정권을 갖지 못했다는 점은 단순히 국가 프로젝트의 실패 문제에 국한되지 않았다. 투자 등 주요 결정은 본사에서 이루어졌으며, 반도체 시장에 대한 이해를 바탕으로 위험을 감수하며 과감한 경영 결정을 내리는 일은 거의 불가능했다.

또한 일본의 반도체 메이커에서는 경영층에서부터 관리층, 담당자에 이르기까지 비용 의식이 매우 부족했다. 명확히 말하면, 기업으로서의 체계적인 코스트 전략이 전혀 부재했다는 뜻이다. 최고경영자는 적재원가 방식(실제로 든 비용에 '적절한 이윤'을 더하는 가격 책정)이 아닌, "비용을 ○○엔으로 억제하기 위해 각 부서는 무엇을 해야 할지 고민하라"는 식으로 지시해야 했지만, 현실은 그렇지 못했다. 이러한 코스트 전략의 부재는 도시바를 제외한 구 전기전자 패밀리(NEC, 히타치, 후지쯔, 파나소닉 등)로 불리는 종합 전기 메이커의 일개 사업 부문으로서 일본 반도체 산업이 시작된 점과도 관련이 있다고 볼 수 있다.

일본 전신전화공사(현 NTT)에 제품을 납품할 때는 '적재원가 방식'으로 판매할 수 있었다. 그러나 반도체, 특히 메모리처럼 차별화가 어려워 제조사가 많아질 경우에는 완전한 구매자 시장이 형성되어 '가격 경쟁'에 돌입하게 된다. 예를 들어, 전 세계에 D램을 공급할 수 있는 제조사가 5개라면, 상위 2개사는 이익을 내지만 나머지 제조사들은 적자를 피하기 어려운 것이 현실이다. 따라서 메모리 제조사에게는 상위 그룹에 속할지 아니면 하위 그룹에 머무를지가 생존의 문제이며, 엄격한 비용 전략이 부재했던 일본 제조사들은 결국 시장에서 물러날 수밖에 없었다.

일본 반도체 업계는 '비용 경쟁력'을 규모의 경제와 그 실현을 위한 투자와만 연관 짓고, 기술과는 별개로 인식하는 경향이 있다. 그러나 반도체 생산 기술 역시 비용에 큰 영향을 미치므로 이는 잘못된 생각이다. 미국 반도체 업체들은 반도체가 탑재되는 기기의 가격을 먼저 산정한 뒤, 해당 기기에 맞는 반도체 생산 원가와 수율을 결정하고 이에 맞춰 설계했다. 비용 절감을 최우선으로 하는 공정 흐름을 구축하기 위해 미국 기술자들은 밤낮없이 노력했는데, 이는 회사의 이익과 직결되어 높은 보너스로 이어 졌기 때문이다. 반면 일본 기술자들은 일반 사원과 같은 임금을 받으며 성능 우선의 설계에 집중했다.

유노가미 다카시는 일본 기술자들에게 미국 기술자들과 같은 '비용 절감'이라는 개념 자체가 없다는 사실을 알게 되고 큰 충격 을 받았다고 한다. 그는 일본이 기술력은 뛰어나지만 경영 능력이 부족해 패배했다는 주장은 성립하지 않는다고 빨리 인정해야 한 다고 주장한다. 그래야만 일본 반도체 산업이 다시 살아날 수 있 다는 것이다. 그의 주장은 매우 설득력 있게 다가온다.

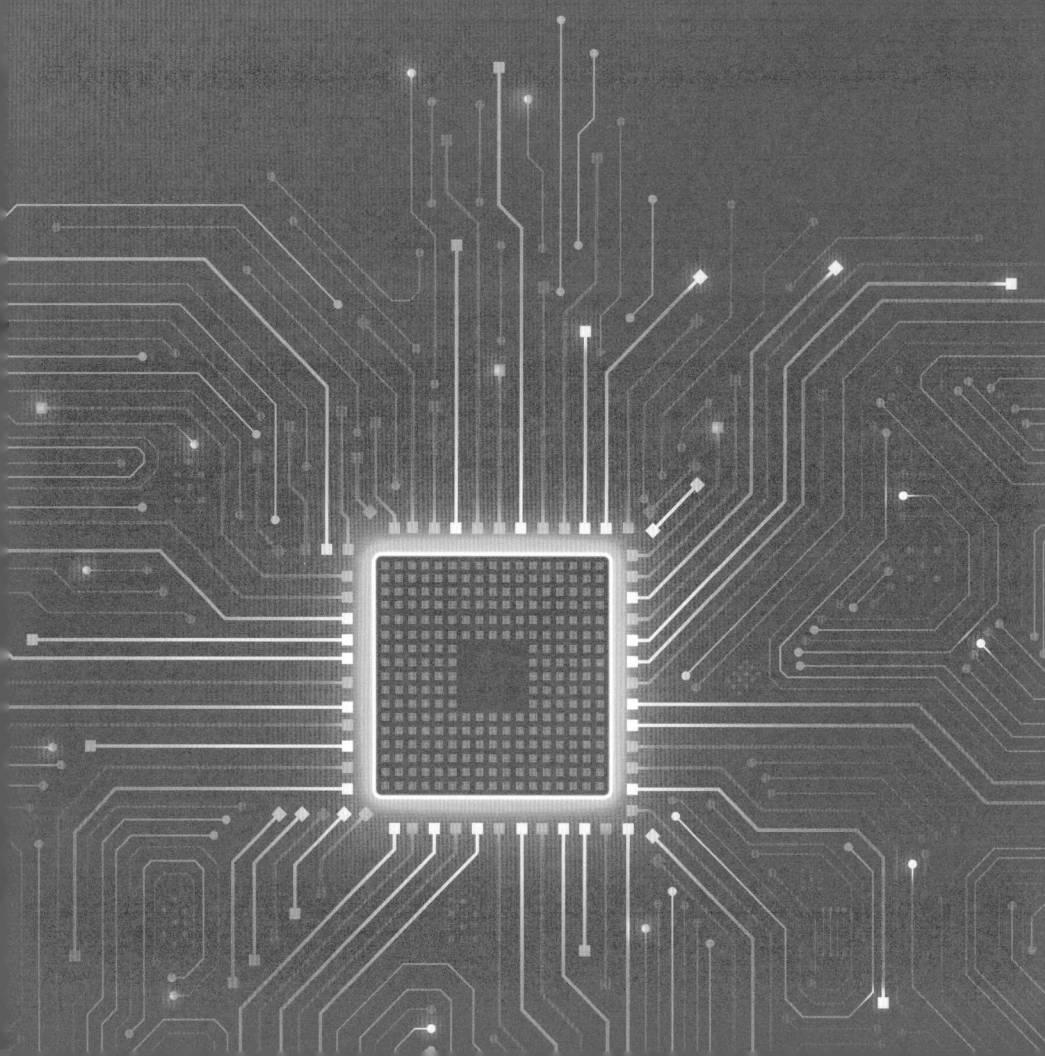

7장

'그 선택들'은 어떻게 반도체 산업을 갉아먹었나?

결과적으로 일본은 세계 반도체 생태계와 분리된 채 내수 중심의 틀에 머물렀다. 정리하자면, 일본 반도체 산업의 몰락은 단순히 '경영에서 졌다'라는 차원이 아니다.

6장에서 살펴본 바와 같이, 일본 반도체 산업의 몰락은 경영진의 오판과 전략 실패에서 비롯되었다. 이 전략의 실패는 곧바로 현장의 기술·생산 구조의 문제로 드러났다.

특히 '고품질·고성능'이라는 가치에 지나치게 집착한 결과, 일본 반도체 메이커들은 과도하게 복잡한 제조 공정을 유지하며 비용 경쟁력을 스스로 잃어버렸다. 이 지점에서 일본 반도체의 문제를 좀 더 구체적으로 이해하기 위해서는, 반도체 제조 기술이 어떤 단계로 구성되고 그 과정에서 어떤 비용 구조가 형성되는지를 짚어볼 필요가 있다. 그래야 일본이 반도체 제조를 어떻게 인식했는지, 반도체 제조의 각 요소에서 어떤 판단으로 인해 돌이킬 수 없는 길을 걷게 됐는지 설명할 수 있기 때문이다.

반도체 제조 기술은 크게 요소 기술·통합 기술·양산 기술이라는 3단계로 구분할 수 있다.

품질에 대한 집착

요소 기술만 따져 보면 일본의 기술력은 분명히 세계 최고 수준이었다. 그러나 기술에 집착한 나머지 일본 업체들은 성능 향상을 위해 장비 업체에 끝없이 더 높은 수준을 요구했고, 심지어 기존 장비에 만족하지 못해 아예 자체적으로 새로운 장비를 만들어 쓰기도 했다. 그 과정에서 특별 주문 장비와 자체 개발 장비가 난무했고, 이는 곧 고비용 구조로 직결되었다.

이러한 경향은 통합 기술 단계에서 더욱 분명해졌다. 통합 기술이란 개별 요소 기술을 조합해 전체 공정 흐름을 설계하는 과정인데, 일본 메이커들은 고성능을 우선하다 보니 공정 단계가 자연스럽게 많아졌다. 공정이 길어지면 그만큼 장비 사용이 늘어나고 생산 시간이 길어지며, 비용 역시 기하급수적으로 상승한다. 다시 말해, 기술적 완성도를 높일수록 이익을 내기 어려운 구조에 빠진 것이다.

한 가지 예를 들어보자. 요소 기술 중 하나인 포토리소그래피 기술에서는 '마스크mask'라는 유리판을 사용한다. 이 마스크는 실제 반도체 칩보다 몇 배 큰 크기이며, 미세한 전자 회로가 그려져 있다. 복잡한 회로를 작은 반도체 칩 위에 구현하기 위해, 마스크에 빛을 투과시켜 회로 패턴을 완성하는 방식이다. 더 세밀한 회로를 만들려면 여러 장의 마스크를 사용해야 하는데, 마스크 매수가 많다는 것은 미세 가공 단계가 많아졌다는 뜻이다.

D램 제조사마다 사용하는 마스크 수는 다르다.

1990년대 중반, 일본 제조사들이 D램 사업에서 대거 철수하기 직전의 상황을 보면, 일본 업체들은 미국 업체들보다 약 2배 많은 마스크를 사용하고 있었다. 마스크를 2배 사용하는 만큼 일본산 D램의 가격도 산술적으로 2배 비쌀 수밖에 없었다. 당시 64Mb(메가비트) D램 제조사별 마스크 사용 개수를 보면, 일본 업체들은 약 30매의 마스크를 쓴 반면, 1996년 미국의 마이크론 Micron은 절반 수준인 15매만 사용해 가격 경쟁력을 확보했다. 이 사건은 반도체 업계에서 '마이크론 쇼크Micron Shock'라고 불렸다.

마이크론 쇼크 이후 일본 업체들도 마스크 매수를 줄이기 위한 노력을 기울였다. 예를 들어, 히타치에서는 개발센터의 센터장이 D램을 20장의 마스크로 만들라는 지시를 내렸다. 당시 히타치가 사용하던 마스크 매수는 32장이었다. 설계부는 어떻게든 20장으로 줄이려 노력해 설계를 완성했지만, 실제 마스크 매수는 크게 줄지 않았다. 개발센터에서 진행한 시험 제작 과정 중에는 '1~2장 정도는 추가해도 큰 문제가 되지 않는다'는 인식 아래, 계속해서 마스크 매수가 늘어나는 일이 반복되었다.

사실, 일본이 D램에서 철수하기 직전의 64Mb D램은 마스크 매수가 한국과 대만에 비해 약 1.5배, 미국 마이크론 테크놀로지보다는 약 2배에 달했다. 마스크 매수가 많고 공정 흐름이 길어 일본 반도체는 이익을 내기 어려운 고비용 구조에 놓여 있었다.

마지막으로 양산 기술은 구축된 공정 흐름에 따라 반도체 칩을 대량 생산하는 기술을 의미한다. 양산 기술에서 중요한 것은 생산된 칩 중 정상 작동하는 칩의 비율인 수율이다. 개발센터에서 공정 흐름을 완성한 후 이를 양산 공장으로 이관하는데, 이관 초기의 수율은 거의 0%에 가깝다. 즉 처음에는 정상 제품이 거의 나오지 않는다는 뜻이다. 이후 양산 공장에서는 최적화 과정을 거쳐 수율을 점차 높여야 한다.

일본은 수율 향상보다는 고품질 반도체 생산에 집착하는 경향이 있었다. 고품질을 우선시하다 보니 비용이 크게 상승했다. 반면 한국은 일본 수준의 고품질 제품을 완벽히 만들지는 못했지만, 저비용으로 반도체를 생산하는 능력에 강점을 보였다. 한국 업체들은 저비용 생산과 수율 향상에 집중했고, 시장에서는 가격 경쟁력이 높은 한국산 반도체를 선호하는 경향이 나타났다. 이상적인 것은 고품질과 저비용을 동시에 실현하는 것이지만, 이는 쉽지 않은 과제다.

일본 반도체 산업 몰락의 종합 원인

이러한 상황을 통해 일본 반도체 산업의 흥망성쇠를 개괄해보면 다음과 같다. 1980년대 일본은 D램을 중심으로 세계 반도체 시장을 장악했다. NEC, 도시바, 히타치, 후지쯔 등 종합 전자 메이커들은 고품질·고신뢰성을 내세운 제품으로 미국을 제치고 시장 점유율 1위를 차지했다. 당시 일본의 전자·통신 산업은 세계 최고 수준이었고, 가전제품·통신 장비·자동차와 같은 수요처가 국내에 널리 분포해 있었다. 이들은 "고장 나지 않는 반도체"를 요구했고, 일본 반도체 업체들은 이에 부응하여 25년 보증의 고품질 D램과 같은 특수한 제품을 만들었다. 일본 특유의 내수 환경과 장기적 신뢰성을 중시하는 산업 문화는 당대에는 일본 반도체 산업을 세계 정상으로 끌어올리는 기반이 되었다.

그러나 이러한 강점은 시간이 흐르며 오히려 약점으로 전환되었다. 1990년대 이후 PC, 인터넷, 스마트폰으로 대표되는 디지털 시장이 급속히 성장하면서 세계 반도체 수요의 중심이 변했다. 대형 메인프레임이나 통신 장비에 필요한 고품질 D램이 아니라, 값싸고 대량으로 공급되는 PC용 메모리와 범용 반도체가 핵심이 된 것이다. 소비자는 2~3년만 안정적으로 작동하면 충분한 저가 제품을 원했지만, 일본 업체들은 여전히 고사양·장수명 제품에 집착했다. 이른바 '과잉 기술'과 '과잉 품질'이 시장의 요구와 어긋나면서, 저비용·고효율 생산에 집중한 한국과 대만 업체들에 경쟁력을 잃어갔다.

전략적 판단의 실패도 겹쳤다. D램 점유율이 급락하자 일본 경영진은 "SOC로 간다"라는 모호한 전략을 내세웠다. SOC는 CPU, 메모리, 아날로그 회로 등을 하나로 집적하는 개념적 용어에 불과했는데, 구체적 제품과 비즈니스 모델로 이어지지 못했다. 더욱이 팹리스와 파운드리가 수평적으로 분업하며 범용 IP와 표준 EDA 툴을 활용해 시장을 확장하던 시기에, 일본 메이커들은 자사 내에 독자적인 EDA 툴을 고집하고, SOC도 자사 가전이나 휴대전화에 국한해 개발했다. 이런 폐쇄적 체계는 글로벌 시장에서 범용화와 대량 생산이라는 기회를 잃게 만들었다.

구조적 경영 문제도 심각했다. 일본 반도체 부문은 종합 전자 회사의 일부 사업부로 취급되며 독립적 의사결정권을 갖지 못했다. 투자 결정은 본사 중심으로 이뤄졌고, 반도체의 특수성을 이해하지 못한 비전문 경영진이 흐름을 주도했다. 이익은 본사로 흡수되고 손실은 즉각 중단 압박으로 이어졌다. 기술자들의 임금은 일반 사원과 크게 다르지 않아 혁신에 대한 동기부여가 부족했고, 결과적으로 인재는 해외로 유출되었다. 반면, 해외 전업 반도체 기업에서는 경영진이 직접 반도체 사업을 이해하고 리스크를 감수하며 과감한 투자를 이어갔다.

비용 전략 부재는 몰락을 결정적으로 앞당겼다. 일본 기업들은 '적재원가 방식', 즉 실제 비용에 적정 이윤을 더해 가격을 책정하는 방식에 의존했다. 그러나 메모리 반도체처럼 차별화가 어렵고 경쟁사가 많은 시장에서는 가격 경쟁이 불가피하다. 미국 기업들은 최종 제품 가격에서 역산하여 반도체 원가와 수율을 정하고, 이를 맞추기 위해 비용 절감형 설계와 공정 혁신에 집중했다. 일본 기술자들은 성능 향상에 몰두했지만, 비용 절감 개념은 희박했다. 이 차이가 누적되며 일본은 시장에서 점점 밀려났다.

또한 일본은 세계와 연결되는 오픈 이노베이션 네트워크에서도 고립되었다. 유럽의 아이멕, 미국의 올버니Albany처럼 국제 공동 연구를 이끌어가는 플랫폼에 적극 참여하지 못하고, 모든 것을 내부에서 해결하려는 '자체완결주의'에 갇혔다. 결과적으로 일본은 세계 반도체 생태계와 분리된 채 내수 중심의 틀에 머물렀다.

정리하자면, 일본 반도체 산업의 몰락은 단순히 '경영에서 졌다'는 차원이 아니다. 과잉 기술에 집착하며 시장의 요구와 어긋난 제품을 내놓았고, 모호한 전략 속에 글로벌 트렌드와 분업 구조에 적응하지 못했으며, 경영 체계의 구조적 문제와 비용 전략 부재가 치명타로 작용했다. 기술적으로는 여전히 세계 최고 수준을 자랑했지만, 그것이 더 이상 경쟁력이 되지 못한 순간, 일본 반도체는 기술 경쟁에서도 패배한 것이나 다름없었다. 스마트폰과 데이터센터로 대표되는 새로운 수요 중심이 등장했을 때, 그 흐름을 잡은 것은 TSMC와 삼성전자였고, 일본은 결국 변곡점을 넘지 못한 채 몰락의 길로 접어들었다.

제2부

"히노마루 반도체", 일본의 부흥을 노리다

8장

일본 반도체, 부활을 꾀하다

반도체 산업이 기울기 시작한 1995년경,
일본 통산성은 다시 움직이기 시작했다.
20년 전의 D램 및 국산 장치 개발의 성공을 되돌아보며
같은 기획으로 재도약을 노린 것이다.

반도체 산업의 쇠퇴 원인 중 빼놓을 수 없는 요소가 또 하나 있다. 시대에 뒤처진 국가 프로젝트에 매달렸다는 점이다. 일본 반도체 산업이 기울기 시작한 1995년경부터 경쟁력 강화를 위해 통산성(2001년 경제산업성으로 명칭 변경)이 움직이기 시작했다. 산·관·학 연계 프로젝트를 통해 연구개발 예산을 책정했는데, 이 국가 프로젝트가 출범하게 된 배경에는 개별 기업이 반도체 개발과 설비 투자에 막대한 비용을 단독으로 감당하기 어려운 엄혹한 현실이 자리하고 있었다. 즉 단일 기업의 독자적 투자만으로는 거액의 연구개발 비용을 충당하기 힘들었던 것이다.

기술자들에게는 1976년에 시행된 관민 합동 프로젝트인 '초고밀도 집적회로 기술연구조합'의 성공 경험이 있었다. 일본은 그 짜릿했던 성공 경험을 잊지 못했다.

국가 프로젝트 "히노마루 연합"의 실패

반도체 산업이 기울기 시작한 1995년경, 일본 통산성은 다시 움직이기 시작했다. 20년 전의 D램 및 국산 장치 개발의 성공을 되돌아보며 같은 기획으로 재도약을 노린 것이다. 산·관·학 연계 프로젝트를 시작하고 연구개발 예산을 책정했다. 이 흐름을 이어받아 기업 간 협력 프로젝트도 출범했으며, 일본 국내 반도체 메이커들이 연합해 1996년에 세리트Selete라는 반도체 첨단 테크놀로지스를 설립했다.

세리트에는 일본의 10개 업체와 삼성전자를 포함해 총 11개 업체가 참여했다. 삼성전자는 NEC, 미쓰비시 등 일본 업체들과 연결고리를 가지고 있었기에 참여할 수 있었는데, 당시 일본 업체들은 삼성전자에 대해 전혀 경계심을 품지 않았다. 4년 동안 11사 기술자들은 긴밀히 모여 논의를 이어갔다. 하지만 그 성과를 가장 먼저 상품화한 기업은 의외로 삼성이었다. 삼성전자는 2001년 세계 최초로 12inch(300mm) 웨이퍼 생산 설비를 도입했다. 일본의 엘피다는 2년 후에야 12inch 웨이퍼 생산 설비를 도입했지만, 이는 뒤늦은 경영 판단이었다고 할 수 있다. 결국 일본은 '삼성'이라는 호랑이 새끼를 길러준 셈이다.

히타치, NEC, 도시바, 후지쓰가 300mm 반도체 공장을 건설한 것은 그보다 수년 뒤의 일이다. 히타치의 메모리 반도체 사업 부문은 1999년에 NEC의 메모리 사업 부문과 합병되었다. 당시 일본의 메모리 반도체 산업은 한국에 밀려 위기에 직면해 있었고, NEC와 히타치를 제외한 대부분의 업체들은 D램 분야에서 철수한 상태였다. 한편, 파운드리 업체인 대만의 TSMC는 서액의 설비 투자를 지속하며 최첨단 장비를 갖추고 우수한 고객을 차례로 확보하고 있었다. 일본이 자랑하던 제조 프로세스 기술이 따라잡히는 것은 시간문제에 불과했다.

합병, 엘피다 메모리의 탄생

생존을 위해 히타치와 NEC는 합병할 필요가 있었으며, 이 공장 건설에는 경제산업성이 적극적으로 관여했다. 경제산업성은 한국과 대만의 위세에 대응하기 위해 '히노마루 파운드리 구상'을 제기하고, 각 사에서 출자받아 거대한 300mm 반도체 공장 건설을 추진했다. 언론과 정부는 2000년대 국책 통합 전략에 대해 '히노마루 반도체'라 불렀다. 히노마루란, 일본의 국기를 칭하는 말로 '히노마루 파운드리''히노마루 반도체'라 함은 일본산 제품을 뜻하는 것이 아니라 정부 주도로 "국가의 자존심"을 걸고 추진하는 산업 부흥 전략, 다시 말해 일본 반도체 재편을 총칭하는 표현이었다. 이러한 흐름 속에서 1999년 NEC-히타치 메모리가, 2003년에는 르네사스 일렉트로닉스(당시 르네사스 테크놀로지)가 출범하게 되었다.

1999년 12월 합병 당시 회사명은 'NEC 히타치 메모리'였으나, 2000년 4월 '엘피다 메모리Elpida Memory'로 변경되었다. 엘피다라는 이름은 그리스 신화에 나오는 판도라의 상자에서 마지막으로 남은 희망의 정령 엘피스Elpis에서 따온 것이다. NEC와 히타치 제작소의 반도체 부문이 합쳐 탄생한 엘피다 메모리는 히타치와 NEC를 중심으로 출발했으며, 이후 미쓰비시 전기도 합류하여 '히노마루 반도체'를 이끌 기대주로 자리매김했다.

애초에 D램 시장에서 일본의 점유율은 약 2%에 불과해 매우 침체된 상태였다. 2002년, 일본 반도체 업계의 전설적 인물인 사카모토 유키오坂本幸雄가 엘피다의 사장으로 취임했고, 2003년에는 미쓰비시의 D램 사업도 흡수했다. 일본에서 유일한 D램 제조 업체가 된 엘피다는 많은 기대를 모았으나, 기대와 달리 지속적인 적자를 기록하며 내리막길을 걷게 되었다.

엘피다의 파탄에 대해 최고경영자 사카모토의 책임이 큰 것은 분명하지만, 경제산업성 등 일본 정부의 조기 체념 역시 한 원인으로 분석된다. 공적자금으로 300억 엔의 출자를 받았으나, 당시 투자액과 예산은 충분치 않았고, 이로 인해 산업계 내에서는 "정말로 중요한 연구는 각 사가 자체적으로 한다"는 분위기 속에서 서로 견제하는 상황이 이어져 제대로 된 협력이 이루어지지 못했다.

또한 "그 외에도 팔 것이 많은데 왜 굳이 반도체인가?"라는 반응도 있었으며, 이로 인해 '거국적' 지원 형태로 나아가기 어려웠던 면도 있었다. 당시 정부 측 역시 막대한 투자가 필요한 반도체 산업에 왜 집중해야 하는지 설득력 있는 명분을 갖고 있지 못했다. 반면, 한국·대만·중국은 정부가 위험을 감수하며 적극적으로 산업에 투자했고, 보조금 정책을 통해 국내 반도체 생산 설비의 대규모 투자와 인재 육성에 힘써왔다.

르네사스, 일본 시스템 반도체의 마지막 희망과 추락

엘피다와는 별도로 시스템 반도체 부문에서도 구조조정이 진행되었다. 2002년 NEC의 시스템 반도체 부문이 분사되어 NEC 일렉트로닉스NEC Electronics가 설립되었다. 2003년에는 히타치와 미쓰비시의 시스템 반도체 부문이 합병해 르네사스 테크놀로지 Renesas Technology가 출범했다. 2010년에는 르네사스 테크놀로지와 NEC 일렉트로닉스가 합병하여 사명을 르네사스 일렉트로닉스Renesas Electronics로 변경했다.

연이은 구조조정 노력에도 불구하고 르네사스의 매출은 지속적으로 감소했으며, 2011년 동일본 대지진의 여파로 파산 직전의 위기까지 몰리기도 했다. 관민 구조조정 펀드 등의 지원으로 파산은 면했지만, 2013년 르네사스는 휴대전화용 모바일 시스템 반도체 부문을 미국의 브로드컴Broadcom에 매각하는 등 사업 정리를 단행하며 사업 규모가 크게 축소되었다.

한편 히타치는 대만 파운드리 기업 UMC와 합작하여 설립한 트레센티 테크놀로지스Trecenti Technologies, Inc.의 나카那珂 공장을 '히노마루 파운드리'의 핵심 거점으로 육성할 계획이었다. 그러나 2003년 르네사스 테크놀로지 설립 과정에서 트레센티를 독립 법인으로 두지 않고 흡수·내부화하면서, 이 공장은 외부 고객을 위한 파운드리 기능을 상실했고, '히노마루 파운드리' 구상에서도 제외되었다. 2002년부터는 국비 315억 엔이 투입되어 경제산업성 주도로 각 사에 분산되어 있던 설계 플랫폼의 통합 작업이 시작되었다. NEC의 사가미하라 사업소 내에 연구소가 설치되어 각 사가 기술을 모았다. 그러나 주도적 역할을 맡았던 NEC가 자체

연도	회사명	통합 주체	통합 배경
1999년	엘피다 메모리 Elpida Memory	NEC + 히타치 제작소	정식 발족은 2000년. 일본 정부 주도의 반도체 산업 재편 정책에 따라 두 회사의 D램 부문을 통합하여 설립. 일본 유일의 D램 전문 메이커로 출범했으나 2012년 경영파탄으로 파산. 이후 마이크론 테크놀로지가 인수하여 흡수.
2000년	트레센티 테크놀로지스 Trecenti Technologies	히타치 제작소 + 대만 UMC	300mm 웨이퍼 공정 기술 개발을 위한 합작 법인으로 설립. 차세대 반도체 생산 기술 확보를 목표로 함. 2003년 히타치가 전면 인수하여 완전 자회사화.
2003년	르네사스 Renesas	히타치 제작소 + 미쓰비시 전기(2003) → NEC 일렉트로닉스 추가 합병(2010)	시스템 LSI 및 마이크로컨트롤러(비메모리) 부문을 중심으로 통합. 르네사스 테크놀로지라는 이름으로 출범. 자동차·산업용 반도체 경쟁력 강화를 목표로 함. 현재 르네사스 일렉트로닉스로 존속 중.

일본의 몰락

부담으로 야마가타 공장 건설 방침으로 전환하자, 도시바와 후지쓰도 뒤따라 300mm 공장 건설을 목표로 하면서 그 결과 당초 하나로 모으려던 투자와 역량이 여러 기업으로 분산되는 결과를 낳았다.

경쟁사가 신공장을 건설하면 자사도 뒤처지지 않기 위해 따라야 한다는 인식이 각 사에 만연했다. 이후 NEC가 건설한 쓰루오카 공장은 가동률 저하로 어려움을 겪었으며, 결국 2014년에 소니에 매각되었다. 도시바와 후지쓰의 300mm 공장도 현재는 세계 첨단 기술에서 뒤처진 상태다. 협력 노선의 실패로 인해 각 사

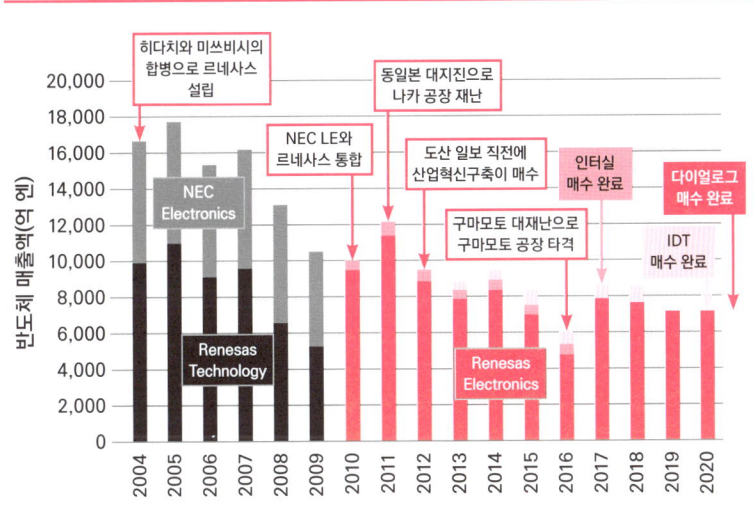

르네사스의 연도별 매출액 추이

출처: 르네사스 일렉트로닉스 애뉴얼 리포트

는 재편을 모색하기 시작했다. 2003년에 출범한 히타치와 미쓰비시 전기의 시스템 반도체 부문을 통합한 르네사스 테크놀로지에 대응하기 위해 도시바와 후지쓰 역시 통합 협상을 진행 중이었다.

"세계 정상의 독립계 반도체 메이커를 목표로 했지만, 최종 단계에서 양 회사의 최고경영자가 제동을 걸었다."

도시바 전 임원의 말이다. 두 회사는 2008년경에 통합 교섭이 재개되었으나, 후지쓰 담당 임원의 여성 스캔들로 인해 좌절되었다. 이후 후지쓰는 NEC와 협력을 모색했으나, NEC는 2010년에 르네사스 테크놀로지에 합류했다. 결국 후지쓰는 2015년에 설계·개발 부문을 파나소닉과 통합하여 소시오 넥스트를 설립했지만, 일본 반도체 산업의 쇠퇴를 막기에는 역부족이었다. 이 20년간의 일본 반도체 지원 정책은 결국 실패로 귀결되었다고 평가할 수 있다.

9장

국가에 의한
프로젝트가 실패한
5가지 원인

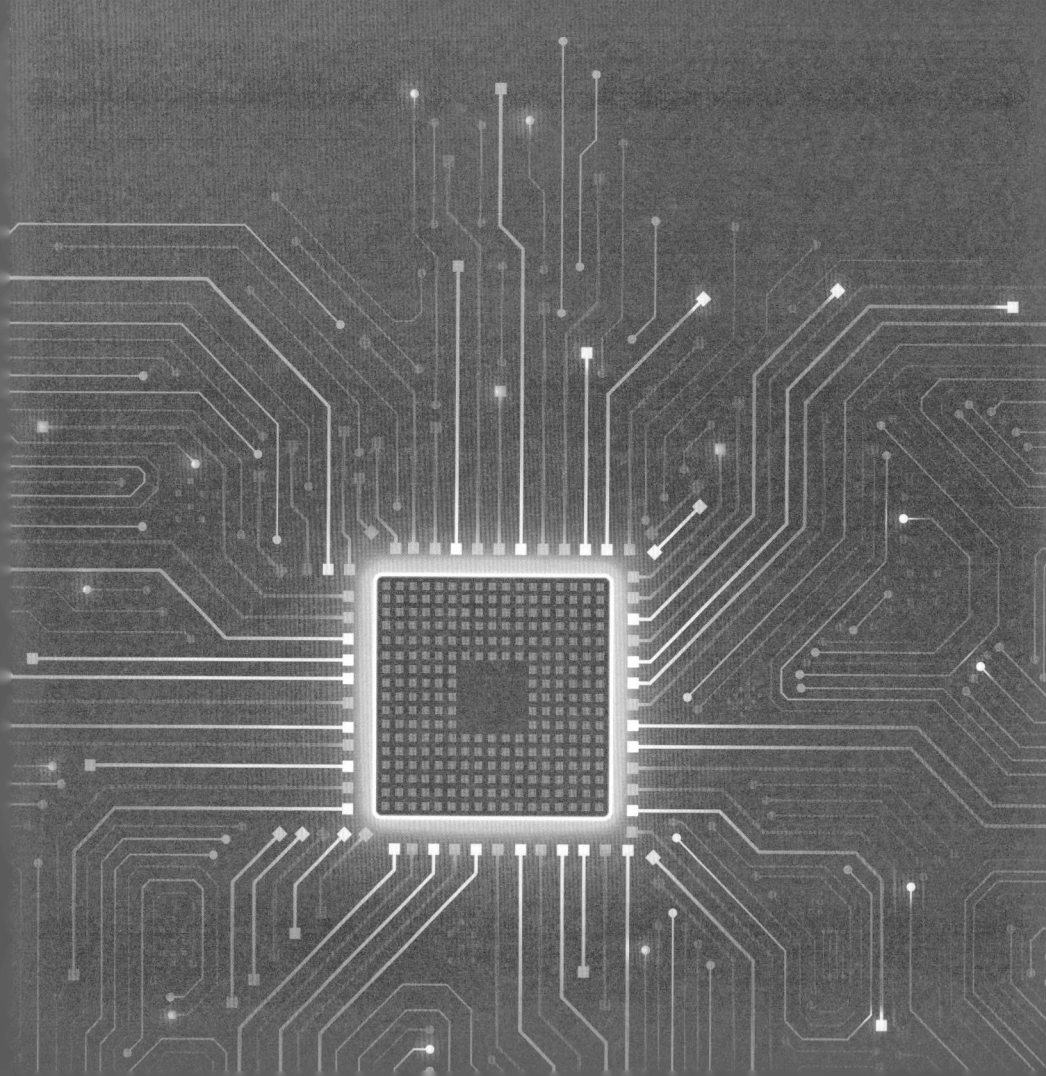

업계 전반에는 "국가가 말하는 대로만 하면, 결국 정부가 책임져줄 것"이라는 잘못된 신호가 퍼졌다. 이는 민간 기업의 자율적 혁신 동기를 약화시키고, 책임 의식을 흐리게 했다. 더 큰 문제는 이렇게 반복된 실패에도 불구하고 누구도 책임을 지지 않았다는 사실이다.

앞서 '히노마루 반도체 프로젝트'를 개괄했는데, 국가에 의한 프로젝트가 실패한 것에는 몇 가지 이유가 있다. 일본 정부는 반도체 산업을 살리겠다는 의지로 막대한 자금을 투입하고, 여러 기업을 묶어 대규모 프로젝트를 추진했다. 그러나 의도와 달리 이들 프로젝트는 기대만큼의 성과를 내지 못했다.

겉으로는 "국가 차원의 산업 육성"이라는 거창한 간판을 내걸었지만, 실제 내부를 들여다보면 각 기업의 이해관계와 정부의 관료적 방식이 얽히며 효율을 잃어버린 경우가 많았다. 결과적으로 연구 성과는 현장에서 활용되지 못했고, 컨소시엄은 협력보다는 조정에 에너지를 소모했으며, 프로젝트는 목표와 방향성을 제때 수정하지 못한 채 흐지부지 이어지곤 했다.

"히노마루"라는 단어를 앞세웠지만, 프로젝트는 점차 동력을 잃어갔다.

최악의 의사결정 구조

사업이 성공하려면, "얼마나 잘 만들 것인가"의 "How to make" 와 시장의 요구를 파악하고 "무엇을 만들 것인가"의 "What to make"의 2개가 중요하다. 그런데 일본은 하우투 지향으로, 시장이 무엇을 요구하고 있느냐는 그 쓰임을 찾아낼 수 없었다. 의사결정은 고객의 필요가 아니라 출신 기업들의 이해관계와 내부 논리에서 출발했다. 제대로라면 "고객이 무엇을 원하는가"에서 출발했어야 맞다.

나라의 지원을 받으면서 연구 개발이나 제조 설비 구축을 목표로 하는 프로젝트에는 복수의 반도체 메이커가 모여 컨소시엄 (공동 사업체)을 형성하는 사례가 적지 않다. 하지만 컨소시엄은 아무래도, 반도체 업계에서 활동한 한 인사의 말을 따르면, "참가 기업 출신자의 오합지졸"이 될 수밖에 없다. 그 때문에, 당사자 간의 이해 조정에 힘이 할애되어 고객 시점의 발상에는 이르지 못했다.

예를 들면, 일본 반도체 업계의 구조조정 과정을 보면 기업들이 모여 합작을 해도 시너지 효과가 없었다. 1+1이 못해도 2가 되거나 3이 되어야 하는데 0.7이 되어버린 것이다. 일본에서는 각 행정 부서 간에 서로의 업무에 관심도 없고 간섭도 하지 않는 '수직형 행정縦割り行政'이란 말이 유명한데, 이런 폐단은 민간 기업에도 존재했다. 이러한 가운데 정부가 개입한 구조조정은 오히려

업계의 혼란만 초래했다. 경제 저널리스트 오니시 야스유키大西康之는 지면을 통해 충격적인 취재 후일담을 회고했다(2022년 11월 22일).

당시 전기 메이커를 취재하고 있었던 필자는 메이커 경영진으로부터 이렇게 들었다.

"각 사 모두 국가 프로젝트에 에이스는 보내지 않습니다. 핵심적인 기술도 내보이지 않습니다. 경쟁자끼리이기 때문에 속내를 드러낼 수 없겠지요."

관공서의 안색을 살피는 '교제'라는 목적 이외에 이런 속셈도 있었다.

"국가 프로젝트는 세금으로 연구 개발이나 제조에 사용하는 최첨단의 기재를 살 수 있습니다. 프로젝트가 끝나면, 각 사는 그런 기재를 가져가서 자사의 연구소나 공장에서 사용했습니다."

정말 한심한 이야기이지만, 이것이 '반도체 대국의 황혼'을 보여주는 현실이었다. 이야기를 들은 필자는 '패배'를 확신했다. 그 '국가 프로젝트 붐'으로부터 20년, 일본의 반도체 산업은 예상을 웃도는 조락 행태를 보였다. 결국 자국에서 사용하는 반도체조차 만들 수 없게 되어버린 것이다.

국가가 책임져주겠지

일본의 국가 주도 반도체 프로젝트가 실패한 원인 가운데 가장 치명적인 것은, 경쟁 기업들이 끝내 한 몸이 되지 못했다는 점이다. 경제산업성 외곽단체인 기계진흥협회 경제연구소에서 반도체 업계를 오랜 세월 관찰해온 수석 연구원 이노우에 고우키井上弘基는 당시 상황을 이렇게 평가한다.

> "당시 일본의 반도체 대기업들은 서로 경쟁하고 있었기 때문에, 전체적으로 가장 효율적인 방안을 모색하자는 분위기는 형성되지 않았다."

겉으로는 국가의 깃발 아래 협업을 내세웠지만, 실제 현장에서는 자사의 이익을 우선시하는 분위기가 강했다. 트랜지스터 구성 요소 연구 과정에서도 각 기업은 전체 최적화보다는 자사에게 유리한 영역에 집중했다. 결과적으로 "컨소시엄"이라는 이름만 있었을 뿐 실질적으로는 협력이 아닌 공존에 가까운 형태로 흘러갔다.

대표적인 사례가 2002년부터 2005년까지 추진된 국가 프로젝트 '아스프라AS☆PLA'였다. 이는 가나가와현 사가미하라에 위치한 NEC 사업소 내에 일본 반도체 제조사들이 공동으로 참여하는 파운드리를 설립하려는 구상이었다. 그러나 문제는 뚜렷했다. 아스프라에서 생산하려 했던 품목은 이미 각 사가 자체적으로 양산 중이었고, 각 회사가 자사 비용으로 공장을 운영하고 있던 상황에서 프로젝트 참여는 경제산업성과의 "교제" 이상의 의미를 갖지 못했다. 결국 국비 315억 엔이 투입된 이 프로젝트는 실질적 성과를 내지 못한 채 공중분해되고 말았다.

이런 결과는 단순한 정책 실패에 그치지 않았다. 업계 전반에는 "국가가 말하는 대로만 하면, 결국 정부가 책임져줄 것"이라는 잘못된 신호가 퍼졌다. 이는 민간 기업의 자율적 혁신 동기를 약화시키고, 책임 의식을 흐리게 했다. 더 큰 문제는 이렇게 반복된 실패에도 불구하고 누구도 책임을 지지 않았다는 사실이다. 관료는 성과 보고서만 내면 되었고, 기업 경영자들은 프로젝트가 끝난 뒤 장비를 자사로 가져가는 정도의 이익만 취했다. 이러한 '무책임의 문화'를 양산한 주체가 다름 아닌 국가 프로젝트였다는 점은 일본 반도체 산업 쇠퇴의 또 다른 그림자를 보여준다.

쇠퇴를 부추기는 최악의 구조

국가 주도의 반도체 프로젝트에는 일본을 대표하는 우수 연구자들이 참여했지만, 이들의 연구 성과가 곧바로 사업화로 연결되는 경우는 드물었다. 다시 말해, '연구'와 '비즈니스' 사이에 깊은 단절이 존재했던 것이다.

반면 미국이나 유럽의 국가 프로젝트에서는 상황이 달랐다.

국방고등연구계획국DARPA이나 유럽 공동 연구 프로그램에 참여한 연구자들이 그 경험을 발판으로 창업에 나서는 경우가 많았다. 예컨대 미국 실리콘밸리의 많은 반도체 스타트업은 국방 프로젝트나 대학 연구실에서 축적한 성과를 기반으로 성장했으며, 지적 재산권IP 역시 자연스럽게 민간 기업 활동으로 흘러들어 갔다. 그러나 일본의 경우, 연구 결과는 대부분 프로젝트 내부에 머물렀고, 산업적 활용으로 이어지지 못했다.

도쿄공업대학의 와카바야시 히토시若林仁志 교수는 국가 프로젝트 '세리트'를 예로 들며 "세리트는 일정한 성과를 냈지만, 지적 재산권 관리가 미숙했습니다."라고 지적했다. 세리트는 명목상 회사 형태였지만, 실제로는 이윤을 추구하기보다 연구 비용을 공동 분담하는 협의체 성격이 강했다. 따라서 연구 성과물에 대한 권리 귀속이나 활용 방식이 명확히 정리되지 않았고, 각 기업은 자유롭게 기술을 응용하거나 외부 비즈니스로 확장하는 데 제약을 받을 수밖에 없었다.

또 다른 문제는 연구 주제가 각 기업의 제품 전략과 직접 맞닿아 있지 않았다는 점이다. 공동 개발로 축적된 기술은 각 기업의 상업적 의도와 어긋나는 경우가 많았고, "특정 회사가 큰 혜택을 보았다"는 사례도 거의 보고되지 않았다. 결과적으로 연구는 진행되었지만, 성과가 사업적 성과로 이어지지 못한 채 소모되었다.

상황을 악화시킨 것은 일본 반도체 업계의 구조적 후퇴였다.

1990년대 후반 이후 주요 기업들이 잇따라 반도체 사업에서 철수하면서, '차세대 기술'이나 '차차세대 기술'을 아무리 개발해도 이를 실제 제품화할 무대가 사라졌다. 기업들이 연구를 활용할 동기 자체가 줄어들었고, 이는 곧 국가 프로젝트의 성과를 공허하게 만들었다.

즉 연구자의 열정과 정부의 자금 투입에도 불구하고, 사업과의 연결 고리가 끊어진 탓에 일본의 국가 프로젝트는 '연구 성과는 쌓였지만, 시장에서 꽃피우지 못한 사례'로 남게 되었다. 이는 일본 반도체 산업 쇠퇴의 또 다른 구조적 원인으로 꼽을 수 있다.

질질 끌다가 소모되어버린 국가 프로젝트

국가 주도의 반도체 프로젝트가 실패한 중요한 이유 중 하나는, 방침을 유연하게 전환하지 못했다는 점이다. 국가 프로젝트는 언제까지 무엇을 달성하겠다는 목표와 일정이 사전에 명확히 정해져 있기 때문에, 새로운 아이디어나 시장 환경 변화가 발생해도 즉각적으로 방향을 틀기가 어려웠다. 일본식 행정 구조에서는 특히 이런 경직성이 두드러졌다. 정부는 국민 세금을 투입하는 만큼 '설명 책임'을 강하게 의식했기 때문에, 중도에 계획을 변경하거나 목표를 바꾸는 것이 마치 실패를 인정하는 행위로 비춰질 수 있었다. 그 결과, 당초 계획이 현실과 맞지 않아도 끝까지 밀고

가는 경우가 많았다.

실제로 1990년대 후반부터 2000년대 초반까지 진행된 여러 국가 프로젝트들은 이런 문제를 반복했다. 대표적으로 '아스프라' 프로젝트(2002~2005)에서 생산하려던 제품은 앞서 말했듯, 이미 각 사가 개별적으로 양산하고 있던 제품이었으나, 정부가 정한 목표에서 벗어나면 예산 집행이 어렵다는 이유로 기존 계획을 그대로 고수했다. 결국 315억 엔의 국비가 투입된 이 프로젝트는 제대로 된 성과 없이 막을 내렸다.

또한 연구개발을 수행하는 기업들 입장에서도 방침 전환을 유도하는 인센티브가 거의 존재하지 않았다. 컨소시엄 형태로 참여한 기업들은 각자 본업에서 이미 자체 연구개발을 진행 중이었기 때문에, 국가 프로젝트가 새로운 기회를 줄 것이라는 기대가 크지 않았다. 오히려 "정부와의 관계를 유지한다"는 명목으로 최소한의 참여를 유지하는 수준에 머물렀다. 새로운 방향성을 제시하거나 더 공격적으로 기술을 응용하려는 동기가 약했던 것이다.

여기에 일본 특유의 '수직 행정' 문화가 발목을 잡았다. 정부 부처 간 그리고 기업 간 이해관계가 얽히면서 방침 전환을 조율하는 데만 시간이 소모되었다. 결과적으로 연구개발은 효율적으로 진행되지 못했고, 프로젝트는 마치 '관성에 의해 흘러가는 기차'처럼 계속 이어지다 종료 시점에 맞춰 성과 발표와 기념식만 치른 뒤 조용히 막을 내리곤 했다. 이 과정에서 새롭게 창출된 지식이나 기술은 시장과 연결되지 못한 채 사장되기 일쑤였다.

반면 미국과 유럽의 사례는 달랐다. 미국의 DARPA 프로젝트나 유럽연합의 공동 연구는 일정한 목표를 세워도 시장 변화나 기술 패러다임이 달라지면 과감히 방향을 수정했다. 예를 들어, 미국은 인터넷, GPS, 반도체 소자 등 여러 분야에서 정부 연구 프로젝트가 민간 기업 창업이나 새로운 산업으로 이어지도록 제도를 설계했다. 반면 일본은 실패를 인정하지 않는 분위기 속에서 "계획에 따라 끝까지 간다"는 방식만 반복했다.

결국 이런 경직성이 일본 반도체 산업을 글로벌 경쟁에서 한 발짝 뒤처지게 만든 요인 중 하나였다. 방침을 유연하게 전환하지 못한 탓에 일본의 국가 프로젝트는 '소모전'으로 변질되었고, 축적된 경험은 산업 성장으로 연결되지 못한 채 사라졌다.

연명을 위한 조치에 불과했던 이유

국가 주도의 반도체 재편도 잇따랐으나, 결국 방향을 잃었다.

1990년대 말부터 2000년대 초에 걸쳐 경제산업성이 주도한 NEC, 히타치, 미쓰비시 전기 간의 통합은 엘피다 메모리Elpida Memory, 르네사스 테크놀로지Renesas Technology 등의 형태로 이어졌지만 이들 기업 역시 글로벌 경쟁력을 되살리지 못했다.

결국 일본의 반도체 산업은 '히노마루 연합'이라는 이름 아래 끊임없이 재편을 거듭했지만, 그것은 재건이라기보다 생존을 위한 연명 조치에 가까웠다.

　새롭게 출범한 두 반도체 업체는 형식상으로는 시장에서 독자적으로 자금을 조달하며 경영할 수 있었으나, 실제로는 기존 모회사가 대주주로 남아 다양한 상황에서 지배력을 행사하여 신설 회사의 자율성에 제약이 따랐다. 그러나 무엇보다도 질적·양적 측면에서 심각한 문제가 있었다. 양적 측면에서는, 합병한 두 회사가 특정 사업 분야에서 세계적으로 압도적인 점유율을 확보할 만큼의 규모를 갖추지 못했다는 점이다. 즉 '약자 연합'에 불과했다. 반도체 업계에서는 최고 점유율을 차지하는 것이 유형·무형의 여러 이점을 가져온다. 예를 들어, 시장 정보를 비롯한 다양한 네트워크를 신속히 확보할 수 있고, 신규 제조 장비를 경쟁사보다 먼저 도입해 시험해볼 수 있으며, 풍부한 자본이 모여 재무 안정성이 향상되는 등의 효과가 있다. 그러나 두 회사, 특히 엘피다 메모리는 이러한 장점을 제대로 누리지 못했다.

　질적인 측면에서 볼 때, 두 회사의 합병 모두 다른 제품 분야에서 의미 있는 시너지 효과를 발휘하지 못했다. 예를 들어, 엘피다 메모리는 본질적으로 D램 단일 제품에 집중한 메이커였다. 그러나 휴대전화 등 모바일 기기와 디지털 카메라의 보급으로 인해, 전원이 꺼지면 데이터가 사라지는 '휘발성 메모리'인 D램과 달리, 전원이 꺼져도 데이터를 유지하는 '비휘발성 메모리'인 플래시 메모리의 중요성이 커지고 있었다. 플래시 메모리 분야에서는 NEC와 히타치가 이미 경쟁에서 뒤처져 있었기에, 이 두 회사를 통합

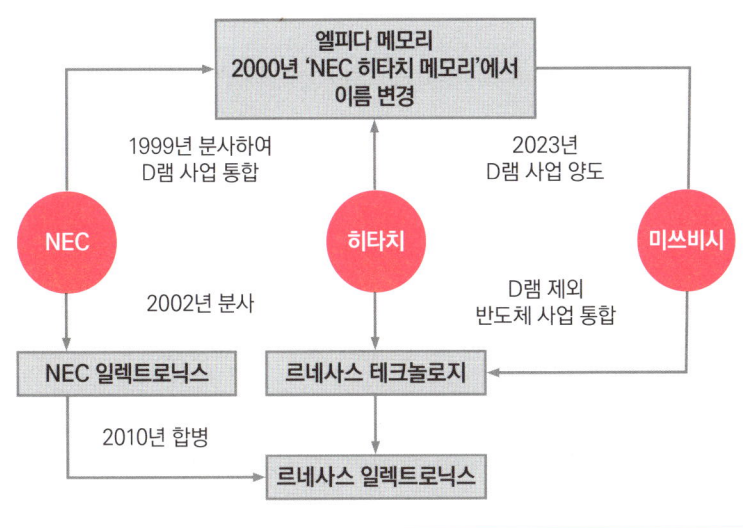

일본 반도체 업계 재편의 역사

한 엘피다 메모리는 이 부문에서 시장 참여가 어려웠다. 반면 한국의 삼성전자나 미국의 마이크론은 D램과 플래시 메모리 두 제품을 모두 주력으로 하여 시장 변동에 맞춰 양쪽의 균형을 조절하는 전략을 취할 수 있었다.

르네사스 일렉트로닉스 또한 합병에 따른 시너지 효과나 제품 포트폴리오 측면에서 질적인 사업 전환이 성공적으로 이루어졌다고 보기는 어렵다.

10장

재도약을 꿈꾸는
히노마루 반도체

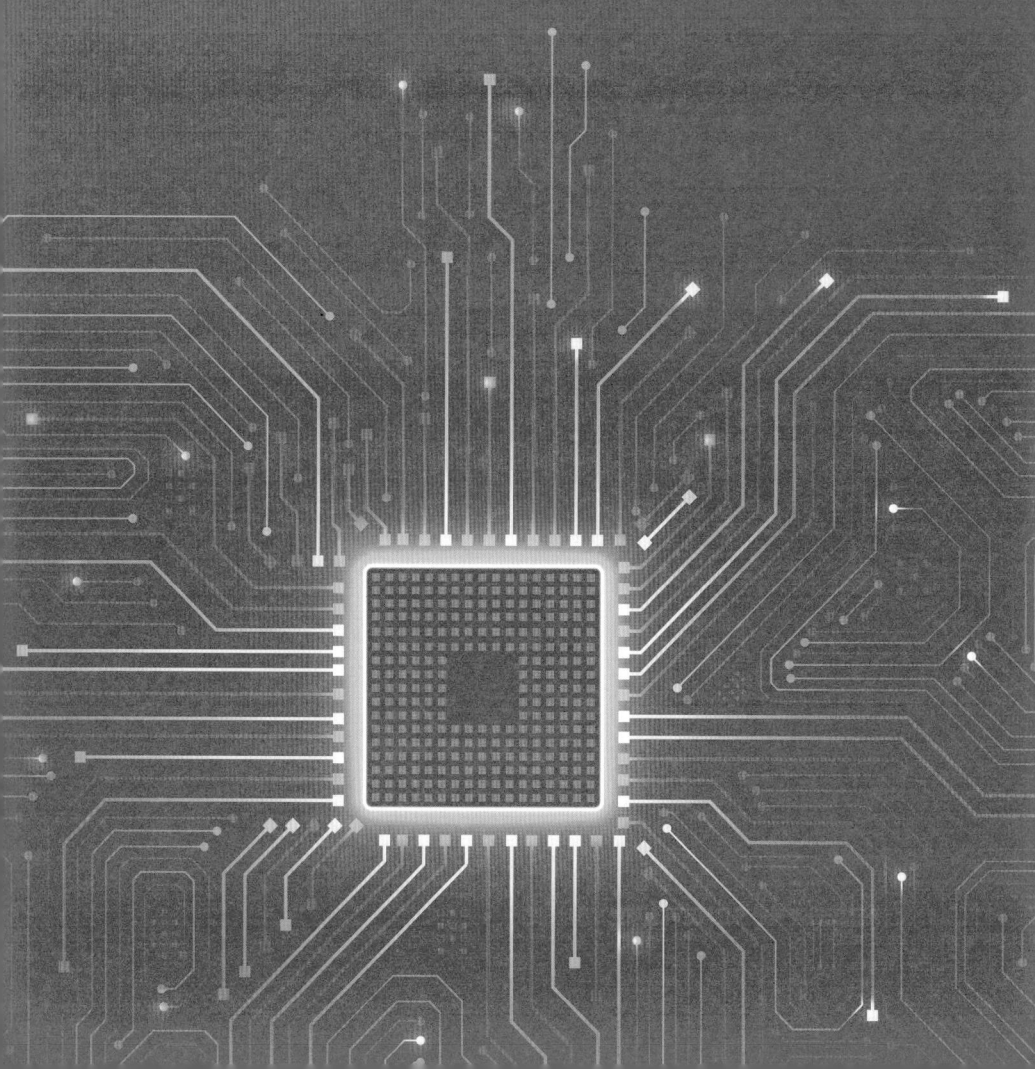

세계 최고였던 시절을 경험한 기술자들도 이제 은퇴를 앞두고 있다.
그들의 식견과 경험을 살릴 수 있는 시간은 얼마 남지 않았다.
현재 반도체 제조 시장의 중심은 스마트폰, PC 등
디지털 기기의 핵심 부품인 논리 반도체다.

그 이후 상황이 변화하고 세계 반도체 공급망에 불확실성이 커지자, 일본은 국내 반도체 산업의 부활을 모색하는 움직임을 보이기 시작했다. 특히 주목할 만한 점은, 과거 국가 프로젝트에서 반복된 실패를 경험한 경제산업성이 다시 적극적으로 움직이기 시작했다는 것이다.

코로나19, 반도체 공급망의 전환점

2020년 코로나19가 전 세계로 확산되면서 사람들 사이에 새로운 생활 방식, 즉 '뉴 노멀New Normal'이 자리 잡기 시작했다. 맥킨지McKinsey & Company는 2020년 6월 발표한 보고서에서 코로나19로 인해 "10년에 걸쳐 이루어질 디지털 전환이 단 며칠 만에 이루어졌다"라고 평가했다. 맥킨지에 따르면, 코로나19가 확산되고 나서 8주간 전 세계 온라인 쇼핑 배송량은 지난 10년간의 배송량과 맞먹었다. 재택근무 근로자가 급증하면서 온라인 화상회의 참가자 수는 3개월 만에 20배 증가했고, 중국에서는 2주 동안 2억 5000만 명의 학생이 온라인 학습에 참여했다.

또한 동영상 스트리밍 서비스 이용자가 급격히 증가하면서 디즈니플러스Disney+는 넷플릭스Netflix가 7년 동안 모은 가입자 수를 단 2개월 만에 달성했다. 2020년 11월 출시된 플레이스테이션 5PlayStation 5는 출시 8개월 만에 전 세계 시장에서 1000만 대가 판매되는 등 콘솔 게임기 수요도 폭발적으로 증가했다. 전 세계적으로 각종 활동이 온라인으로 전환되고 전자기기에 대한 수요가 크게 늘어나면서 반도체 수요 또한 급격히 증가할 수밖에 없었다.

반도체 업계는 급격히 증가한 수요에 대응하고자 공급 확대가 절실했으나, 여러 악재가 연이어 발생했다. 가장 먼저 2021년 2월, 미국 텍사스주에 기록적인 한파가 몰아쳐 대규모 정전 사태가 발생했고, 수도 공급마저 제한됐다. 전력 부족으로 인해 텍사스주의 반도체 공장들이 일시 가동을 중단했다. 텍사스주 오스틴에 위치한 삼성전자, 독일 인피니온Infineon, 네덜란드 NXP 등의 반도체 공장이 가동 중단으로 큰 차질을 겪었으며, 삼성전자는 이로 인해 약 한 달간 4000억 원 상당의 손실을 입었다.

2021년 3월, 일본 도호쿠(동북부) 지방, 즉 동일본에서 리히터

규모 9.0의 대지진이 발생했다. 이는 일본 관측 사상 최대 규모의 지진이며, 1900년 이후 전 세계에서 4번째로 강력한 지진으로 기록되었다. 동일본 대지진으로 인해 반도체 공장을 포함한 일본의 제조업 공장들이 막대한 피해를 입었다.

악재는 여기서 끝나지 않았다. 2021년 대만은 이상 기후로 인해 가뭄과 정전 등의 문제를 겪었다. 대만은 본래 태풍이 많이 지나가는 곳이지만 2020년에는 1964년 이후 처음으로 대만을 통과한 태풍이 하나도 없었다. 강수량이 크게 줄고 가뭄이 2021년 상반기까지 계속된 것이다. 반도체 공장은 엄청난 양의 물을 사용하지만 수십 년 만에 찾아온 최악의 가뭄으로 물을 제대로 공급할 수 없었다. 대만 TSMC의 경우 하루에 사용하는 물의 양이 15만 6000톤에 달한다. 가뭄 시기에 TSMC는 20톤의 물탱크를 실은 트럭 수십 대를 동원해 용수를 공급할 정도였다.

반도체에 대한 수요는 폭발적으로 증가했는데 세계 각국의 반도체 생산 설비에 문제가 생기면서 공급 부족은 심화하였다. 각종 반도체의 부족으로 PC, 서버, 스마트폰 등을 수요만큼 생산할 수 없었다. 게임기, 가전제품, 의료기기 등도 반도체 부족으로 생산이 제대로 이루어지지 않았다. 문제는 반도체를 만들기 위한 제조 장치에 탑재하는 반도체마저 부족한 상황이 되었다는 것이다.

반도체와는 직접적으로 관련이 없지만 공급 부족으로 전 세계인에게 공급망의 중요성을 일깨운 품목이 하나 있다. 바로 마스크다. 코로나19 사태 이후 마스크는 필수품이 되었지만, 선진국에는 마스크를 생산하는 공장이 거의 없었다. 따라서 전 세계 마스크 생산의 약 50% 비중을 차지하는 중국이 마스크 수출을 통해 많은 돈을 벌게 되었다. 그러나 균을 제대로 거르지도 못할 정도의 불량품이 유통되는 일도 생겨났다.

이러한 사태를 지켜보면서 세계 각국은 공급망의 중요성을 깨달았다. 세계화 과정에서 저부가가치 제조업 공장들을 선진국에서 후진국으로 이동시킨 것이 국가의 안보에도 영향을 미칠 수 있다는 것을 인식하게 된 것이다.

공급망이 제대로 작동한다면 문제가 되지 않겠지만 코로나19 사태와 같은 전 세계적인 감염병 확산이나 천재지변 등의 이유로 제대로 작동하지 않으면 대재난이 발생할 수 있다. 앞서 언급한 마스크 부족 사태는 사실 일시적 수준의 혼란으로 끝났었지만, 만약 반도체 생산이 전면 중단된다면 전 세계는 대혼란에 빠질 것이다. 그래서 세계 각국은 안정적인 반도체 공급망 확보에 혈안이 되고 있다.

국제반도체장비재료협회SEMI가 2021년 6월 발표한 자료에 따르면 전 세계적으로 29개의 반도체 공장이 2021~2022년에 착공에 들어간다고 한다. 그만큼 지금 전 세계는 반도체 생산 능력 확대에 열을 올리고 있다.

반도체가 탑재되는 전자제품은 과거부터 많았는데 갑자기 이런 열풍이 분 이유는 무엇일까?

미중 반도체 전쟁 속 일본에게 주어진 마지막 기회

현재 반도체는 국민 생활에 필수불가결한 존재다. 태블릿, 스마트폰, 전기차EV 등 첨단기술이 적용된 기기는 물론이고, 가전제품을 포함한 대부분의 전자기기에 반도체가 사용되고 있다. 반도체 공급에 차질이 생기면 즉시 국가 경제 활동 전반에 영향을 미치게 된다. 이에 일본 정부와 경제산업성은 반도체를 국민 생활과 경제 활동을 뒷받침하는 필수 물자, 즉 '전략 물자'로 인식하고 안정적인 공급을 위한 정책을 추진하고 있다.

또한 시야를 넓히면 경제안전보장의 관점도 고려해야 한다. 미국은 반도체 정책을 단순한 경제적 측면뿐만 아니라 안전보장과도 밀접히 연관된 문제로 인식하고 있다. 미중 간 대립이 반도체 업계에 큰 변화를 가져왔으며, 이에 따른 미국의 정책 전환이 이루어졌다. 미중 무역 마찰을 비롯해 신종 코로나바이러스 감염증(코로나19) 팬데믹으로 인한 공급망 혼란 역시 이러한 변화에 영향을 미쳤다. 이에 따라 복잡하게 성장한 공급망을 재검토하려는 움직임이 가속화되고 있다.

오바마 대통령 시기까지 미국은 자유무역을 촉진하며, 전 세계 어디서든 비즈니스 환경이 가장 적합한 국가에서 반도체를 생산하면 미국은 그 나라로부터 안정적으로 공급받으면 된다는 관점을 견지했다. 그러나 트럼프 행정부가 등장하면서 미중 대립이 본격화되었고, 미국은 기존의 '중국을 받아들이고 변화시키려는'

관여 정책이 충분한 효과를 내지 못했다고 판단하여 새로운 접근 방식을 모색하게 되었다. 미중 갈등이 심화되고 대만 유사 사태의 가능성이 제기되면서, 자국 내 생산 거점을 갖추지 않은 국가들은 어떠한 위기 상황이 닥치면 반도체를 안정적으로 확보하기 어려워질 수 있다는 점에 주목하게 되었다.

미국에는 IBM 등 개발과 설계에 강점을 가진 기업들이 다수 존재하지만, 제조 분야에서는 대만 등에 크게 의존하고 있다. 현재 전 세계 반도체 파운드리 시장의 65% 이상을 대만이 차지하고 있다. 이에 따라 미국은 동맹국 및 우호국 내에서 공급망을 재구성하는 것을 목표로 삼았다. 과거에는 일본이 담당했던 제조 부문을 이후 한국, 대만, 중국이 맡아왔으나, 최근에는 다시 미국이 일본에 기대를 걸고 있다. 이러한 상황이 크게 작용하여 미일 양국은 반도체 협력 기본 원칙을 체결하게 되었다. 양국은 긴밀히 협력하며 서로의 부족한 부분을 보완하고, 효율적으로 공급망의 취약점을 해소해나가자는 방향을 설정하였다.

일본 정부는 반도체가 국민 생활에 필수적인 물자임을 인식하고, 안정적인 공급 유지가 민간이 아닌 정부의 책임이라는 입장이다. 이에 따라 국산 첨단 반도체 제조를 목표로 대만의 TSMC 유치와 차세대 반도체 기업 '라피다스Rapidus'의 설립을 추진하며 반도체 확보를 위해 신속히 움직이고 있다. 경제산업성의 자료에서는 이러한 상황을 '부활의 마지막 기회'로 평가하고 있다. 일본은 반도체 소재와 제조 장비 분야에서 여전히 세계 시장에서 높은 점유율을 차지하고 있으며, 이 국제 경쟁력을 바탕으로 부활을 도모해야 한다고 보고 있다. 비즈니스상 합리성이 있을 때 정책을 특별히 장려하고 상황을 반전시키지 않으면, 일본과 함께 하는 미국 등 여러 나라의 기업에게 일본의 장점이 사라져버리기 때문이다.

세계 최고였던 시절을 경험한 기술자들도 이제 은퇴를 앞두고 있다. 그들의 식견과 경험을 살릴 수 있는 시간은 얼마 남지 않았다. 현재 반도체 제조 시장의 중심은 스마트폰, PC 등 디지털 기기의 핵심 부품인 논리 반도체다. 앞으로 2050년까지 세계 데이터 유통량이 폭발적으로 증가할 것으로 예상되며, 대량의 데이터를 매일 처리하는 차세대 계산 기반이 더욱 중요해질 것이다. 이를 뒷받침하는 것은 고속이면서도 저전력 소비가 가능한 최첨단 반도체다.

이러한 첨단 반도체를 생산할 기술이 일본 내에 없으면, 소재나 제조 장치 기업들도 조만간 고객이 있는 해외로 이전할 가능성이 크다. 일본 내에는 이러한 상황을 미리 방지하지 않으면 안된다는 문제의식이 매우 강하다. 경제산업성이 적극적으로 추진하고 있는 TSMC의 구마모토현 공장 유치와 '라피다스' 설립은 바로 이러한 문제의식이 강하게 반영된 결과다.

11장

라피다스의 설립으로
반등을 노리다

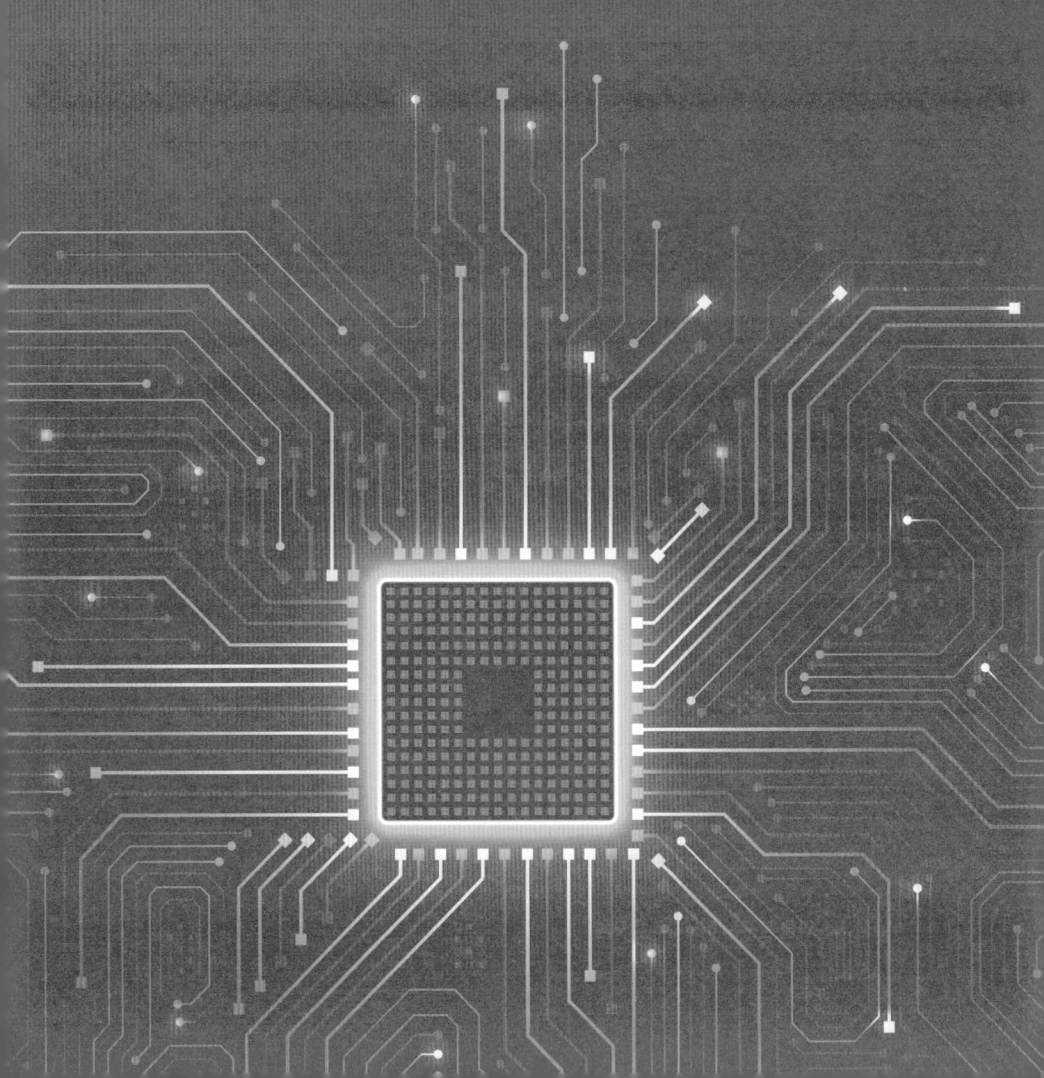

2022년 8월 10일, 주요 8개사가 출자하여 2nm 이하의 최첨단 시스템 반도체 개발·양산을 목표로 하는 라피다스가 설립되었다. 참고로, '라피다스'는 라틴어로 '속도'를 의미한다. 라피다스가 중요한 이유는, 국가 주도의 기술 자립과 산업 부흥을 상징하는 일본의 마지막 승부수이기 때문이다. 일본 정부가 주도해온 반도체 부흥 전략의 구심점이자, 세계 시장에서 다시 한 번 기술 패권을 회복하려는 의지가 응축된 존재, 그것이 바로 라피다스다.

일본 반도체, 부활에 시동을 걸다

2021년 5월 21일, 자민당 반도체 전략 추진 의원 연맹의 첫 회의에서 아마리 아키라甘利明 회장은 개회 인사에서 "일본에게 반도체 전략은 앞으로 국가 운명을 좌우할 중대한 싸움이다"라고 말했다. 이후 일본을 둘러싼 반도체 상황은 크게 변화했다. 주요한 변화의 내용은 다음과 같다.

2021년 10월 15일, 대만의 TSMC가 일본 국내에 첫 신공장 건설 계획을 발표하고 2024년 가동 개시를 목표로 삼았다. 그로부터 한 달 뒤인 2021년 11월 15일, 경제산업성은 "반도체·디지털 산업 전략 검토 회의"를 통해 "우리나라 반도체 산업 부활의 기본 전략"을 공표했다. 해당 전략은 2030년대까지의 지원책을 세 단계로 나누어 진행하는 정부의 기본 방침을 담고 있다. 첫 단계(스텝 1)는 IoT(사물인터넷)용 반도체 생산 기반의 긴급 강화, 두 번째 단계(스텝 2)는 미일 연계를 통한 차세대 반도체 기술 기반 구축, 세 번째 단계(스텝 3)는 글로벌 연계를 통한 장래 기술 기반 확립이다.

이 전략이 발표되고 나서 하기우다 경제산업장관은 2021년 12월 20일 참의원 경제산업위원회에서 다음과 같이 발언하였다.

"3개의 스텝을 생각하고 있습니다. 우선 스텝 1에서는 우리나라에 첨단 반도체 제조 능력을 갖추기 위해 국내 제조 기반의 정비에 나서는 것."

"스텝 2에서, 2025년 이후에 실용화가 전망되는 차세대 반도체의 제조 기술개발을 국제 연계로 진행하는 것과 동시에, 스텝 3에서는, 2030년 이후를 예상하고 국면 전환이 될 수 있는 광전융합 등의 장래 기술의 개발에도 착수해가고 싶습니다."

일본의 몰락

스텝 1에서는 국내 제조 기반 확보를 추진한다. 첨단 반도체 기술을 보유한 외국 기업이 국내에 공장을 건설할 경우, 다년간에 걸쳐 거액의 지원을 할 수 있도록 법적 기반을 정비하였다. 바로 '5G 촉진법'이다. 2021년 12월 6일에 '5G 촉진법' 및 '엔도 ENDO 법' 일부를 개정하는 법률이 제정된 것이다.

간략히 말해, 5G 촉진법과 엔도 법은 각각 기지국 건설을 통해 투자를 지원하고 그 투자를 어디에 배치할지 정하는 역할을 하는 법률이다. 이 개정이 중요한 이유는, 반도체 산업의 부흥 전략을 맞아 이 법률의 일부가 개정되었는데, 이 개정을 통해 실질적으로 일본 정부가 반도체 공장을 지원하는 명분이 마련되었기 때문이다.

TSMC가 일본에 공장을 짓는 조건으로 정비 비용의 일부를 일본 정부가 부담해야 한다는 내용을 담았고, 이를 충족하려면 이 비용을 지원할 명분이 필요했다. 명목상 5G 투자이지만, TSMC와 라피다스 같은 국내외 기업에게 보조금을 지원하는 법적 근거를 마련한 것이다.

또한 2022년 6월 17일에는 첨단 반도체 제조 역량 강화를 위해, 세계 최대의 반도체 수탁 생산업체(파운드리)인 TSMC를 일본으로 유치하였다. TSMC는 소니 그룹 및 덴소와 공동 출자한 JASM Japan Advanced Semiconductor Manufacturing을 통해 구마모토현 기쿠요마치에 신공장을 건설 중이며, 2023년 건물 준공 후 2024년 12월 부터 양산을 시작했다. 또한, TSMC는 일본 내에서 두 번째

일본 반도체 정책 타임라인

2021.03	TSMC 재팬 3D IC 연구개발센터 설립
2021.12	'5G 촉진법' 및 'ENDO법' 일부 개정안 제정
2022.05	제1회 미 일 상무 산업 파트너십(JUCIP) 각료회의 개최
2022.06	TSMC 일본 공장(구마모토현 기쿠요마치) 건설 발표
2022.11	'기술연구조합 최첨단 반도체 기술 센터(LSTC)' 프로젝트 공표
2022.12	LSTC(Leading-edge Semiconductor Technology Center) 설립
2023.03	TSMC, 구마모토 제2공장 건설 조정 착수
2023.하반기	TSMC 구마모토 1공장 건물 준공
2024년	TSMC 구마모토 1공장 생산 개시

공장을 구마모토현 기쿠요마치 인근에 건설하는 방향으로 조정을 시작했다. 총 투자액은 1조 엔을 넘길 것으로 전망되고 있다.

일본 정부는 구마모토현 TSMC 공장에 4760억 엔의 지원을 결정했다. TSMC는 반도체 총 매출액 기준으로 미국 인텔, 한국 삼성전자에 이어 세계 3위의 반도체 메이커다. 시가총액은 약 60

조 엔에 달하며, 이는 일본의 도요타자동차 시가총액의 거의 2배에 이른다. 현재 TSMC의 이 공장은 회로 선폭 22~28nm 수준의 논리 반도체를 생산하고 있다.

TSMC는 2021년 3월, 일본 쓰쿠바에 'TSMC 재팬 3D IC 연구개발센터'를 설립했다. 이 센터의 목적은 3D 실장을 포함한 후공정의 중요성이 높아지는 가운데, 일본의 소재·반도체 제조 장치 메이커 및 연구기관, 대학과 협력하여 최첨단 3D IC 실장 기술의 연구개발을 진행하는 것이다.

스텝 2에서는 일본과 미국이 연계하여 미세화 등 차세대 반도체 기술 개발을 지원한다. 2022년 5월 4일, 하기우다 고이치 전 경제산업성 장관과 지나 레몬드Gina Raimondo 당시 미국 상무장관은 제1회 미일 상무·산업 파트너십JUCIP 각료회의를 개최했다. 이 자리에서 차세대 반도체 기술 개발을 목표로 하는 스텝 2를 향해 '반도체 협력 기본 원칙'을 합의했다. '반도체 협력 기본 원칙'의 개요는 다음과 같다.

1. 개방적인 시장, 투명성, 자유 무역을 기본으로 하며
2. 미일 및 가치 공유국·지역에서 공급망 강화를 목표로 공유하고
3. 양측이 서로를 인정하고 보완하는 형태로 추진한다.

2022년 11월 11일, 경제산업성은 '반도체 협력 기본 원칙'을 기반으로 미일 간 공동 연구를 추진하기 위해, 일본판 NSC(미 국

립반도체기술센터)인 '기술연구조합 최첨단 반도체 기술 센터LSTC'
와 라피다스를 양대 축으로 하는 차세대 반도체 프로젝트를 보
도자료로 공표했다. 해당 보도자료에서는 차세대 반도체 프로젝
트의 연구개발 거점과 양산을 위한 제조 거점도 함께 밝혔다.

차세대 반도체의 양산 기술을 실현하려는 목표로, 2022년
12월 19일에 "기술연구조합 최첨단 반도체 기술 센터Leading-edge
Semiconductor Technology Center: LSTC"가 설립되었다. 이 센터는 미국
NSTC를 비롯한 해외 관계 기관과 연계하여 국내외로 열린 연구
개발 플랫폼을 구축하고 있으며, 차세대 반도체 양산 실현을 위
한 생산 개시부터 종료까지의 소요 시간TAT, Turn Around Time 단축
과 2nm 이하 반도체 기술개발 프로젝트를 조성·진행하고 있다.

또한, 국책 연구기관, 대학, 산업계가 협력하여 일본 전체 반도
체 산업의 경쟁력 강화를 도모하고 있다. 참가 기관으로는 (국책
연구기관) 물질·재료연구기구, 이화학연구소, 산업기술종합연구
소, 도호쿠대학, 쓰쿠바대학, 도쿄대학, 도쿄공업대학, 대학공동
이용기관법인 고에너지 가속기 연구기구, 그리고 라피다스가 포
함되어 있다.

라피다스, 잃어버린 시간을 되찾기 위한 도전

2022년 12월 6일, 라피다스는 세계에서 가장 영향력 있는 반도

체 연구기관 중 하나인 벨기에 아이멕과 장기적이고 지속 가능한 협력을 위한 각서MOU를 체결했다. 아이멕은 1984년 벨기에 루벤에 설립된 연구기관으로, EUV(극자외선) 리소그래피, 첨단 소재, 2nm 이하 차세대 공정, 3D 집적회로 등 최첨단 반도체 기술 연구를 선도하고 있다. 글로벌 반도체 업계에서 첨단 연구의 허브로 불리며, 인텔, TSMC, 삼성전자, ASML 등 세계 유수 기업들이 아이멕의 연구 파트너로 참여하고 있다.

라피다스의 고이케 아쓰요시小池淳義 사장은 이 자리에서 "한 국가만으로 모든 것을 완결할 수 있는 시대는 끝났다"라고 강조하며, 일본이 독자적으로 산업을 재건하기보다는 국제 협력과 개방형 혁신Open Innovation 을 통해 세계 반도체 생태계 속에서 새로운 위치를 확보하겠다는 전략을 분명히 했다. 특히 아이멕과의 파트너십을 통해 EUV 노광 장비 및 나노미터 단위의 차세대 반도체 공정 연구에 필수적인 분야에서 일본이 다시 경쟁력을 확보할 수 있을 것으로 기대를 모았다.

아이멕의 CEO 루크 반덴 호브Luc Van den hove는 일본의 강점에 대해 "일본은 소재, 장비, 그리고 모노즈쿠리에서 독보적인 능력을 보유하고 있다"라며, 아이멕의 선도적 연구 역량과 일본 산업의 제조 경쟁력을 결합하면 글로벌 반도체 산업 발전을 크게 앞당길 수 있다고 평가했다. 실제로 일본은 포토레지스트, 실리콘 웨이퍼, 장비 부품 등 특정 소재·장비 분야에서 세계 점유율 50% 이상을 차지하고 있다. 이는 아이멕이 연구한 최신 공정을 산업화하는 과정에서 일본이 반드시 필요한 파트너임을 방증한다.

이번 협력은 기술 교류뿐만 아니라 인재 육성과 생태계 구축이라는 측면에서도 의미가 크다. 아이멕은 일본 현지에 연구 인력을 파견해 차세대 공정기술을 직접 전수하고, 일본 내 연구기관 및 대학과 공동 연구를 진행할 예정이다. 이를 통해 일본은 자국 내에서 글로벌 인재를 길러내고 기술 내재화를 이룰 수 있는 기회를 얻게 된다.

미래의 사활을 걸다

2023년 2월 28일, 라피다스는 차세대 반도체 생산을 위한 신공장을 홋카이도 치토세시에 건설한다고 공식 발표했다. 이 프로젝트는 일본 정부와 민간 기업이 힘을 합쳐 추진하는 국가적 사업으로, 오늘날 일본 반도체 부활 전략의 핵심 거점으로 자리매김하고 있다.

라피다스의 고이케 사장은 "연구개발 단계에서 약 2조 엔, 양산 체제로 전환하기까지 총 3조 엔 이상, 합계 5조 엔이 필요하다"고 밝혔다. 5조 엔, 이는 일본 반도체 역사에서 전례 없는 대규모 투자이며, 일본이 잃어버린 30년을 만회하기 위해 어느 정도의 결단을 하고 있는지를 보여주는 상징적 수치다.

경제산업성도 강력한 지원을 이어가고 있다. 2023년 4월 7일,

일본 정부는 치토세 공장 건설을 위해 3000억 엔 규모의 추가 보조금을 지급한다고 발표했다. 이는 기존 NEDO(신에너지·산업 기술종합개발기구) 기금에서 제공된 700억 엔 보조금에 더해 마련된 금액으로, 2025년 가동을 목표로 하는 연구개발용 '스타트 라인start line' 구축을 뒷받침하고 있다. 이처럼 국가 차원의 투자가 신속하게 이뤄지고 있다는 점은, 과거의 우유부단한 대응과는 뚜렷한 대비를 이룬다.

치토세 공장은 세계 최초의 2nm 반도체 양산을 목표로 삼고 있으며, 고성능 컴퓨팅HPC, 인공지능AI, 자율주행차, 차세대 스마트폰 등 차세대 산업 전반에 필수적인 초고성능 반도체 공급의 중심지가 될 것으로 평가된다. 다시 말해, 이 공장은 일본 반도체 산업이 과거의 영광을 재현하면서 글로벌 산업 질서 속에서 일본의 새로운 역할을 확보할 수 있는 시험대가 되고 있다.

라피다스가 홋카이도를 선택한 배경 역시 의미심장하다. 치토세시는 도쿄돔 200개에 달하는 산업단지와 풍부한 전력·수자원을 갖추고 있으며, 삿포로에 가까워 인재 유치와 생활 환경 측면에서도 유리하다. 특히 저온·청정 환경은 첨단 반도체 제조에 최적의 조건으로 꼽힌다. 치토세 신공장이 일본 반도체 산업의 미래를 가늠하는 "라스트 찬스"라고 불리는 이유다.

12장

일본 반도체의
마지막 반격

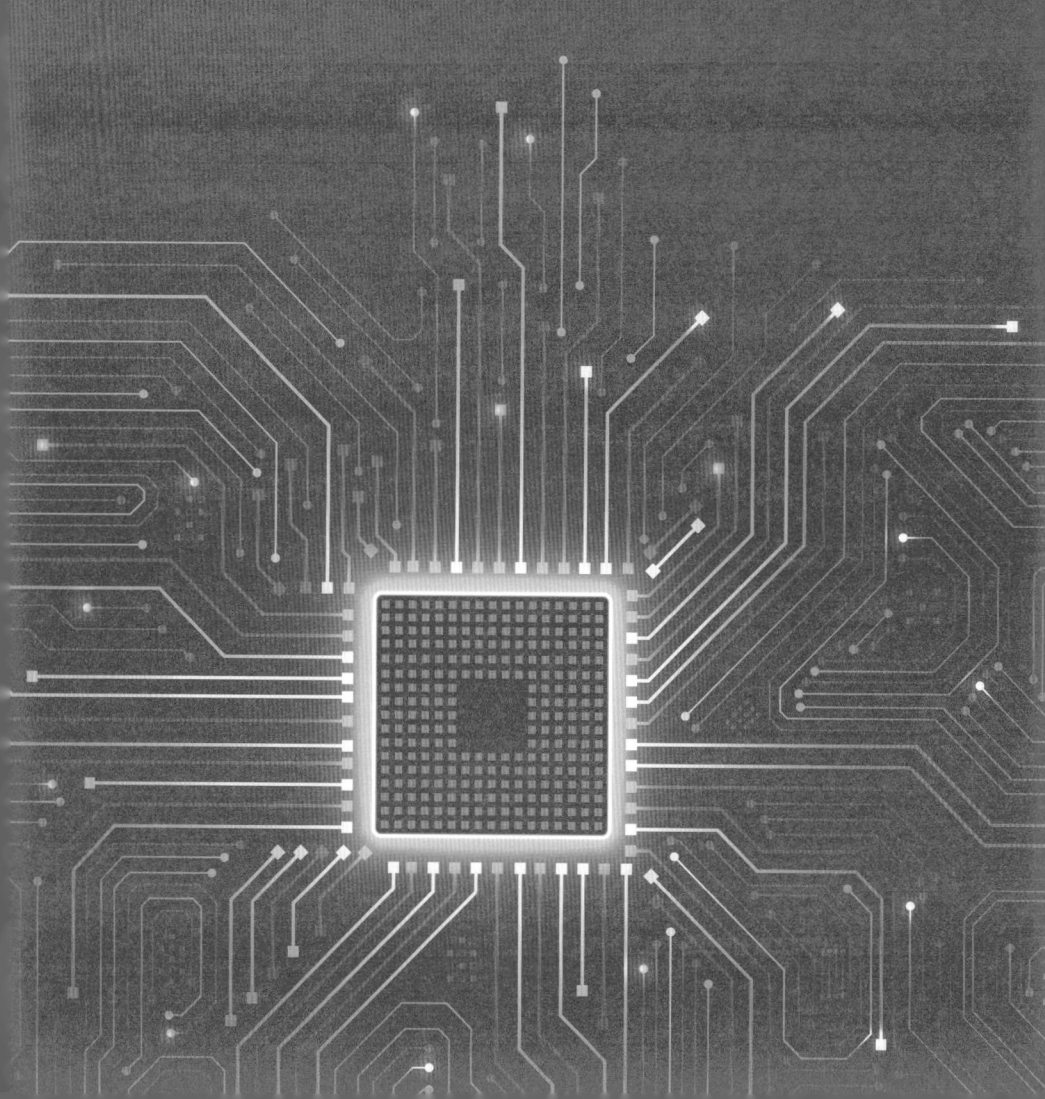

그렇다면, 일본 정부는 무엇을 기대하며 라피다스에
거액 투자를 결정했을까? 간단히 말해, 미국의 전략을 따라
개발 위험을 스스로 감수하기로 결단한 데에
일본 나름의 전략이 있다고 볼 수 있다.
그것은 초강대국 미국의 '빨판상어'가 되는 전략이다.

라피다스와 IBM의 협력은 큰 상징성을 지닌다. 일본이 다시 최
첨단 반도체 무대에 오르려는 시도와, 미국이 지정학적 리스크를
분산하려는 전략이 맞물린 결과이기 때문이다. IBM이 자사의 핵
심 기술인 2nm 반도체를 외부에 제공한 것은 극히 이례적인 일
인데, 그 배경에는 미중 대립, 대만 해협의 긴장, 그리고 글로벌
공급망 재편이라는 국제 정세가 자리하고 있다. 일본 정부와 산
업계가 라피다스를 설립하고 막대한 자금을 투입한 것도 이러한
맥락 속에서 이해할 수 있다.

IBM과 일본 협력의 내막

무엇보다 일본에게 있어 이 협력은 일본 반도체 부활의 현실적

기반이기 때문에 더 의미 있다. 일본은 오랫동안 미세공정에서 뒤처져 있었기에 독자적으로는 2nm급 기술 확보가 어려웠다. 그러나 IBM과 손잡음으로써 세계 최첨단 기술을 단숨에 들여올 수 있는 길이 열렸고, 이는 일본이 "다시 세계 무대에 복귀할 수 있다"는 국제적 신뢰를 얻는 계기가 되었다. 다시 말해, IBM 협력은 일본 반도체 부활을 가능하게 한 핵심 동력이자 필수 조건이었다.

2020년대 초, 미중 관계는 첨단 기술의 패권을 둘러싼 '기술냉전Tech Cold War'의 형태로 변했다. 트럼프 행정부는 2019년, 중국 통신 대기업 화웨이Huawei를 안보 위협으로 규정하고 미국 기업이 화웨이와 거래할 수 없도록 수출 제한 명단Entity List에 올렸다.

이 조치로 인해 인텔, 퀄컴, 마이크론 같은 미국 반도체 기업들은 화웨이에 부품을 판매할 때 정부의 허가를 받아야 했고, 사실상 공급이 막혔다.

그러나 진짜 문제는 그다음이었다. 화웨이가 TSMC 등 해외 파운드리에 위탁 생산을 맡긴 반도체에도 미국 기술이 일부 포함되어 있다는 점을 근거로, 2020년 미국은 '미국 기술이 들어간 반도체 장비나 설계 소프트웨어를 화웨이에 제공하는 행위 자체를 금지'했다. 이 조치가 전 세계 반도체 공급망을 뒤흔들었다.

대만 TSMC는 즉시 화웨이와의 신규 계약을 중단했고, 네덜란드의 ASML, 일본의 도쿄일렉트론, 미국의 어플라이드 머티리얼즈 등 주요 장비 기업들이 일제히 대중對中 수출을 재검토했다.

이 시기부터 미국은 "첨단 반도체의 생산은 민주주의 진영 내부에서만 이루어져야 한다"는 새로운 원칙을 세웠다. 이것이 2022년 바이든 행정부가 내놓은 '반도체 수출통제 강화 조치 Chips Export Control'로 이어졌다.

14nm 이하 공정 장비의 중국 수출이 금지되고, 미국 기술이 1%라도 들어간 장비는 일본·네덜란드 기업조차 중국에 팔 수 없게 되었다. 즉 '기술과 공급망의 블록화', 그것이 미중 대립의 본질이었다.

이러한 기술 전선에서 일본은 미국의 핵심 동맹이자 반도체 장비·소재 강국으로 떠올랐다. 미국이 기술을 설계하고, 일본이 장비를 만들며, 한국과 대만이 생산하는 기존 분업 구조에서 '중국을 배제한 새로운 공급망을 구축한다'는 목표가 구체화되었다.

2020년대 초, 세계 반도체 공급망의 균열이 본격적으로 드러나자 IBM은 "제조를 어디에 맡길 것인가?"라는 현실적인 물음 앞에 섰다. 직접 생산 설비를 두지 않은 채 외부 파운드리에 의존하던 IBM에게 안정적인 파트너의 존재는 절대적이었다.

그러나 그 '안전망'이었던 두 거대 파운드리에 각각의 불안요소가 있었다. 삼성전자의 생산거점은 상당 부분이 중국에 집중되어 있었고, 대만을 둘러싼 군사적 긴장감이 고조되자 TSMC 역시 더 이상 리스크에서 자유로울 수 없었다.

대만해협의 긴장과 반도체 리스크

당시 대만해협은 세계 반도체 공급망의 최대 불안 요인으로 부상했다. 중국은 시진핑 체제 이후 대만 통일을 '역사적 과업'으로 명시했고, 군사적 압박을 노골화했다.

이에 미국은 대만을 방어하겠다는 입장을 거듭 확인했지만, '만약 전쟁이 나면 반도체 공급이 어떻게 되는가?'라는 문제가 훨씬 현실적인 공포로 다가왔다.

세계 최첨단 반도체의 90% 이상이 TSMC의 대만 내 공장에서 생산되고 있었다. 만약 대만이 전쟁이나 봉쇄로 기능을 멈춘다면, 애플, 엔비디아, 테슬라, 구글 등 세계 주요 IT 기업들은 즉시 생산 차질을 겪게 된다. 이른바 'TSMC 리스크'다.

미국은 지정학적으로 안전한 지역에 반도체 생산 능력을 나눌 필요가 있었고, IBM은 이 시점에서 기술의 이전이 아니라 리스크의 이전, 즉 '어디에서 만들 것인가?'라는 전략적 분산을 결심하게 된다. 그리고 그 해답으로 선택된 곳이 일본이었다.

IBM이 일본의 라피다스와 손잡은 것은 이 글로벌 재편 속에서 '안전하고 신뢰할 수 있는 생산 파트너'를 확보하려는 미국의 전략적 선택이었으며, 2nm 반도체 공정을 일본의 라피다스에 제공한 결정은 지정학적 도박이라고 볼 수 있다.

2024년 5월 아사히신문 경제면 특집 '라피다스 비록'은 그 과정을 전하고 있는데 요약하자면 다음과 같다.

IBM은 외부 생산 구조의 한계를 절감하며, 보다 안정적이고 신뢰할 수 있는 제조 파트너로 일본을 검토했고, 그 결과 도요타·소니·소프트뱅크 등 8개사가 출자한 합작 법인 '라피다스'와 손을 잡았다. 라피다스가 속도를 품은 이름인 만큼 일본이 다시 한 번 빠르게 첨단 반도체의 중심으로 돌아오겠다는 의지가 담겨 있었다는 것이 골자다.

미국의 반도체 전략 전체를 추측해보면, 5nm 공정의 설계부터 제조까지의 라인은 TSMC 유치로 어느 정도 완성되었다고 볼 수 있다. 이제 미국이 차세대 반도체 패권을 쥐기 위해 어떻게 대응해야 하는지가 다음 과제로 남아 있다. 미국에게 있어 일본은 손해 보지 않는 투자처다.

IBM은 첨단 반도체 개발 성과를 일본에 기술 이전함으로써, 일본 내에서 제조 기술의 확립을 도모하고 있다. 이에 일본 정부는 약 1조 엔 규모의 출자를 결정하였다. 즉 미국은 성공 가능성이 불확실한 2nm 제조 기술 개발을 일본에 맡기고, 만약 실패하더라도 일본 정부의 자금이 투입된 것이며, 성공할 경우 그 제조 기술을 미국으로 되돌려 받는다. 이를 통해 미국은 개발 실패의 위험 부담 없이 최첨단 반도체 제조 설비를 확보할 수 있고, 장기적으로 지정학적 리스크를 해소할 수 있게 된다.

그리고 기술이 확실히 미국에 환원된다는 점이 일본의 강점이다. 타국에서는 완성된 2nm 제조 기술이 미국에 피드백되지 않을 우려가 있지만, 미일 안보협정에 기반한 견고한 동맹 관계를

라피다스 설립부터 보는 행보

2022년 8월	회사 설립
10월	도요타와 NTT 등 8개사가 총 73억 엔 출자를 결정
11월	국가 프로젝트로 채택, 경제산업성이 700억 엔 지원을 결정
12월	IBM 및 아이멕과 각각 제휴함 라피다스와 연계하여 2nm보다 앞선 기술 세대의 연구를 개발하는 조직 'LSTC' 발족
2023년 2월	반도체 공장의 건설지를 홋카이도 치토세시로 결정
3월	IBM의 미국 개발 거점에 기술자 파견 개시
4월	치토세 공장에 복수의 제조동을 짓는 방침을 밝힘 경제산업성이 2600억 엔 지원을 결정
9월	치토세 공장 기공식 개최
11월	미국 텐스트렌트와 제휴
2024년 4월	국가 프로젝트로 채택. 경제산업성이 5900억 엔 지원을 결정 후공정의 개발 계획을 발표 미국 실리콘밸리에 영업 거점이 되는 회사 설립
5월	미국 에스페란토 테크놀로지스와 제휴
11월	정부가 30년도까지 반도체, AI 분야에 10조 엔 규모를 지원할 의사를 밝힘
12월	치토세 공장에 EUV 노출 장치 등의 반입 개시
2025년 1월	프리퍼드 네트웍스 및 사쿠라 인터넷과 제휴
3월	싱가포르의 퀘스트 글로벌과 제휴 경제산업성이 8025억 엔 지원을 결정
4월	치토세 공장의 시제품 라인 가동

가진 일본은 미국의 요구에 따를 것으로 예상된다. 이것이 미국의 차기 반도체 전략이다. 그 보증으로서, 특허 기술 라이선스 계약을 체결할 때, 일본이 개발에 성공할 경우 그 성과물을 IBM이 사용할 수 있다는 조건이 포함되었고, 라피다스가 이를 수용한 것으로 알려져 있다.

그렇다면, 일본 정부는 무엇을 기대하며 라피다스에 거액 투자를 결정했을까? 간단히 말해, 미국의 전략을 따라 개발 위험을 스스로 감수하기로 결단한 데에 일본 나름의 전략이 있다고 볼 수 있다. 그것은 초강대국 미국의 '빨판상어'가 되는 전략이다. 최첨단 반도체 제조로 세계 패권을 잡으려는 것이 아니라, 미국이 상대적으로 소홀히 하는 소규모 시장을 성실히 확보하여 이익을 내겠다는 것이다.

라피다스의 히가시 데츠로東哲郞 회장은 2023년 5월 아사히신문과의 인터뷰에서 다음과 같이 말했다.

"라피다스가 노리는 고객은 발주량이 적어 TSMC에 맡길 수 없는 이들, 예를 들면 새로운 서비스 개발에 최첨단 반도체가 필요한 경우다."

이 발언은 '빨판상어 전략'을 뒷받침한다. 빨판상어일지라도 아무것도 하지 않는 것보다는 훨씬 낫다는 의미다. 그렇게 하지 않으면 일본에는 향후 반도체 제조 기회가 찾아오지 않을 것이고, 자국에서 반도체를 생산하지 못하는 현 상황에서는, 모든 제품에 필수적인 반도체 산업의 부재가 결국 기간산업인 자동차와 IT 산업의 쇠퇴로 이어질 것이라는 위기의식을 경제산업성 간부와 재계 인사, 그리고 관련 국회의원들이 강하게 느끼고 있는 것으로 보인다.

13장

라피다스 이후,
일본은 어디로 가는가?

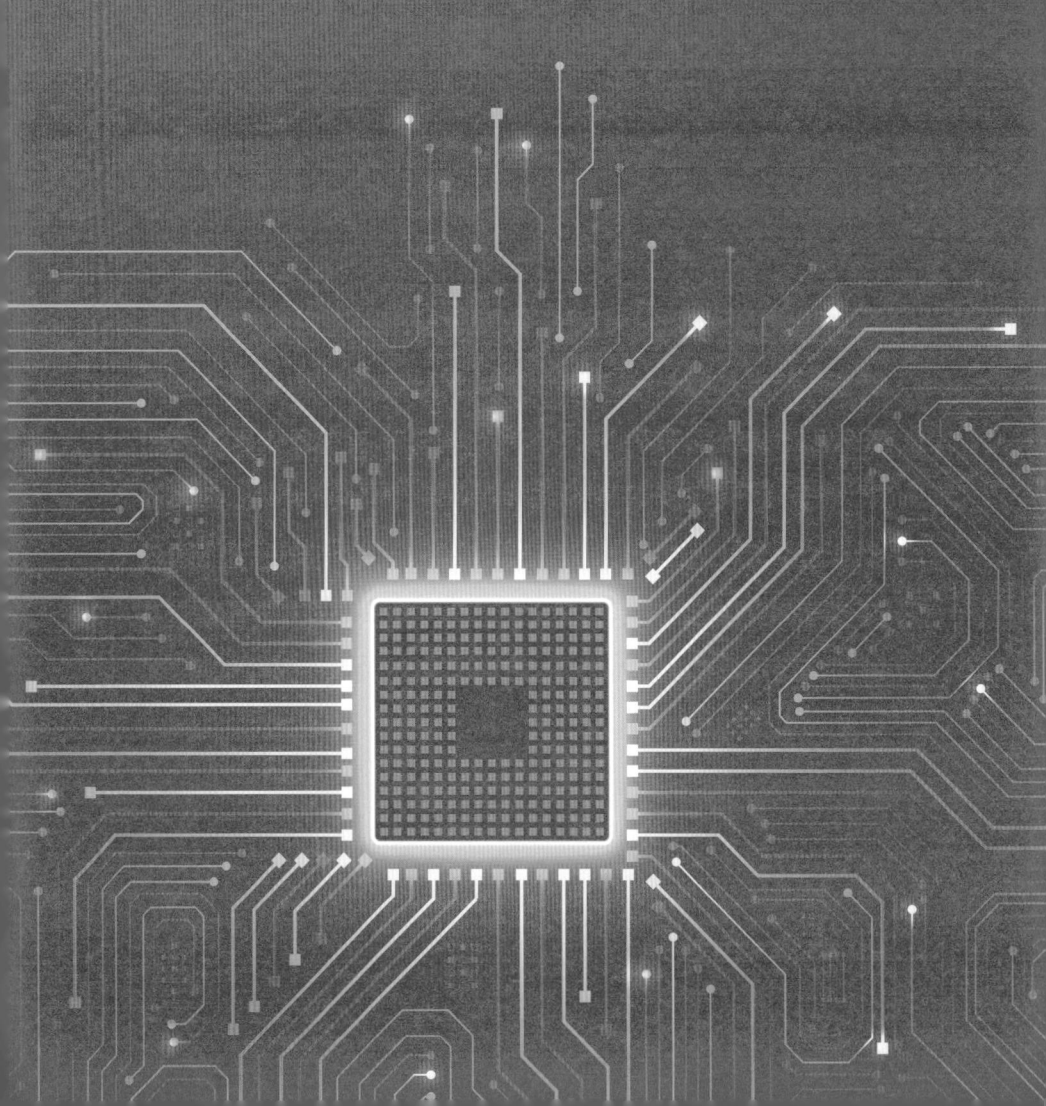

라피다스 이후의 또 다른 변화는 '대학의 귀환'이었다.
반도체 산업이 붕괴하던 시절, 산업계와 학문은
완전히 분리되어 있었지만, 도쿄대 총장 고노카미 마코토는
"대학이 산업의 최전선으로 복귀해야 한다"고 선언했다.

라피다스가 설립되었다고 해서 일본 반도체 산업의 부활이 곧바로 실현된 것은 아니었다. 진짜 싸움은 그 이후에 시작되었다. 정부는 제도를 정비하고, 산업계는 재편에 나섰으며, 대학과 연구 기관은 다시 기술을 연결하기 시작했다.

라피다스 이후 일본 정부의 목표는 분명했다. '생산거점의 확보'에서 '기술생태계의 복원'으로 방향을 전환하는 것이다. 정책·기술·교육·국제 협력을 아우르는 종합 재편이 그 중심이었다.

반도체 기술 부활의 신호탄

경제산업성은 라피다스를 설립한 직후, 국가 차원의 산업 복원 전략을 구체화하기 시작했다. 그 중심에는 2021년 12월 제정되어

2022년 3월부터 시행된 '개정 5G 촉진법'이 있었다. 앞서 말했듯, 이 법은 원래 차세대 통신 인프라를 지원하기 위한 것이었지만, 개정 이후 반도체 설비 투자와 생산 거점 구축까지 지원 범위를 확장했다. 일본은 이로써 반도체 산업을 '국가 안보와 기술 주권의 핵심 인프라'로 명시적으로 규정했다. 법률은 산업 재건의 틀을 제공했고, 기업과 대학, 지방정부가 참여할 수 있는 제도적 기반이 되었다.

라피다스가 국산 기술 복원의 상징이었다면, TSMC의 일본 공장은 글로벌 연계 속의 실질적 실행이었다. 구마모토현에 건설된 JASM 공장은 경제산업성이 4760억 엔의 보조금을 투입한 초대형 프로젝트로, 일본 반도체 부흥 정책의 상징이 되었다. JASM의 내부에는 일본의 소재, 장비, 측정기술 기업들이 다시 결집했고, 과거 '하청'으로만 머물렀던 생태계가 '협업'으로 바뀌기 시작했다. 일본형 공급망이란, 외국 기업의 기술을 흡수하면서도 내부 생태계를 함께 움직이게 하는 방식이었다. 라피다스가 연구개발의 거점이라면, JASM은 생산기반의 거점으로 기능했다.

라피다스 이후의 또 다른 변화는 '대학의 귀환'이었다. 반도체 산업이 붕괴하던 시절, 산업계와 학문은 완전히 분리되어 있었지만, 도쿄대 총장 고노카미 마코토五神真는 "대학이 산업의 최전선으로 복귀해야 한다"고 선언했다. 그는 TSMC를 직접 찾아가 협력 관계를 구축했고, 반도체 연구자 구로다 다다히로黒田忠広 교수를 초빙해 도쿄대 내에 산학연 거점을 설립했다. 이 거점은 라피다스와 협력하여 첨단 반도체 인재 양성 프로그램을 구상하며, 일본의 기술기반 회복을 학문적 차원에서 뒷받침하고 있다. 기술의 부활은 공장보다 연구실에서 시작되고 있었다.

반도체의 다음을 구상하다

라피다스가 2nm 시대를 열었다면, 그 다음 세대의 승부처는 '빛'이었다.

NTT 회장 사와다 준은 "현재의 반도체는 에너지 손실의 한계에 도달했다"고 지적했다. 전자는 회로를 지날 때마다 열을 발생시키며 효율을 떨어뜨린다. 그 결과, 연산 속도를 높일수록 에너지 소모는 기하급수적으로 늘어나는 구조에 갇혔다. 이 한계를 정면으로 돌파하기 위해 NTT가 꺼내 든 해법이 '광전융합光電融合'이었다.

광전융합은 말 그대로 빛光과 전기電의 결합이다. 기존 반도체가 전기 신호로 정보를 주고받았다면, 이 기술은 정보를 '광자光子'로 주고받는다. 전기가 아닌 빛으로 신호를 처리하면 속도는 수백 배 빨라지고, 열 손실은 수십 분의 일 수준으로 줄어든다. NTT는 이를 'IOWN(아이온) 구상'이라 이름 붙였다. 통신과 연산을 모두 빛으로 수행하는 차세대 정보 인프라 구상이다.

IOWN의 핵심은 '올포토닉스All-Photonics'다. 통신망에서 데이터센터, 그리고 칩 내부의 연산 과정까지 모든 신호의 흐름을 빛으로 통합하는 것이다. 전력 소모가 급감하고, 데이터 지연은 거의 사라진다. 인간의 뇌보다 빠르게 정보를 처리하면서도 에너지를 거의 쓰지 않는, 말 그대로 새로운 연산 패러다임의 시작이다.

NTT 연구소는 이미 실험 단계의 광 연산 칩을 공개했다. 그 성능은 기존 전자 회로보다 수백 배의 속도, 전력 손실은 수십 분의 일에 불과하다. 업계는 2030년대에 '올광全光 컴퓨팅'의 시대가 도래할 것으로 본다. 현재 'IOWN 글로벌 포럼'에는 삼성전자, 인텔, 마이크로소프트 등 117개 주요 기업이 참여하고 있다. 일본은 이 기술에서 단순한 참가국이 아니라, 회로와 아키텍처를 설계하는 '설계국'으로 복귀하겠다는 야심을 드러내고 있다.

제3부

부활을 위한
마지막 기회

14장

한 손에는 기술,
한 손에는 공급망

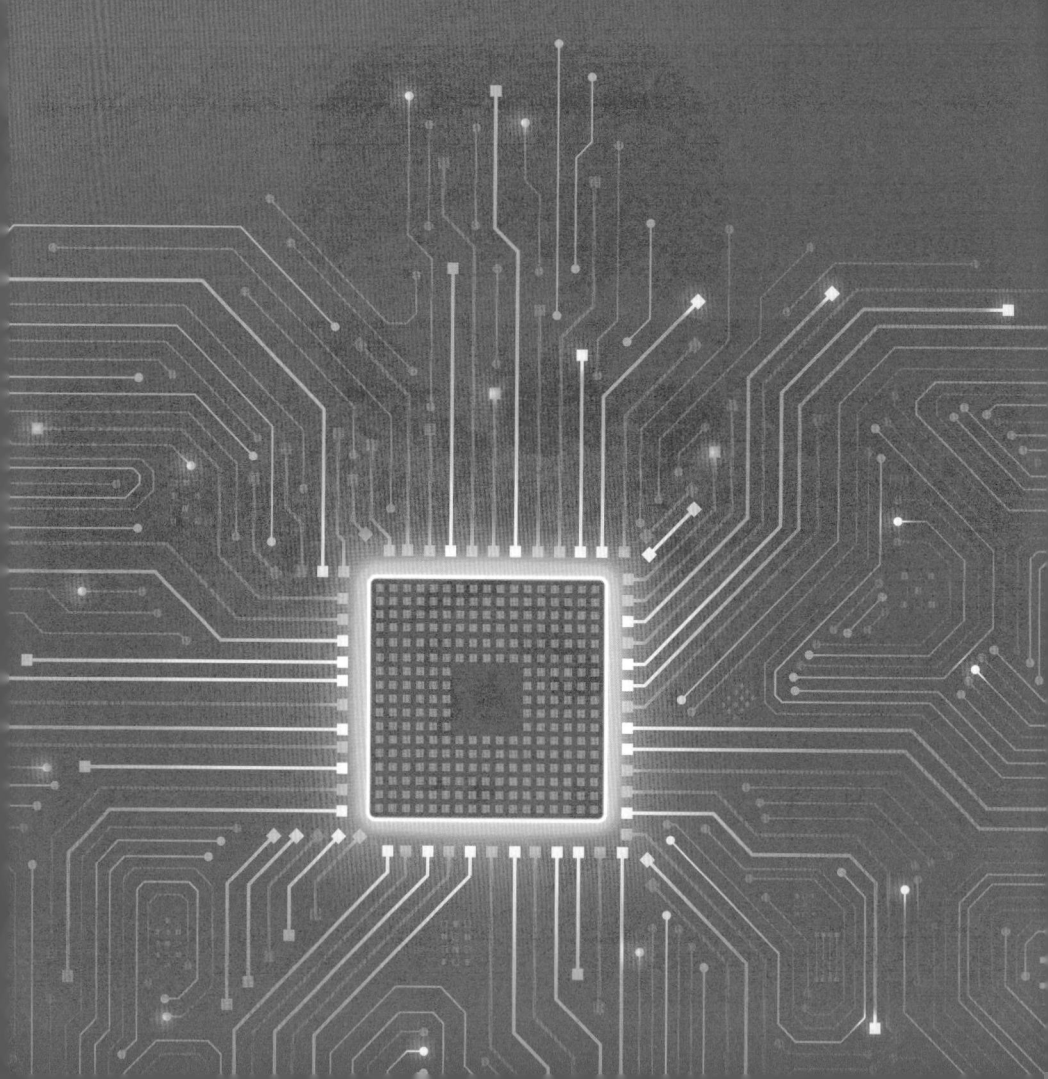

이 사실은 일본 반도체 전략의 성과와 한계를 동시에 보여준다.
"일본 국내에서 핵심 칩을 만들 수 있다"는 점은 의미 있는 진전이다.
그러나 글로벌 공급망 속에서 후공정과 최종 조립이
해외에 집중된 현실은 변하지 않았다.

라피다스가 설립되며, 일본의 반도체 산업은 30년 만에 다시 출발선에 섰다. 이 출발선 한쪽 끝에는 일본이 주도하는 라피다스 프로젝트, 다른 한쪽에는 대만의 TSMC를 끌어들인 JASM 구마모토 공장이 있다. 두 프로젝트는 하나의 방향을 가리킨다.

"일본은 기술의 나라로 돌아갈 수 있는가, 아니면 과거의 산업 기억을 되풀이할 것인가?"

일본산 반도체의 부흥, 히노마루 반도체

라피다스가 일본 내부의 기술·인재·자금 생태계를 되살리려는 내부적 실험이라면, TSMC 구마모토 공장은 외부 기술을 끌어와 공급망을 안정시키려는 외부적 실험이다. 이 두 실험이 맞물려 돌아갈 때, 비로소 일본의 반도체 전략 전체를 "히노마루 재도전"이라 할 수 있는 것이다.

그러나 문제는 간단하지 않다. 보조금으로 공장을 세울 수는 있지만, 기술을 살려낼 수 있는가? 생산거점을 유치할 수는 있지만, 수익을 낼 수 있는가? 이 장에서는 일본 정부와 산업계가 택한 외부적 실험의 첫 결과물, TSMC 구마모토 공장JASM을 통해 그 가능성과 한계를 살펴보고자 한다.

처음에 TSMC는 미국 정부의 요청에도 불구하고 공장 건설을 거부했다. 선진국인 미국에서는 공장 부지, 전기료, 인건비 등 모든 비용이 매우 높기 때문이다. 미국 내 공장 건설 및 인프라 관련 비용은 대만에 비해 약 60% 더 높다고 알려져 있다. 이에 미국 정부는 외국 기업에도 자금 지원을 약속하며 TSMC를 설득했다. 미국 정부는 앞으로 반도체 산업에 520억 달러라는 막대한 자금을 투입할 계획이며, 이 금액에는 TSMC 애리조나 공장에 대한 지원금도 포함되어 있다.

미국이 TSMC 공장 유치를 위해 적극적인 지원에 나서는 상황에서, 일본 정부가 TSMC 공장 유치를 위한 지원을 하지 않는 것은 납득하기 어렵다. 경제산업성은 2020년 전후로 인텔과 TSMC와 최첨단 반도체 공장 유치 교섭을 시도했으나, 두 회사 모두로부터 거절당한 것으로 전해진다.

그러나 계기가 생겼다. 소니가 자사의 CMOS 이미지 센서 생산을 늘리려 했으나 TSMC의 대만 라인이 포화 상태여서 증산이 불가능해진 것이다. 경제산업성은 이 문제를 해결하기 위해 중재에 나섰고, 결국 소니가 주요 고객이 되는 형태로 TSMC 구마모토 공장이 유치되었다.

이 과정은 일본 정부가 구형 공정 도입은 물론이고, 장기적으로는 TSMC를 더 첨단 공정(7nm, 5nm, 나아가 2nm)으로 끌어들이려는 전략의 첫걸음이었다. 실제로 JASM 공장은 12/16nm까지 다루게 되었지만, 최첨단 공정은 여전히 대만에 묶여 있다. 따라서 일본은 TSMC와의 협력을 통해 "기술 격차를 단계적으로 좁히는 교두보"를 확보했다고 볼 수 있다.

경제산업성은 현재의 추세대로라면 2030년에는 일본 반도체 산업의 점유율이 0%에 이를 것이라는 심각한 위기감을 갖고 있었다. 법을 개정하면서까지 공장 증설에 거액의 보조금을 지원한 것은 그 위기감의 발로다.

그러나 보조금 투입에도 불구하고 TSMC 구마모토 공장의 월 생산량 5만 5,000장의 20~30% 정도만이 일본 점유율 상승에 기여할 수 있을 것으로 보인다. 마이크론 히로시마 공장의 공헌도는 사실상 0%이며, 키옥시아Kioxia 요카이치 공장과 기타가미 공장은 일본 점유율 증대에 약 50% 수준으로 기여할 전망이다. 따라서 경제산업성이 마련한 정책에 따라 일본 정부가 이들 공장에 보조금을 투입해도, 일본 반도체 산업 전체 점유율에서의 실질적인 상승 폭은 매우 미미할 것으로 예상된다.

반도체 산업 컨설턴트인 유노가미 다카시는 "2021년 6월 1일중의원에서의 의견 진술에서 일본 반도체 산업의 쇠락 원인이 '진단이 잘못되었기 때문이며, 따라서 그에 따른 처방도 성공하지 못했다'"고 논했다. 그러나 정부와 경제산업성은 여전히 같은 실수를 반복하려 하고 있다고 지적했다. 또한 이번 경제산업성 및 일본 정부의 진단과 처방 역시 잘못되었다고 덧붙였다. 6170억 엔의 보조금이 투입되었으나 일본 반도체 산업의 점유율 대폭 향상은 거의 기대할 수 없기 때문이다.

더욱 심각한 문제는 TSMC 구마모토 공장 준공 당시의 28nm급 논리 반도체의 부족 현상이 이미 해소되었다는 점이다. 2021년 초만 해도 전 세계적으로 28nm 논리 반도체가 부족해 일본, 미국, 유럽 각국에서 자동차 생산에 차질이 빚어졌다. 이에 일본 정부의 유치 지원 아래 TSMC가 구마모토에 22/28~12/16nm 시스템 파운드리 공장을 건설하기로 한 것이다.

대신, 르네사스 등은 자사 공장에서 생산하는 레거시 시스템 반도체(성능은 구세대지만 자동차·가전 등에 여전히 쓰이는 범용 반도체)와 아날로그 반도체(센서 신호를 전기적으로 변환·처리하는 반도체)가 부족해지는 상황에 직면했다. 이는 전기자동차와 자율주행차의 보급이 시작되면서 발생한 현상이다. 전기자동차에는 파워 반도체가 필수이며, 자율주행차에는 다양한 센서로부터 들어오는 정보를 처리하기 위한 아날로그 반도체가 대량으로 요구된다.

이러한 파워 및 아날로그 반도체는 파워 반도체 전문 메이커나 르네사스 같은 수직통합형 차량 탑재 반도체 메이커가 주로 생산한다. TSMC에 위탁 생산하는 경우는 거의 없다고 할 수 있다. TSMC 구마모토 공장은 이미 22/28nm와 12/16nm 공정을 가동하고 있으며, 생산 자체는 안정 단계에 접어들었다. 그러나 '생산을 한다'는 사실과 '수익을 낸다'는 것은 전혀 다른 문제다. 지금 구마모토 라인이 생산하는 성숙 공정 제품은 글로벌 시장에서 이미 공급 부족이 해소되고, 일부는 가격 하락 압력까지 받고 있다. 소니의 이미지 센서용 논리칩 등 고정 수요처가 있다 하더라도, 월 5만 5,000장 규모의 투자금을 얼마나 회수할 수 있을지는 여전히 불투명하다.

결국 TSMC 구마모토 공장은 일본의 반도체 복권을 위한 '증거'라기보다, 국제 공급망 불안 속에서 일본이 얻어낸 하나의 안전판에 가깝다. 이 라인이 일본 반도체의 부활을 이끄는 기반이 될지, 아니면 막대한 보조금을 투입하고도 글로벌 제조망의 변두리에 머무는 또 하나의 사례가 될지는, 이제부터의 몇 년이 결판을 낼 것이다.

TSMC 구마모토 공장은 안전한 공급망이 될까?

또한 일본 정부와 경제산업성은 TSMC를 구마모토에 유치하면서 "경제안전보장의 관점에서 반도체 공급망 확보가 매우 중요하다"고 강조하고 있다. 그러나 TSMC가 일본에 신공장을 건설하는 것이 구체적으로 어떻게 경제안전보장을 담보하며, 공급망을 강화하는지에 대해서는 명확하지 않다. TSMC 구마모토 공장은 소니의 CMOS 이미지 센서 공장과 인접해 있으며, 소니는 약 20%의 자본을 TSMC 구마모토 공장에 투자하고 있다. 즉 소니의 CMOS 이미지 센서와 TSMC 구마모토 공장은 밀접하게 연계되어 있다는 말이다. 그렇다면 소니의 CMOS 이미지 센서를 예로 들어, TSMC 구마모토 공장이 가동되었을 때 경제안전보장이 실제로 담보되는지, 공급망이 강화되는지를 살펴보자.

생산은 일본, 조립은 해외-불완전한 자립

스마트폰 카메라 모듈 등에 사용되는 소니의 CMOS 이미지 센서는 픽셀(화소), 메모리인 D램, 그리고 논리 반도체라는 3가지 반도체 칩을 조합하여 구성된다. 이 중 픽셀은 소니가 직접 생산하며, D램은 마이크론 등 메모리 전문 업체에서 구매하고, 논리 반도체는 TSMC에 위탁 생산하고 있다.

TSMC의 구마모토 공장이 본격적으로 가동되면, 일본은 논리 반도체를 자국 내에서 생산할 수 있게 된다. 소니가 설계한 논리 반도체는 대만 TSMC의 마스크 숍에서 마스크 설계와 제작을 거친 뒤, 구마모토 공장에서 프로세스 개발과 양산이 이뤄진다. 여기에 더해 소니가 자체 생산하는 픽셀과, 마이크론 히로시마 공장에서 공급받는 D램이 결합되면, 최소한 부품 단위에서는 '올재팬' 조달이 가능해진다. 일본 정부가 강조하는 "국내 생산 기반의 복원"이 일단 형식적으로는 갖춰지는 셈이다.

하지만 이 구조를 자세히 들여다보면, 현실은 여전히 복잡하다. 3가지 반도체가 일본에서 만들어진다 하더라도, 패키징 단계에서 문제에 부딪힌다. 소니의 CMOS 이미지 센서는 픽셀·논리 반도체 D램을 하나로 묶는 패키징 작업OSAT, Outsourced Semiconductor Assembly and Test이 필수적이다. 그러나 일본에는 대규모 OSAT 업체가 없다. 결국 지금까지와 마찬가지로 대만 ASEAdvanced Semiconductor Engineering로 보내 패키징을 해야 한다.

여기서 끝이 아니다. 패키징이 끝난 센서는 중국 폭하이정밀공업Foxconn, 폭스콘 공장으로 향한다. 세계 최대의 전자제품 조립 허브인 중국에서 최종 조립을 거쳐 아이폰과 같은 완제품으로 시장에 나온다. 다시 말해, 일본이 막대한 보조금을 투입해 TSMC를 유치했음에도 불구하고, 공급망의 가장 마지막 단계는 여전히 중국과 대만에 의존하는 구조다.

이 사실은 일본 반도체 전략의 성과와 한계를 동시에 보여준다. "일본 국내에서 핵심 칩을 만들 수 있다"는 점은 의미 있는 진전이다. 그러나 글로벌 공급망 속에서 후공정과 최종 조립이 해외에 집중된 현실은 변하지 않았다. 일본이 경제안보를 내세워 반도체 자립을 주장하더라도, 완성품 차원에서 자립은 여전히 요원한 것이다.

비전 없는 프로젝트

적어도 ASE와 같은 OSAT(반도체 패키징·검사 전문 외주 업체) 등의 후속 공정 공장을 일본에 유치하지 않는다면, 경제안전보장은 담보될 수 없다. TSMC의 공장을 구마모토에 유치했다고 해도 일본의 경제안전보장은 전혀 확보되지 않고, 공급망 역시 강화되지 않는다. 그렇다면 왜 경제산업성은 이렇게 어중간한 정책만을 입안할 수밖에 없었던 것일까?

TSMC가 구마모토에 정식으로 공장을 설립하기로 결정했고, 경제산업성도 4760억 엔이라는 막대한 예산을 조성했다(여러 해에 걸친 지원도 예정되어 있다). 세간에서는 이를 계기로 일본 반도체 산업이 재도약할 것이라는 기대감이 크다.

하지만 TSMC는 자원봉사 단체도, 자선사업 기관도 아니다. 철저한 영리기업이다. 구마모토에 월간 5만 5,000장 규모의 공장을 세워, 22/28nm, 12/16nm 공정을 대량 생산하고 글로벌 시장에 판매할 것이다. 구마모토에서 생산된 논리 반도체의 이익은 당연히 TSMC로 귀속된다.

이런 상황에 대해 반도체 산업 컨설턴트 유노가미 다카시는 분노를 숨기지 않는다.

"이러한 영리 기업인 TSMC를 위해 일본의 세금을 사용하는 것은 분명히 잘못된 일이다. TSMC가 22/28nm, 12/16nm 공장을 구마모토에 건설하고자 한다면, 자력으로 추진하면 된다. 소니나 덴소가 협력하고자 한다면, 그 또한 자유다. 그러나 토지, 인프라, 조성금 등 일본의 세금을 사용하는 것은 결코 용납할 수 없다. 한 사람의 납세자로서 단호히 이의를 제기하고 싶다."

구기술 시스템 프로세스에 대해서는 4000억~5000억 엔의 보조금을 제공하며 TSMC를 구마모토에 유치하는 절차가 어느 정도 진행되었으나, 아마리 의원이나 경제산업성이 겨냥하는 2nm를 초과하는 초첨단 시스템 프로세스를 어떻게 실현하여 양산으로 연결하고, 그것으로 무엇을 만들어 일본의 번영으로 이어갈 것인지에 대한 절차는 아직 명확하지 않았다. 즉 국가 비전이 분명하지 않은 상황이다.

15장

라피다스는
수익을 내기 힘들다

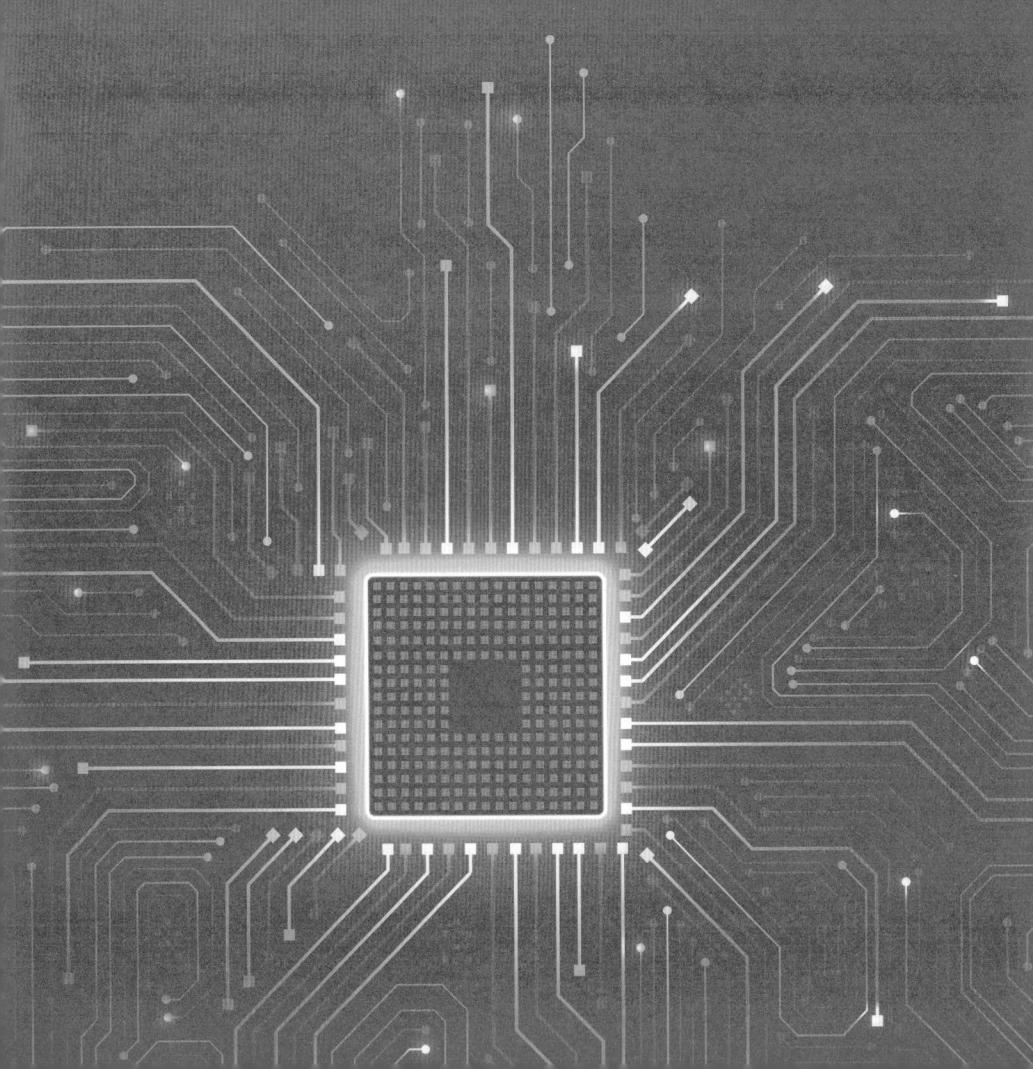

라피다스의 고이케 사장은 "향후 클라우드 컴퓨터를 비롯해
완전한 자율주행차 등에서 2nm 반도체가 필요해질 것"이라고 말했다.
앞서 인용한 이자야 리서치의 분석을 요약하면
"제조는 가능하지만 수익을 내기는 어렵다"는 뜻이다.

2022년 5월, 미일 양국은 반도체에 관한 기본 원칙에 합의했다. 바이든Joe Biden 대통령과 기시다 후미오岸田文雄 수상은 반도체 제조 능력 강화와 선진 제조 협력의 중요성에 뜻을 같이했다. 하기우다 전 경제산업성 장관은 5월 미국 방문을 마치며 이를 "기이한 운명"이라 표현했다. "영원한 적은 없고, 영원한 국익만 있을 뿐." 미일 반도체 관계의 역사에 이보다 적절한 표현은 없을 것이다. 앞서 살펴보았듯, 과거 지원에서부터 압력과 압살, 그리고 현재의 협력에 이르기까지, 미국과 일본의 관계에서는 항상 '국익'이라는 두 글자가 최우선이었다.

그 선봉에 선 것이 바로 라피다스다. 일본이 라피다스를 '일본 반도체 부활의 마지막 기회'로 보고 있다는 점은 여러 번 언급한 바 있다.

라피다스는 히노마루 연합과 무엇이 다를까?

2022년 11월 중순, 반도체 업계는 새로운 회사인 라피다스 설립 소식으로 큰 주목을 받았다. 정부가 코로나 팬데믹과 엔저로 인한 물가 상승 등의 경제적 어려움 속에서도 700억 엔의 보조금을 투입한 것은, 재정 부담이 늘어나는 가운데서도 매우 과감한 결정이었다. 라피다스는 기존의 '각 사의 부문을 긁어모은' 전형적인 '히노마루 반도체' 구조와는 본질적으로 다르다고 강조하고 있다. 라피다스는 프로젝트 취지에 공감하는 기업들의 출자와 정부의 적극적인 지원을 받고 있기 때문에, 과거 '히노마루 반도체'와는 원래 과정이 다르다는 것이다. 확실히 최근의 반도체 상황은 과거 '히노마루 반도체'를 추진하던 시기와는 크게 달라진 여러 변화가 나타나고 있다.

2020년부터 이어진 급격한 반도체 수요와 공급 부족 사태는 현재 어느 정도 진정되었으며, 재고 조정 국면에 접어들었지만, 애플리케이션, 다시 말해 전자기기의 급속한 확대는 반도체 시장이 지속적으로 성장하고 있음을 분명히 보여준다.

과거 실패로 끝난 국가 프로젝트와는 처한 상황이 상당히 다르기 때문에 현재 국가 프로젝트가 왜 진행되어야 하는지는 이해가 공유되나, 다음과 같이 짚고 넘어가야 할 중요한 지점이 있음은 정부 발표에서 전혀 언급되지 않고 있다.

2nm 공정 기반의 대량 생산 체제를 5년 후에 시작한다고 하

지만, 현재 일본에는 이를 필요로 하는 팹리스 반도체 메이커가 거의 없다. 2nm 공정이 요구되는 첨단 시스템 반도체의 최종 애플리케이션인 PC, 휴대전화, 데이터센터 등 분야에서 고객이 될 곳은 과연 어디인가?

또한 일본은 파운드리 사업에서 성공 사례가 전무한 상황이다. TSMC나 삼성전자 같은 유명 파운드리들이 과점하고 있는 시장에서 독자적이고 부가가치 높은 기술을 수립할 귀중한 인재를 어디서 확보할 수 있을 것인가?

출자 기업인 도요타, 소니, NTT 등이 선택하는 반도체 솔루션은 결국 자사 최종 시장에서 경쟁력을 갖춘 뛰어난 디바이스다. 그렇다면 라피다스가 이러한 요구에 충분히 부응할 수 있을까?

출자 기업들의 출자액도 각사 10억 엔 규모로, 정부 주도 업계 협의회에 대한 협찬금 수준이라는 인상을 지우기 어렵다.

라피다스 앞에 놓인 3개의 벽

이 부분은 2023년 2월 20일 닛케이 크로스텍에 게재된 대만에 거점을 둔 애널리스트 그룹인 이자야 리서치Isaiah Research의 부사장 루시 첸Lucy Chen과의 인터뷰 기사에서 확인할 수 있다.

이자야 리서치의 진단에 따르면 "2nm 반도체의 양산은 기술적으로는 가능하지만, 제품 수율과 생산성을 충분히 끌어올려 수익을 낼 수 있을지에 대해서는 의문이 남는다"고 한다.

2nm 반도체 양산이 가능한 이유는 미 IBM과 벨기에 아이멕의 강력한 기술 지원과 일본의 반도체 소재 및 장비 분야에서의 강점 덕분이다. 이러한 기업들의 지원 덕분에 2nm 반도체 양산은 실현 가능하다. 그럼에도 불구하고 수익성 있는 양산 실현이 어려운 주된 이유는 첫째 첨단 반도체 양산 경험 부족, 둘째 자금 부족, 그리고 셋째 첨단 반도체 생산에 필요한 고객 확보의 불확실성 등 3가지로 꼽힌다.

라피다스는 2nm 반도체의 양산 경험이 없다

라피다스가 맞닥뜨린 가장 큰 허들은 기술적 측면이다. 우선 2nm 공정을 양산 수준으로 안정화할 수 있느냐가 문제다. 첨단 반도체 제조는 단순히 장비를 들여놓는다고 되는 것이 아니다. 다코야키에 비유하자면, 반죽의 배합, 불 조절, 기계의 특성에 맞춘 조리 타이밍 등 수많은 요소를 동시에 관리해야 한다. 반도체 생산도 마찬가지로 수백 개에서 1,000개에 달하는 변수의 최적값을 찾아야 하며, 극도로 정밀한 공정 통합이 필요하다.

TSMC와 삼성전자는 FinFET(채널을 3면에서 감싸는 3D 트랜지스터)과 GAA(채널을 사방에서 감싸는 차세대 트랜지스터) 공정에서 수율을 끌어올리기 위해 수년간 실패와 시행착오를 거듭했다. 반면, 후발 주자인 라피다스는 아직 이렇게 축적된 경험이 부족하다. 기술적 기반을 확보하는 것만으로는 충분하지 않고, 실제 양산 과정에서 불가피하게 발생하는 시행착오를 극복해야 한다는 점에서 불확실성이 크다.

둘째는 후공정 문제다. 팁렛(여러 칩을 조합하는 방식), W2W(웨이퍼끼리 직접 붙이는 접합), D2W(개별 칩을 웨이퍼에 붙이는 접합) 등 첨단 패키징 기술은 이제 전공정만큼이나 중요해졌다. 하지만 일본에는 세계 10대 후공정 전문 업체조차 없다. 라피다스가 자체 물량만으로 기존 글로벌 OSAT들과 경쟁하는 것은 비용 구조상 쉽지 않으며, 숙련된 엔지니어 확보도 시급하다.

마지막은 RUMS라는 비즈니스 모델이다. 라피다스 고유 비즈니스 모델로, 라피다스는 IDM과 차별화되는 '개방형 제조 플랫폼'을 내세우지만, 아직 구체적인 경쟁 우위는 드러나지 않았다. TSMC가 이미 첨단 패키징까지 자사 공정에 흡수한 상황에서, 라피다스의 모델이 어디까지 차별화될 수 있을지는 의문으로 남아 있다.

외부 분석 기관인 이자야 리서치는 라피다스의 난제를 기술에 국한하지 않고, 수익성 측면에서 정리한다. 닛케이 크로스텍과의 인터뷰에서 루시 첸 부사장은 다음과 같이 말한다.

"나는 AMD 근무 후 약 6년간 외국계 반도체 웨이퍼 제조업체에서 일하며 일본 전역의 반도체 디바이스 고객을 자주 방문했다. 그 과정에서 가장 인상 깊었던 점은, 여러 출신 기업이 모여 설립한 신생 회사 내에서 업무 조율과 협력이 제대로 이루어지지 않았다는 것이다. 신생 회사 직원들은 각자의 출신 기업 문화와 업무 방식을 강하게 고수하며, '새로운 회사에서 새로운 일을 한다'는 의지를 보여주지 못했다.

실제로 한 협의체 소속 A사의 경우, 이전 B사 소속 거점에서는 기존 B사의 자료 포맷을, C사 소속 거점에서는 C사 포맷을 사용해 전혀 통일되지 않은 형식으로 회의를 진행해야 했던 기억이 있다. 회의 자료의 포맷조차 각기 달랐으며, 업무 진행 방식도 구태의연한 형태를 벗어나지 못하고 있어 크게 놀라웠다. 이는 인재 교류가 활발하고 자유로운 미국 업계와 정반대의 상황이었다."

관공서가 주도해 명단을 돌리며 연구 협력을 촉진하는 과정에서도 참여하는 연구자와 관리자의 수준은 이류에 머물렀고, 이들의 시선은 항상 출신 기업에 집중되어 있었다. 이들은 각자 소속 회사의 이익을 대변하는 입장에 있기 때문에, 위험 부담을 수반하는 중요한 의사결정은 좀처럼 진전을 보지 못했다. MIRAI, 아스카 등 일련의 국가 프로젝트 붐이 일어난 지 20년이 지났음에도 불구하고, 일본 반도체 산업은 의미 있는 혁신을 이루지 못한 채 지속적인 쇠퇴를 겪고 있다는 것이다.

"신회사에 대한 출자 기업은 일본을 대표하는 대기업들이 즐비하게 늘어서 있어 '무언가 큰 변화가 시작되는 것 아닌가' 하는 기대를 가지고 보도 기사를 접했다. 그러나 내용을 살펴보면서 자연스레 '이 길은 이미 한 번 걸어왔던 길'이라는 생각이 들었다. 반도체 업계에 오래 몸담아 온 일본인으로서 부정적으로만 보기는 어렵지만, 일본 정부에 세금을 납부하는 한 사람으로서 그 사용처에 대해 의구심이 들었다. 솔직히 '설마'라는 생각도 들었다. 그 이유의 가장 큰 부분은 이번 발표의 배경에 경제산업성의 영향력이 크게 작용하고 있다는 점이었다."

경험 부족은 인재 부족 문제와 직결된다. 한때 일본 반도체 산업이 번성하던 시절 활약했던 엔지니어들은 이후 한국과 대만 등지로 떠나갔으며, 이 귀중한 인재들을 다시 불러올 수 있을지가 과제다.

또한 젊은 인재 육성 역시 중요한 문제로 남아 있다. TSMC가 구마모토에 진출함에 따라 규슈 지역에서는 대학과 전문학교 등을 중심으로 인재 육성에 속도를 내고 있다. 도호쿠 지역도 반도체 분야에 집중하고 있다. 2022년 3월 29일에는 규슈 산업계, 교육기관, 행정기관 등 42개 기관이 모여 '규슈 반도체 인재 육성 컨소시엄'을 설립했다. 이어 2022년 6월에는 도호쿠 지역의 기업, 자치체, 교육기관이 '도호쿠 반도체·일렉트로닉스 디자인 연구회'를 출범시켰다. 반도체 및 관련 산업 분야에서 젊은 인재 육성은 여전히 매우 중요한 과제로 남아 있다.

무엇보다 자금이 부족하다

라피다스의 2nm 세대 반도체 개발을 원활히 추진하기 위해 일본 정부는 2022년 11월 라피다스에 700억 엔의 지원금을 발표했으나, 추가 투자는 주로 후원 기업들이 담당할 예정이다. 현재와 같은 긴축 재정 상황에서 700억 엔이라는 정부 보조금은 업계 외부인들에게는 상당한 금액으로 보일 수 있으나, 반도체 최첨단 분야에서는 매우 부족한 수준이다. 도요타자동차, NTT, 소니 그룹, NEC, 덴소, 소프트뱅크, 키옥시아 등 7개사가 각 10억 엔, 미쓰비시 UFJ 은행이 3억 엔을 출자해 총 73억 엔을 마련했으며, 경제산업성은 '포스트 5G 기금 사업' 명목으로 700억 엔을 지원한다. 이 자본금과 보조금은 시작 자금에 불과하지만, 총액 800억 엔 미만은 매우 적은 규모다.

미국 정부가 칩스CHIPS 법으로 지원하는 500억 달러(환율 1달러=140엔 기준 약 7조 엔, 다년간 예산임을 고려해야 함)와 비교하면 약 100분의 1에 불과한 수준이다. 대만 TSMC가 최근 몇 년간 평균 300억, 400억 달러(환율 1달러=131엔 기준 약 3조 9300억, 5조 2400억 엔)를 설비 투자에, 44억 달러(약 6200억 엔)를 연구개발에 지출하는 점을 고려하면 이 규모가 얼마나 작은지 알 수 있다. 또한, 일본을 대표하는 도요타, 소니, NTT, 소프트뱅크 등 명망 있는 기업들이 출자사로 참여하고 있음에도, 각각의 출자금이 10억 엔에 불과하다는 사실에 실망하는 분위기가 있다.

"라피다스는 '향후 10년간 2조 엔의 연구 개발비와 3조 엔의 설비 투자비를 투자한다'라고 하지만, 800억 엔에 못 미치는 '종잣돈'으로 과연 5조 엔을 조달할 수 있을까? 조달할 수 있다고 해도 TSMC의 10분의 1 투자로, 눈 감으면 코 베어 가는 세계에서 살아남을 수 있을까? 원래 도요타, NTT, 소니 등의 기업 규모로 생각한다면 10억 엔은 '할 마음이 없다'라는 증거다. 어떤 출자 기업의 간부는 '어디까지나 교제'라고 본심을 토로한다."

2023년 2월 2일, 라피다스의 히가시 데쓰로 회장은 로이터와의 인터뷰에서 2020년대 후반 생산 설비 가동을 목표로 약 7조 엔의 투자가 필요하다고 밝혔다. 그러나 민관 합쳐 10조 엔의 자금 조달이 이루어지지 않으면, 프로젝트 초기부터 실패할 것이라는 평가도 제기되고 있다.

만든다 해도 과연 고객을 확보할 수 있을까?

반도체 공급망 강화를 도모하는 일은 일본에 매우 중요한 과제임이 분명하다. 그러나 '히노마루 반도체'의 설립 그 자체가 주된 목적은 아니다. 어디까지나 비즈니스가 목적일 것이다. 향후 구체적인 사항이 밝혀지겠지만, 무엇을 만들고 누가 어느 정도 구매할지가 명확하지 않으면 비즈니스는 성립할 수 없다. 정부 발표에서 중요한 비즈니스 계획에 대한 언급이 매우 부족했다는 점에 대한 우려가 크다.

경제산업성이 주선한 신회사가 향후 어떤 전략으로 비즈니스를 추진할지 매우 관심이 모아진다. 무엇보다 비즈니스를 향한 강한 집념과 향후 라피다스의 민첩한 경영 판단이 중요할 것이다.

경제산업성 주도의 이번 계획은 미국 정부의 칩스 법이나 NSTC 설립 등에서 많은 부분을 참고한 것으로 보이나, 실상은 크게 다르다. 미국 정부의 막대한 보조금은 인텔이나 TI 등 이미 첨단 반도체 제조공장을 운영하는 브랜드들이 미국반도체협회SIA를 통해 정부에 압력을 가한 결과 성립된 것이다. 이에 비해 '경제산업성 주선'이라는 정부 발표에서는 현장의 비즈니스 현실을 반영한 생동감이 전혀 느껴지지 않는다

현실적으로 2nm 세대 반도체를 탑재하는 최종 제품은 일본 국내에서 매우 적다. 수요를 확보하기 위해서는 '고객과 제휴하여 최종 제품을 상정하면서 개발을 진행한다'는 대응뿐만 아니라, 마케팅과 가격 전략 등 경영 전반에 걸친 종합적인 역량이 요구된다. 라피다스의 고이케 사장은 "향후 클라우드 컴퓨터를 비롯해 완전한 자율주행차 등에서 2nm 반도체가 필요해질 것"이라고 말했다. 앞서 인용한 이자야 리서치의 분석을 요약하면 "제조는 가능하지만 수익을 내기는 어렵다"는 뜻이다. 이는 '엘피다의 실패'와 매우 닮아 있다.

유노가미 다카시는 "아직도 그런 말을 하는가! 실수투성이인

'엘피다 파탄의 원인'" ^{2022.3.6}에서 엘피다의 D램은 성능과 신뢰성 면에서는 세계 최고였을지 모르나, 동시에 세계에서 가장 고가였다는 점을 지적한다. 즉 PC용 D램으로서 '과잉 기술로 과잉 품질을 만든 셈'이라는 것이다.

특히 2004년 당시, 엘피다의 수율은 98%에 달했지만 삼성전자는 83%에 불과했다. 수율을 60%에서 80%로 올리는 것은 비교적 쉽지만, 80%에서 98%로 올리기 위해서는 엄청난 시간과 비용, 인력이 들어간다. 삼성전자는 80% 이상의 수율이면 비즈니스가 성립되기 때문에 굳이 더 높은 수율을 추구하지 않았다. 다시 말해, 수율 향상에 드는 막대한 비용을 들일 필요가 없다는 판단이었다. 그는 "엘피다는 100% 수율을 목표로 삼았다. 그러나 이는 수단과 목적을 혼동한 것"이라며, "본질적으로 수율 향상은 이익을 얻기 위한 것이어야 하며, 엘피다는 이 점을 이해하지 못했다"고 비판했다. 이상의 지적은 비용 대비 효과를 명확히 고려하지 않는다면, 아무리 기술이 뛰어나도 성공하기 어렵다는 점을 시사한다.

라피다스가 목표로 하는 파운드리(반도체 수탁 생산)에서 가장 중요한 비즈니스 목표는 양질의 고객 확보다. 그러려면 TSMC의 대규모 고객인 애플, 엔비디아, 어드밴스드 마이크로 디바이시스 AMD와 같은 미국을 중심으로 한 반도체 기업을 고객으로 확보하지 않으면 안 된다.

이런 글로벌 기업의 고객을 거두어들이기 위한 판로의 확립이나 인재 확보도 난제다. 그런데, 현 상황에서는 '히노마루 반도체'의 부활은 매우 어렵다고 말하지 않을 수 없다. 무엇보다 거액의 세금 투입에 대해 국민이 납득하기 어려워하고 있다. 정부는 반도체 기술이 산업 전반에 어떤 파급효과를 미치며, 그로 인해 일자리와 경제가 어떻게 성장하는지를 설득력 있게 보여줄 필요가 있다.

16장

왜 성장하지
못했을까?

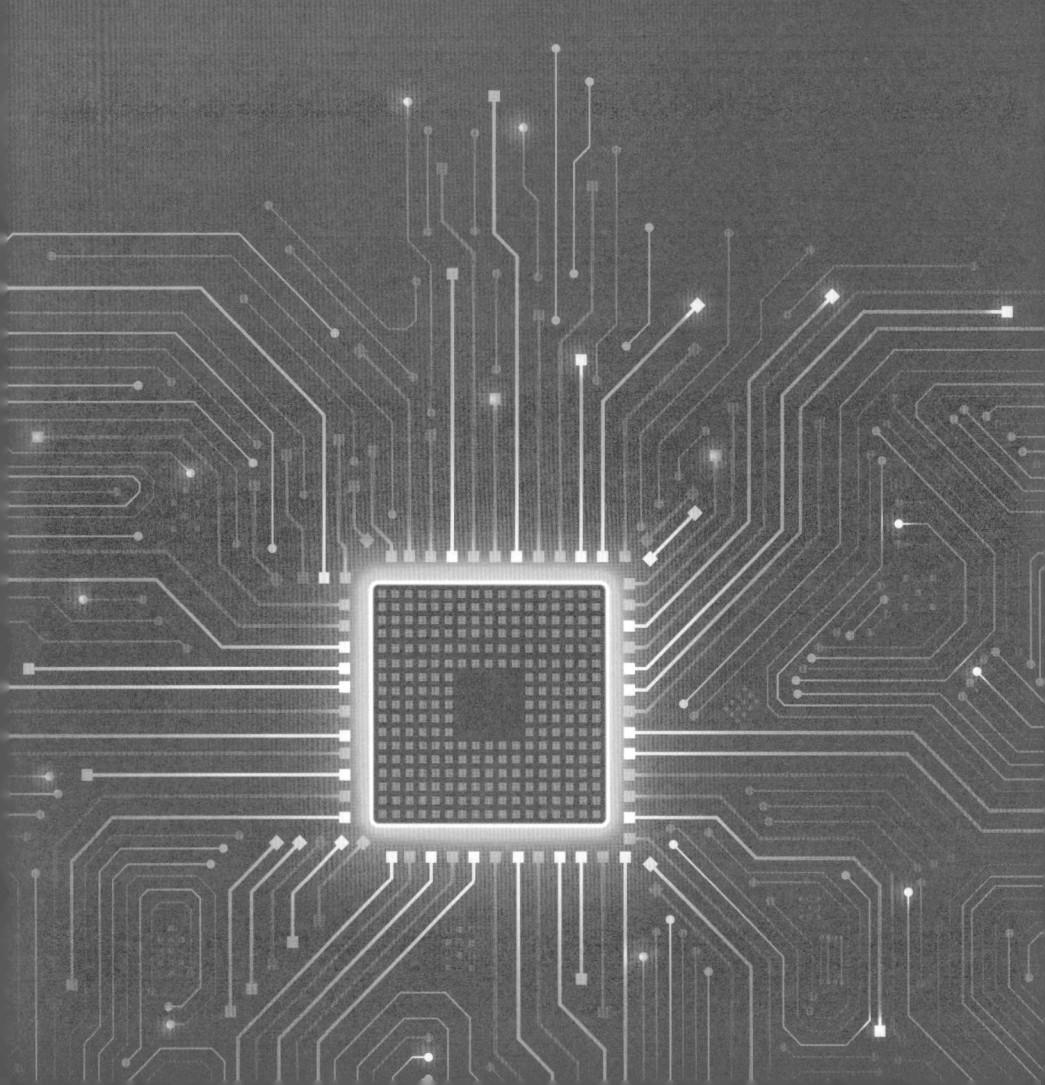

라피다스가 목표로 하는 것은
'세계 최고의 파운드리'나 '제2의 TSMC'가 아니다.
오히려 지금까지 TSMC와 거래가 없었던 기업들에게
반도체를 공급할 수 있다는 이미지를 구축하는 데 있다.

일본 정부가 야심차게 출범시킨 라피다스. 그러나 세계 시장에서 성공을 거둔 삼성전자나 중국 BYD와 달리, 라피다스에는 안정적인 수익을 뒷받침할 기존 사업 기반이 존재하지 않는다. 삼성은 흑백 TV, 반도체, LCD, 스마트폰으로 이어지는 연속적인 투자와 수익 회수 구조를 통해 오늘의 위치에 올랐고, BYD 역시 배터리 사업에서 벌어들인 수익을 전기차와 에너지 사업으로 확장하며 성장했다.

반면 라피다스는 태생부터 대규모 국가 지원에 의존할 수밖에 없는 구조다. 기술 개발 능력만으로는 글로벌 반도체 경쟁에서 살아남기 어렵다는 점에서, 이 기업의 가장 큰 취약점은 '가치 창출'을 넘어 '가치 획득'으로 이어지는 사업 모델을 확보하지 못했다는 데 있다.

라피다스의 "사각"

일본 기업은 새로운 기술과 제품을 개발하여 부가가치를 창출하는 능력은 매우 뛰어나다. 그러나 오사나이 아츠시長内厚 와세다대 교수는 이렇게 만들어진 부가가치를 시장에서 수익으로 확보하는 '가치 획득' 전략이 다른 나라에 비해 부족하다고 지적한다.

오사나이 교수는 '가치 획득'에 중점을 둔 기업의 사례로 미국의 델Dell을 언급했다. PC 사업에서 세계적인 성공을 거둔 델은 제품 개발이나 생산을 직접 하지 않고, 부품 조달과 배송에 특화하는 방식으로 사업 가치를 극대화했다. 고객 요구에 즉각 대응하는 효율적인 공급 체계를 구축하며 '가치 창조'보다 '가치 획득'에 집중하는 모델로 경쟁력을 확립한 것이다.

또한 한국의 삼성전자 사례를 들며, "1970년대 일본 NEC로부터 기술 지원을 받아 흑백 TV 기술을 도입했다. 당시 일본은 선진국 시장에 컬러 TV를 주력으로 판매하고 있었다. 삼성은 신흥국에서는 1세대 전 기술이라도 충분히 팔릴 수 있다고 판단했다"라고 설명했다.

"거기서 인도나 중남미, 아시아, 아프리카 등에서 흑백 TV를 판매해, 막대한 이익을 얻었습니다. 그 수익을 자본으로 반도체에 투자하여 반도체로 얻은 이익을 액정에 투자하고, 그 수익을 스마트폰에 투자하는 것처럼 기존의 사업으로부터 얻은 이익을 다른 사업에 투자해왔습니다. 이 회사는 새로운 분야에 차차 진출하면서 성장해온 이력이 있습니다. 중국 BYD도 이처럼, 니켈카드뮴전지 사업에서의 수익을 원자금으로 하여 현재의 EV(전기 자동차)나 에너지 사업으로 확대하고 있습니다"

한편, 회로 선폭 2nm급 첨단 반도체의 개발과 판매를 목표로 하는 라피다스는 기존 사업 기반이 없어 안정적인 수익 구조가 부족하며, 대규모 국가 지원에 크게 의존할 수밖에 없는 상황이다. 이는 기존 사업에서 발생한 이익을 재투자하며 성장해온 삼성이나 BYD와는 대조적이다. 오사나이 교수는 이러한 배경을 토대로, 라피다스가 성공하기 위해서는 "안정적이고 지속적인 지원을 확보하는 동시에, 가치 획득을 목표로 하는 비즈니스 모델을 얼마나 잘 구축하느냐가 관건"이라고 지적한다.

전략의 부족이 불러온 거대한 리스크

라피다스와 같은 국가 프로젝트는 일본 반도체 산업 재생에 중요한 전환점이 될 수 있다. 그러나 국가 지원에 지나치게 의존하는 데에는 위험이 따른다. 오사나이 교수는 "현재 구상 중인 계획이 실패할 경우를 대비한 '플랜 B'를 명확히 마련하고, 이를 국민에게 분명히 제시하는 것이 매우 중요하다"고 강조하며, 유연한 전략의 필요성을 지적한다.

또한 일본 기업이 직면할 전략적 과제도 함께 제시했다. 지금까지 일본 기업들은 기술자와 전략 담당자 간의 긴밀한 연계를 소홀히 해왔다는 점을 문제로 지적한다. "유럽 기업들은 기술 표준화 활동에서도 엔지니어와 전략 마케팅 담당자가 함께 참여하여 자사의 비즈니스에 유리한 방향으로 적극적으로 제안하지만, 일본 기업에는 이러한 협력 체계가 부족했다"고 평가한다.

특히 일본 기업에서는 "전략이나 마케팅은 엔지니어링과는 별개의 영역"이라는 인식이 강하게 자리 잡고 있으며, 이것이 근본적인 문제로 지적된다. 이러한 사고방식이 기술력이 있음에도 불구하고 비즈니스 성공으로 이어지지 않는 주요 원인이라는 평가다.

일본의 미래를 가르는 분기점

특히 세계 시장에서 경쟁력을 확보하려면, 기술적 우위를 어떻게 비즈니스 모델에 반영할지가 핵심 과제다. 일본 반도체 산업은 과거의 기술력을 바탕으로 새로운 도전을 앞둔 갈림길에 서 있다. 오사나이 교수의 지적처럼 기술과 비즈니스의 융합, 전략적 시각의 도입, 그리고 국가와 기업 간 협력 체제의 확립은 일본 산업이 세계 무대에서 다시 빛을 발하기 위한 필수 조건이다.

라피다스를 포함한 여러 프로젝트의 성공 여부는 일본 산업 전체의 미래를 가늠하는 중요한 분기점이 될 것이다. 일본 기업이 가진 기술적 우위를 최대한 활용하는 동시에, 세계 시장에서 통용되는 수익성 높은 '수익 중심' 비즈니스 모델을 구축하는 것이 차세대 반도체 산업을 견인할 핵심 열쇠가 될 것이다.

출자한 8개사(도요타, 덴소, 소니 그룹, NTT, NEC, 소프트뱅크, 키옥시아, 미쓰비시 UFJ은행 등)를 살펴보면, 라피다스에 참여한 기업들은 정부의 지원이 전제된 상황에서 출자했다는 점을 알 수 있다. 다시 말해, 기술 개발의 필요성이나 시장 전략보다는 경제 산업성이 주선한 '국가 프로젝트'라는 안전망이 있었기 때문에 참여를 결정한 것이다. 또한 각 사의 기대를 고려할 때, NTT, 도요타자동차, 덴소, 소니 그룹, NEC 등 5개사는 최첨단 반도체의 사용자로서 자사의 비즈니스 전개와 발전에 필수적인 첨단 반도체의 개발 및 생산처를 확보하여 우선적으로 공급받기를 바라는 입장이 강하다. 비록 사용자와 공급자라는 상충된 입장에 처할 수 있음에도, 궁극적으로 이들 회사는 사용자로서의 입장을 우선시할 것으로 보인다.

각 사별로 좀 더 구체적으로 살펴보면, NTT는 자사의 아이온 IOWN 구상을 통해 최첨단 광기술을 활용한 저지연·고속 통신 네트워크를 구축하여, 자동 운전 등 첨단 서비스를 실현하기 위해 광전융합 기술과 이를 뒷받침할 첨단 반도체 개발에 주력하고 있다.

도요타자동차와 덴소는 전기차EV의 고도화 및 자동 운전차의 실현을 주요 목표로 삼고 있으며, 소니는 미래 이미지 센서 분야와 고도화된 시스템, 그리고 새로운 성장 분야인 자동 운전차 시장 진출을 계획하고 있다. NEC는 인공지능AI 개발을 중요한 타깃으로 설정하고 있다. 한편, 소프트뱅크와 미쓰비시 UFJ은행은 이러한 첨단 기술 분야를 유망한 투자처로 보고 참여하고 있는 것으로 추정된다.

이상한 점 중 하나는 키옥시아의 참가다. 키옥시아는 데이터를 저장하는 '기억장치'(NAND 플래시)'에 특화된 기업이다. 반면 라피다스가 다루는 첨단 논리 반도체는 연산과 판단을 담당하는 '두뇌'에 해당한다. 쉽게 말해, 키옥시아가 인간의 기억력을 강화하는 기술자라면, 라피다스는 사고력과 계산 능력을 키우는 엔지니어에 가깝다. 같은 몸 안에 있지만 하는 일이 전혀 다르기에, 키옥시아의 참여는 일견 이질적으로 보인다. 그러나 정부 입장에서는 이 2가지 기능이 함께 움직여야 진짜 '일본형 반도체 생태계'가 돌아간다고 본 것이다. 키옥시아가 출자를 결정한 것은 EUV, 특히 고 NA-EUV 노광 기술을 핵심으로 하는 새로운 프로세스 및 장치 기술의 습득이나, 차세대 3D 실장 기술에 대한 기대감 때문일 가능성이 크다.

키옥시아의 참가가 이례적인 것만큼, 르네사스의 불참 역시 주목할 만하다. 라피다스의 출범 소식이 전해졌을 때, 많은 이들이 "그렇다면 당연히 르네사스도 함께하겠지"라고 생각했다. 그러나 르네사스는 끝내 이름을 올리지 않았다. 그 이유는 단순하다. 르네사스는 이미 자동차 반도체와 산업용 칩 분야에서 확고한 자리를 잡고 있었기 때문이다. 보다 안전한 길을 택했다고 볼 수 있다. 르네사스는 첨단 논리 반도체 분야에 진출하지 않고 기존 기술에 의존하는 방침을 유지하거나, 과거 일본 파운드리 회사인 트레센티 테크놀러지의 실패 경험으로 인한 트라우마가 영향을 미쳤을 가능성이 있다고도 생각할 수 있다.

일본의 반도체 산업 "최후의 찬스"

세계 최첨단 기술 노드의 현황을 보면, 삼성전자는 2022년에 3월, 나노 FinFET의 양산을 시작했고, TSMC는 2024년에 2nm (GAA)의 파일럿 생산을 개시해 2025년에는 대만 다카오 및 타이중 공장에서 양산에 들어갈 예정이다. 이러한 현실을 고려할 때, 라피다스의 미래에는 여러 문제점과 과제가 존재하며, 그 전망을 낙관하기는 어렵다고 생각된다.

"세금 낭비다. 지금부터 최첨단을 따라잡는 것은 무리다. 제조는 해외 파운드리에 맡기면 된다."

TSMC 유치와 라피다스 설립 등 경제산업성의 반도체 전략에 대해 산업계 내에서는 이런 비판도 존재한다.

"경제산업성 간부들이 출세를 위해 미디어와 국민에게 듣기 좋은 계획만 내놓고 있을 뿐이다. 10년 후면 또 다른 간부가 새로운 계획을 세울 게 분명하다. 이런 불안감은 확실하다. 일본 정부는 과거에도 국내 반도체 산업 재건 계획을 수립했지만 계속 실패했다. 이제 와서 어떻게 믿으란 말인가."

2023년 4월, 경제산업성의 오기노 료헤이荻野洋平 실장은 인터뷰에서 다음과 같이 말했다.

"지금 추진 중인 반도체 전략을 담당하는 정부와 부처의 인사도 곧 교체될 텐데, 정권 교체가 있으면 반도체 전략도 완전히 새로 바뀌지 않을까요?"
"우리는 진심입니다. 법률을 개정하는 일은 결코 쉽지 않습니다. 말 그대로 죽을 각오로 했습니다."
"법률 개정이 없어도 TSMC나 라피다스에 대한 재정 지원은 필요할 때마다 조치할 수 있습니다. 하지만, 이번에는 반도체 전략을 법률에 명확히 규정했습니다."

여기서 말하는 법률은 개정된 5G 촉진법만이 아니다. 라피다스 설립 즈음인 2022년 5월에는 '경제 시책을 일체적으로 강구하는 것에 의한 안전보장의 확보에 관한 법률(경제 안전 보장 추진법)'에 반도체 항목을 포함시켰다. 반도체를 포함한 11개 품목을

경제 안보와 관련된 '특정 중요 물자'로 지정해 정부가 재정 지원
할 수 있도록 한 것이다.

법률은 한번 제정되면 개정이 매우 어렵다. 이 두 법률에는 반
도체 산업 지원 방침이 명확히 규정되어 있다. 이것이 경제산업성
과 일본 정부가 반도체 산업에 대해 갖고 있는 확고한 '의지'다.

반도체 공급망은 전 세계에 분산되어 있으며, 미세화가 진행됨
에 따라 이러한 분산은 앞으로도 계속될 전망이다. 나라마다 재
료, 장치, 제조, 설계 툴 등 자신들의 강점을 살려 협력과 연계를
가속화하고 있는데, 여기에 정치적 의도도 적잖이 포함되어 있다.
이러한 상황에서 일본은 2nm 세대 반도체를 대만이나 미국 등
에서 수입하면 된다는 생각도 있을 수 있다.

경제산업성의 오기노 실장은 "일본은 1980년대에 세계 반도
체 시장의 절반을 점유하고 있었습니다. 그 시대로는 돌아갈 수
없다고 생각합니다. 지금은 공급망이 전 세계로 확산되어 상황이
다르기 때문입니다. 일본의 목표는 앞으로도 6대 강국 중 하나로
서 세계에서 필요한 존재가 되어 자립해가는 것입니다."라고 한다.
즉 경제산업성은 일본이 여전히 반도체 장치와 재료 분야에서 강
점을 보유하고 있으며, 도쿄일렉트론, 스크린SCREEN 홀딩스, JSR,
신에쓰 화학공업 등 세계 시장에서 존재감을 발휘하는 기업들이
있다고 보고 있는 것이다.

하지만 앞으로도 이러한 강점을 유지하기 위해서는 국내에 첨
단 반도체 제조 기반을 반드시 갖추어야 한다. 파운드리 공장 주

변에는 '반도체 마을'이 형성되며, 반도체 양산 공장을 중심으로 관련 산업의 연구개발과 생산 거점이 자리 잡는다. 첨단 반도체 분야에서 이러한 현상은 더욱 뚜렷하다.

구마모토에 위치한 JASM의 사례도 그 일면을 보여준다. JASM 주변에는 도쿄일렉트론 큐슈 등 장치 메이커들의 개발 거점이 자리 잡고 있다. 세계적으로는 대만 신주新竹가 대표적이다. '신주 사이언스파크'라 불리는 이 지역은 반도체 업계의 실리콘밸리로 불리며, 그 중심에는 TSMC 본사와 복수의 양산 공장이 있다. 주변에는 세계 반도체 장비 시장을 선도하는 미국 어플라이드 머티리얼즈Applied Materials, 에칭 장비 분야의 램 리서치Lam Research 등 개발 거점들이 나란히 위치한다. 조금 떨어진 곳에는 첨단 반도체 제조에 필수적인 'EUV(극단 자외선) 노광장치'를 생산하는 네덜란드 ASML의 거점도 자리하고 있다.

일본 기업들도 마찬가지다. 도쿄일렉트론, 스크린 홀딩스, 신에쓰 화학공업 등의 관련 거점들이 대만 신주에 모여 있는 상황이다. 신주 사이언스파크만의 현상이 아니다. 세계적으로 첨단 반도체 제조 거점이 형성되면, 그 주변에는 관련 산업이 자연스럽게 모여든다. 이는 파운드리와의 긴밀한 연계가 필수적이기 때문이다.

하지만 첨단 반도체 제조 기반이 없는 일본과 같은 지역에서는 이러한 상황이 불리하게 작용한다. 반도체 인재와 첨단 기술이 해외로 유출되면서 일본 국내 산업의 발전이 저해되기 때문이다.

국내에 첨단 파운드리가 없으면 반도체 관련 산업의 성장이 어려워지고, 최악의 경우 장치 및 재료 메이커들도 해외로 거점을 이전할 가능성이 있다. 이들에게 일본에 본사를 두는 것은 반드시 이득이 되지는 않는다. 따라서 일본에는 상징적인 의미를 갖는 첨단 파운드리가 반드시 필요하다. 이것이 경제산업성이 추구하는 진정한 목적이다.

일본 반도체의 '상징'으로서 라피다스를 설립하는 목적은 국내 장치·재료 메이커를 위한 것이 아니라, 일본 국가 차원에서 경쟁력을 유지하기 위한 고육지책이다. 인재를 국내에 머무르게 하기 위한 방안인 셈이다.

라피다스가 목표로 하는 것은 '세계 최고의 파운드리'나 '제2의 TSMC'가 아니다. 오히려 지금까지 TSMC와 거래가 없었던 기업들에게 반도체를 공급할 수 있다는 이미지를 구축하는 데 있다. 애플과 같이 연간 수억 개의 반도체 칩을 공급하는 대규모 생산은 어렵겠지만, 오히려 TSMC와는 다른 영역에서 경쟁하겠다는 것이다. 오해를 피하기 위해 말하자면, 라피다스는 TSMC와 같은 대형 파운드리가 놓친 부분을 채우고, 전 세계 다양한 기업들로부터 소량 다품종의 제조 위탁을 받는 회사로 자리매김하려 한다는 것이다.

장래 2nm 세대의 일본 국내 이용자로서는 도요타자동차와 같은 자동차 산업이 주요 대상이다. 자동 운전 기술 등의 발전으로 장기적인 수요가 기대되기 때문이다. 다만, 국내 사용자만으로는 수요량이 부족해, 양산에 필요한 5조 엔 이상의 자금을 조달하기 어렵다. 이에 따라, 라피다스는 대기업 파운드리와는 다른 비즈니스 모델을 제시한다. 대량 생산이 아닌 고객 맞춤형 '소량 다품종' 생산 수탁 모델을 내세우고, '세계에서 가장 짧은 제조 시간(사이클 타임)'을 강점으로 전 세계 고객을 유치하려는 전략이다.

경제산업성은 향후 라피다스를 중심으로 '연간 1조 엔 규모의 주문'을 목표로 보조금을 지원할 계획이다. 오기노 실장은 "라피다스가 궤도에 오르면 보조금 지원을 단계적으로 줄이고, 자립을 도모해야 한다. 다만, 진행 상황을 면밀히 살피면서 끝까지 지원할 것"이라고 단언했다.

일본의 몰락

17장

최후의 전략,
미진한 성과

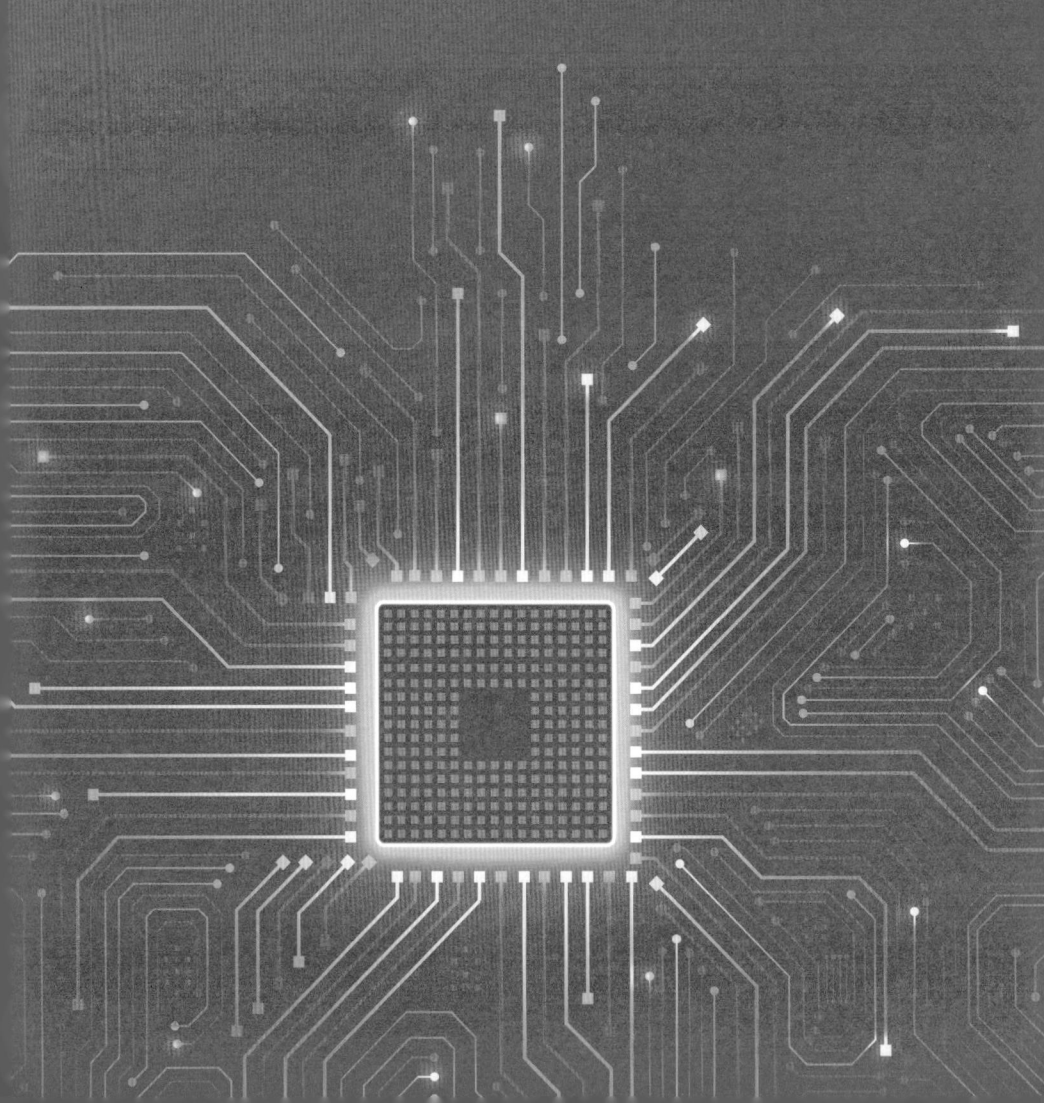

정치인과 정부 관계자는 이익보다는 책임과 공로를 중시한다.
아무리 노력해도 속도 면에서 민간기업을 앞설 수 없으며,
이익을 추구하는 기업과 공로를 쫓는 정치가는
근본적으로 목적이 다르다.

일본 반도체 산업의 부침은 단순히 기업 간 경쟁에서 밀렸다는 차원으로 설명하기 어렵다. 표면적으로는 기술 격차와 투자 부족이 원인처럼 보이지만, 그 밑바탕에는 일본 특유의 산업 구조와 이해관계 얽힘이라는 복잡한 문제가 놓여 있다.

주주와 고객이 동시에 얽혀 가격 책정에 왜곡을 낳는 구조, '편집증적 집착'이라 불릴 만큼 강렬한 추진력을 가진 리더십의 부재, 그리고 국책 프로젝트가 반복해 보여주는 관성적 운영 방식이 바로 그것이다.

지금 일본이 '반도체 부활'을 외치며 수조 엔을 투입하고 있지만, 근본적 한계가 해소되지 않는 한 과거의 영광을 되찾기란 쉽지 않다는 지적이 나온다.

일본 반도체의 발목을 잡는 이해관계

현재 반도체 시장은 급격한 시황 악화에 직면해 있지만, 자동차 업계의 수요는 여전히 왕성하다. 특히 전기자동차EV와 첨단 운전자 지원 시스템ADAS용 고성능 반도체의 공급 부족은 앞으로도 계속될 전망이다. 이러한 상황에서 가장 긴장하는 기업은 도요타일 것이다. 렉서스를 포함한 고급 자동차는 수많은 반도체와 센서로 구성되며, 전동화와 자율주행화가 진전될수록 반도체 의존도는 더욱 커진다. 이런 배경에서 도요타가 경제산업성 주도의 '라피다스'에 참여했을 가능성도 있으나, 이는 명백한 이해 상충을 내포한다. 고객 입장에서는 라피다스에서 우수한 반도체를 저렴하게 구매하고 싶겠지만, 주주인 도요타 입장에서는 반도체를 높은 가격에 팔아 이익을 남겨야 하기 때문이다.

비슷한 구조가 르네사스 일렉트로닉스에서도 나타난다. 도요타와 덴소는 르네사스의 주요 주주로 각각 4.20%, 8.58%를 출자하고 있다. 르네사스의 최대 주주는 '경제산업성의 다른 호주머니'로 불리는 관제 펀드인 INCJ(구 산업혁신기구)이며, 히타치 제작소와 미쓰비시 전기도 출자사에 포함된다.

'올재팬' 반도체 메이커인 르네사스는 저공비행을 지속하고 있다. 2021년 최종 이익은 1273억 엔에 그쳤다. 연간 약 4조 엔의 순이익을 내는 한국 삼성전자, 그리고 연간 약 2조 5000억 엔의 TSMC와는 비교할 수 없는 수준이다. 세계적으로 반도체 공급이 부족한 '판매자 시장' 상황에서 르네사스가 좀 더 수익을 낼 수 있기를 기대하는 시선도 있다. 업계에서는 '르네사스가 고수익 기업이 되지 못하는 이유가 도요타와 덴소가 가격을 깎기 때문'이라는 비판도 존재한다. 일본 반도체 산업은 여전히 자동차 산업의 하청 구조에 가까운 형태로 작동하고 있으며, 이는 수익성 개선의 가장 큰 걸림돌로 지적된다.

모리스 창의 집념, 일본에는 왜 없을까?

"Only the paranoid survive."

"편집증 환자만이 살아남는다." 반도체 산업, 더 넓게는 비즈니스에 종사하는 사람이라면 이 말을 모르는 이가 없을 것이다. 이는 인텔 창업 멤버인 앤디 글로브Andrew S. Grove의 명언이다. 혁신이 혁신을 낳고, 투자가 또 다른 투자를 이끌며 발전해온 반도체 산업에서, 인텔 창업자 고든 무어Gordon E. Moore가 제시한 '무어의 법칙(반도체 칩에 들어가는 트랜지스터 수가 약 2년마다 2배로 늘어난다는 법칙)'과 함께 어깨를 나란히 하는 2가지 핵심 이론이다. 그런데 이 이론을 무시한 국책 프로젝트가 또다시 시작될 조짐을 보이고 있다.

비록 국가 프로젝트라 하더라도 그 속에 '편집증'이라 불릴 정도의 집요함이 깃들어 있다면 상황은 달라진다. 그러나 일본의 프로젝트에서는 그런 인물을 찾아보기 어렵다.

1987년, 56세의 나이로 국책 반도체 메이커 TSMC를 창립한 모리스 창은 '편집증적 리더십'의 대표적인 인물이었다. 그는 완벽을 요구하며 부하에게 엄격했고, 때로는 분노를 감추지 않았다. 책상 위에 담뱃대를 던질 정도로 격렬하게 회사를 몰아붙였지만, 그 집착이 TSMC를 세계 최고 반도체 기업으로 이끌었다.

1958년 미 텍사스 인스트루먼트에 입사한 그는 스탠퍼드 대학에서 전기공학 박사 학위를 받은 후 25년간 근무하며 상급 부사장까지 승진했다. 이후 대만 행정원장 손운선孫運璿의 요청으로 공업기술연구원ITRI 원장으로 취임한 모리스 창은 "더 높은 수익을 추구하는 서구의 반도체 대기업은 모두 팹리스가 될 것"이라 판단, 서양 대기업들로부터 생산을 위탁받는 '파운드리' 설립을 제창했다.

처음에는 '미친 계획'이라며 외면받았으나, TI 시절 인맥을 활용해 네덜란드 필립스가 출자에 참여하게 만들었다. 이후 대만 정부와 현지 기업들도 창을 신뢰하며 100억 대만 달러(약 450억 엔)의 자금을 모았다. 현재 전 세계 반도체 수탁 생산 시장의 50% 이상을 차지하는 TSMC는 바로 모리스 창의 '편집증'과 집념으로 탄생한 기업이라 할 수 있다.

화상 처리 반도체로 세계 시장을 석권한 엔비디아의 창업자, 대만계 미국인 젠슨 황Jensen Huang, 그리고 7명의 기술 집단을 이끌며 퀄컴을 통신 반도체의 거인으로 키운 어윈 제이콥스Irwin

Jacobs도 혁신의 중심에는 언제나 '패러노이어paranoia'가 있었다.

반도체 역사를 살펴보면, 관료가 혁신을 일으킨 경우는 없다. 글로브가 주장한 '편집증 있는 자만 살아남는다'를 뒤집어 보면 '관료와 샐러리맨의 뻔한 조화로는 살아남을 수 없다'는 뜻이 된다. 800억 엔 미만의 종잣돈으로 5조 엔 규모의 개발 및 설비 투자 자금을 마련하려는 시도는 지나치게 무모하다.

차세대 반도체를 주장한 'MIRAI' 프로젝트, MIRAI 이후 재차 가동된 국가 프로젝트인 '아스카ASUKA' 프로젝트의 실패는 아직도 생생하다. 라피다스에 참여한 8개 기업 중 어느 곳도 이 프로젝트에서 성과가 나올 것이라 기대하지 않는 분위기다. 과욕을 보이는 쪽은 관공서뿐이며, 어쩌면 코로나 사태가 완전히 수습되기도 전에 '나는 코로나를 이겼다'는 내용의 책《코로나와의 사투コロナとの死闘》)을 출간한 니시무라 야스토시西村康稔 경제산업성장관(전 신형 코로나 대책·건강 위기관리 담당 대신) 한 사람뿐일지도 모른다.

라피다스는 성공하기 힘들다

게이오기주쿠대학원 교수인 오바타 이사오小幡績가 '99.7% 실패할 것'이라고 단언하는 3가지 이유는 다음과 같다. 첫째, 장소가 좋지 않다. 그의 주장에 따르면 홋카이도 치토세시는 수송 비용이 많이 들고, 인재 등 반도체 관련 자원도 부족하다. 반도체 제조에 적합한 수질도 아니다. 왜 그런 곳에 공장을 짓는가? 그는 정치적 이유가 주요하게 작용했으리라 본다. 자민당 주도의 '지방 창생' 정책 아래, 아마리 아키라 의원이 주도한 반도체 전략 추진 연맹은 첨단 산업의 지방 분산을 내세웠고, 홋카이도를 새로운 거점으로 만들려 했다. 경제안보상의 지정학적 분산 효과와 지방 경제 부흥이라는 명분이 맞물리면서, 라피다스 공장은 정책적·정치적 타협의 산물로 탄생했다. 사실상 실패가 거의 확정된 셈이다. 그러나 문제는 단순히 장소에 국한되지 않는다. 어디에 짓더라도 실패는 필연적일 것이다.

둘째, 제휴처가 부적절하다. IBM은 이미 승리가 확정된 기업이 아니다. 파운드리 중심이라면 제휴처는 이미 우위에 있거나, 압도적 승리가 확실한 상대여야 한다. 결국 파운드리는 스스로 시장의 주도권을 쥘 수 없다는 한계를 안고 있다. 제휴처가 존재한다는 사실 자체가 곧 패배를 의미하는 셈이다. 파운드리의 강점은 제조에 특화되어, 모든 기업의 설계 반도체를 수주할 수 있다는 점에 있지만, 그 구조상 언제나 '누군가의 뒤'에서 움직일 수밖에 없다. 따라서 경쟁의 본질은 제조 능력보다 '누구와 손잡느냐'로 옮겨간다. 반도체 시장은 유행의 주기가 짧고 기술의 진화 속도가 빠르기 때문에, 제휴 상대의 선택이 곧 기업의 생존을 좌우한다.

현재 인텔이 몰락하는 반면 엔비디아가 절정에 이르렀지만, 몇 년 후 상황은 완전히 바뀔 것이다. 누가 절정에 있을지 알 수 없지만, 변할 것은 분명하다. 누가 승리할지 모르는 상황에서 연구, 개발, 제조가 각각 분리되어 있고 제휴를 맺는 것은 의미가 없다. 인텔이 몰락한 이유도 연구와 제조를 동시에 시도했기 때문이다. 물론 10년 후에는 수직통합이 다시 유행할지도 모르지만, 현재로서는 분리해 파운드리나 연구, 개발에 집중하는 것이 10년간의 생존 전략이다.

이러한 방위 전략은 제약 업계에서 약 15년 전부터 진행되어 온 방식이다. '메가 파마Mega Pharma'라고 불리는 서구의 거대 제약사들은 바이오 벤처와 같은 신생 기업에 연구를 위탁한다. 이후 개발 단계, 예를 들어 임상 시험과 양산 등은 규모의 경제를 통해 이익을 극대화할 수 있는 메가 파마가 담당한다. 이들은 글로벌 네트워크를 적극 활용해 각국 규제 당국, 병원, 의사 등과의 관계를 원활히 관리하며 지속적으로 제품을 판매한다. 바이오 벤처의 인재나 연구팀을 영입하거나 기업 전체를 인수하는 과정에서 발생하는 경쟁은 메가 파마 간 획득 경쟁을 부추기고, 벤처 측에서는 그에 따라 극단적으로 높은 가격을 요구하기도 한다.

만약 수익성이 맞지 않으면, 이들은 금전적 보상보다 학문적 명예와 혁신적인 발명을 추구하는 대학이나 연구자들과 협력하며 위험과 자원을 분산시키는 방향으로 전환한다. 이러한 전략적 제휴와 분산은 제약 산업에서는 표준적인 기업 전략으로 자리 잡았다.

정부 주도 프로젝트가 안 되는 이유

그러나 라피다스에는 보다 근본적인 결함이 존재한다. 가장 중요하게 전략이 명확하지 않다. 본래의 목적이 분명하지 않다. 연구인지, 개발인지, 제조인지, 고용 창출인지 지역 발전인지, 일본의 경제 성장인지 아니면 경제 안전보장인지 불분명하다. 인재 육성도 포함되어 있지만, 최우선 목표가 명확하지 않으면 의사결정 자체가 불가능하며, 라피다스의 이름에 담긴 '신속한 의사결정'조차 기대하기 어려운 상황이다.

또한 '올재팬'이라는 표현은 듣기 좋지만, 이해관계자가 너무 많아 이 프로젝트의 주도자인 정부(경제산업성과 그에 편승하는 정치권)조차 목적이 분명하지 않은 듯하다. 이러한 상황에서 모든 이해관계자가 얽히면서 동상이몽에 빠져 혼란만 가중되고, 앞으로 나아갈 길이 보이지 않는다. 앞서 언급한 여러 요인들로 인해 성공 가능성도 희박하다. 매우 절망적인 상태다.

본래 첨단기술 분야, 특히 반도체와 같은 미래 유망 산업에서는 21세기 정부가 민간 기업보다 앞서기 어렵다. 최첨단 기술에서 의사결정의 속도는 가장 중요한데, 정부의 의사결정은 구조적으로 지연될 수밖에 없다.

이해관계자가 지나치게 많고, 세금이 투입되는 만큼 국민에 대한 설명 책임도 따른다. 정치인과 정부 관계자는 이익보다는 책임과 공로를 중시한다. 아무리 노력해도 속도 면에서 민간기업을 앞설 수 없으며, 이익을 추구하는 기업과 공로를 쫓는 정치가는 근본적으로 목적이 다르다. 이익이 전부인 최첨단 경쟁에서는 이길 수 없고, 애초부터 이기려 하지 않기에 사실상 경쟁 게임에조차 참여하지 않는 셈이다.

18장

일본의 강점과
마지막 활로

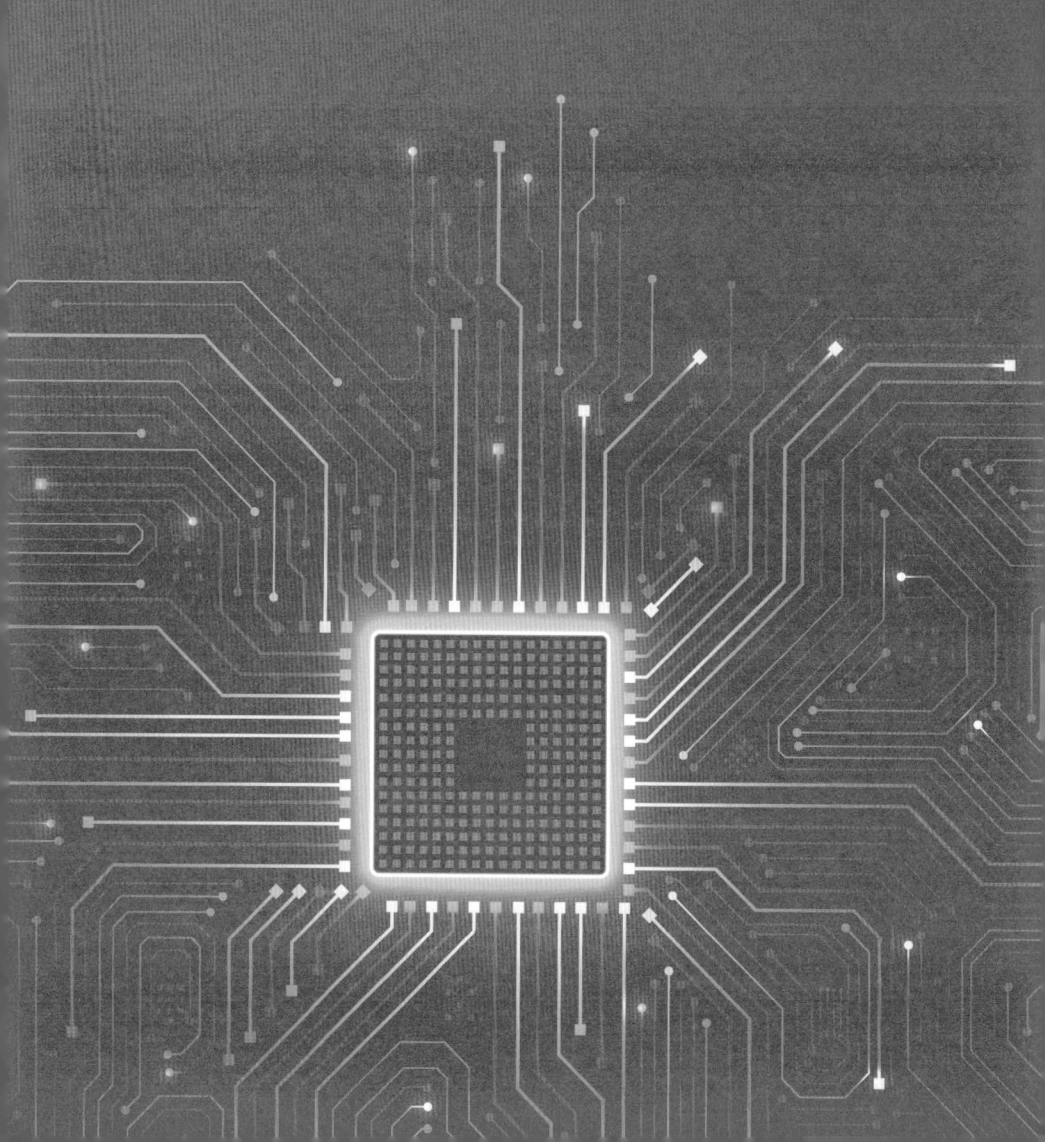

첨단기술 관련 국가 프로젝트는 모두 실패할 운명에 처해 있으며,
그 원인은 정부가 아니라 21세기의 변화에 있다.
물론 이를 인식하지 못하는 정부의 문제도 분명 존재한다.

반대로 생각해보자. 21세기에는 정부 주도의 프로젝트가 민간기업을 이기기 어려운데, 20세기까지는 왜 가능했을까? 가능성은 4가지로 나눌 수 있다.

첫째, 정부 쪽에 민간보다 뛰어난 인재가 있었다는 점이다. 민간기업에서는 보이지 않는 국가적 미래 비전과 이를 실행할 수 있는 역량 있는 인재가 정부에 모였거나, 정부가 그러한 인재를 모을 수 있었다.

둘째, 정부는 민간이 감수하기 어려운 큰 위험을 부담할 수 있었다. 셋째, 민간이 조달하기 힘든 막대한 자금을 정부가 투입할 수 있었다. 넷째, 국가와 민간의 시간 개념이 달랐다. 국가는 매우 장기적인 비전을 가지고 행동할 수 있었기 때문이다. 이른바 '국가 백년지계'다.

미래를 간파하는 능력이란?

하지만 21세기에 들어와서는 2번째와 3번째 이유는 더 이상 성립하지 않는다. 반론의 여지가 없다. 수익 전망이 명확하다면 4조 엔 규모의 투자금도 즉시 모일 것이다. 실제로 미국의 '매그니피센트 세븐' 기업들 중 엔비디아의 시가총액만 약 550조 엔에 이른다. 유망한 프로젝트라면 10조 엔 이상의 투자도 가능하며, 위험을 감수하는 투자도 얼마든지 이루어진다. 그러나 21세기의 정부는 위험 부담을 회피하고 있으며, 위험을 감수하는 척하는 것뿐이다. 현실은 절망적이다.

첫째 이유도 안타깝지만 명확하다. 인재는 이미 민간에 집중되어 있다. 일본의 전통적인 대기업조차 위험을 기피하는 상황에서, 정부에 인재가 모인다는 것은 거의 불가능하다. 그래도 남은 희망이 있다면, 그것은 국가의 앞날을 내다보는 통찰을 지닌 인물이 민간이 아닌 제3의 영역에서 정부의 길잡이 역할을 해주는 것이다. 그러나 그런 기대를 품는 사람들 자체가 여전히 20세기의 환상 속에 머물러 있다. 그 고풍스럽고 아름다운 시대는 이미 막을 내렸다.

또한 아무리 뛰어난 인재라도, 설령 정부에 합류한다고 해도, 정부의 느리고 복잡한 의사결정 과정에 휘말리는 순간 민간에서 발휘하던 능력은 점차 저하된다. 예를 들어, 미국 테슬라의 CEO 일론 머스크도 지금까지 보여준 탁월함에도 불구하고, 불필요한 행보와 과도한 열정으로 인해 최근 트럼프 차기 정권과 관련된 이슈에 휘말리면서 영향력이 약화되고 있다.

하지만 더욱 중요한 점은, 대국의 미래 비전과 전략을 제시할 수 있는 인재가 21세기 현재 이 세상에 존재하지 않게 되었다는 것이다. 지구상은 물론 우주 어디에도 그런 인재는 없다. 21세기는 다양성과 혼돈, 불투명함과 격렬한 변화의 시대다. 이런 상황에서 미래를 정확히 예측하려는 것은 점술사나 할 수 있는 일이며, 원리적으로 불가능하다.

앞서 언급한 파운드리 사례처럼, 기업들은 이제 위험과 비용이 큰 수직통합 방식을 버리고 전략을 바꾸었다. 생산의 부담은 외부에 맡기고, 자신들은 설계·플랫폼·데이터 같은 고수익 영역을 장악하려 한다. 이렇게 해서 경쟁의 초점은 제품이 아니라 산업의 기반이 되는 플랫폼의 지배력으로 옮겨갔다. 물론 플랫폼 역시 안정적인 위치를 보장받지 못한다. 치열한 경쟁 속에서 언제든 뒤집힐 수 있지만, 일단 지위를 선점하면 그 위에서 '미래를 고민할 여유'를 갖게 되는 구조다.

이것이 바로 4번째 이유, 즉 '100년 계획' 같은 장기 비전이 더 이상 성립하지 않는 구조적 배경이다. 100년 계획을 세우려는 순간부터 어리석은 일이 된다. 원리적으로, 불확실한 시대에 그런 비전은 존재할 수 없으며, 100년 뒤 목표를 달성하겠다는 것은 그 자체로 우스꽝스러운 일이다.

게다가, 21세기의 구조적 변화와 원리적 변화를 인지하지 못한 이들은 100년 동안, 10년마다 100년 계획을 세우며 매번 실패를 반복한다. 스스로 10년에 한 번, 혹은 100년에 한 번 찾아오는 위기를 불러들이고, 약 80년이 지나서야 비로소 이상함을 깨닫는다.

따라서 라피다스의 실패는 정부나 일본만의 문제가 아니라, 본질적으로 무리한 시도를 하기 때문이며, 이는 단지 반도체 분야에 국한된 이야기가 아니다. 첨단기술 관련 국가 프로젝트는 모두 실패할 운명에 처해 있으며, 그 원인은 정부가 아니라 21세기의 변화에 있다. 물론 이를 인식하지 못하는 정부의 문제도 분명 존재한다.

"0.1%×3개의 시나리오"란 무엇인가?

일본에서는 "0.1%×3개의 시나리오"라는 것을 상정한다. 통계학에는 정규분포의 99.7% 법칙이란 것이 있다. 평균으로부터 ±3 표준편차 범위 안에 전체의 99.7%가 포함되고, 그 바깥에 위치하는 극단적인 경우가 약 0.3%에 해당한다는 법칙이다. "100%에서 99.7%를 뺀 나머지 0.3%"의 영역을 다시 세 갈래로 나누어, 대략 0.1%씩 3가지 시나리오가 존재한다고 비유해보자. 이는 수학적으로 정밀한 계산이라기보다, 거의 일어나지 않을 것 같은 극소수의 가능성조차도 무시하지 않고 검토해야 한다는 문제의식을 드러내는 표현이라 할 수 있다.

첫째, 세계 모든 나라가 쇄국하여 모든 것을 국내에서 조달해야 하는 상황이다. 반도체뿐 아니라 밀, 대두, 석유, 우라늄, AI까지 모두 자국산으로 충당해야 한다면, 일본뿐 아니라 전 세계가 큰 타격을 입을 것이다. 이런 극단적인 상황에서는 무슨 생각을 해도 의미가 없다. 0.1%의 확률로 세계가 종말에 이르는 시나리오다.

둘째, 세계가 분단되어 미국, 중국, 기타 지역으로 나뉘는 경우다. 이 경우 필수품은 어느 정도 확보할 수 있겠지만, 반도체만은 구하지 못할 가능성이 있다. 하지만 이 상황에서는 반도체뿐 아니라 다양한 물자가 부족할 것이며, 반도체를 확보한다 해도 이를 활용해 만든 자동차나 제품을 판매할 시장이 없을 것이다. 이러한 시나리오는 0.1% 정도의 가능성이 있다. 이럴 때는 반도체를 100% 자급하는 것보다, 일본이 보다 나은 외교 전략과 외교 주체를 갖추도록 정부 조직을 정비하는 것이 훨씬 중요하다.

셋째, 외교 상황이 심각하지는 않지만, 일본 정치권이나 관료, 국민 정서 등으로 인해 국가 차원에서 가능한 한 반도체를 국내산으로 생산하려는 정치적 결정이 내려진 경우다. 이때는 "국내에서 만든 반도체가 좋았다"는 평가가 나올 수도 있지만, 그 반도체가 세계 최고 수준일 가능성은 매우 낮다. 즉 일본 내 제조업체와 소비자는 결국 경쟁력이 뒤처진 제품을, 잘못된 국가 전략에 의해 사용하도록 강요받는 상황에 놓이게 된다.

이로 인해 일본 경제는 점차 약화되고, 전체적인 경쟁력도 서서히 사라진다. 국가 프로젝트에 얽매여 파탄에 이르기 전까지 빠져나올 수 없는 상태가 되며, 마치 흙으로 만든 배를 타고 있으면서도 그것이 좋은 배라고 믿는, 극히 희박한 가능성(0.1%)에 갇히게 되는 것이다.

이 문제는 이번에 언급한 사례뿐만 아니라 여러 곳에서 반복적으로 발생해왔다. 이번 프로젝트로 가장 큰 피해를 입을 가능성이 있는 곳은 홋카이도 경제일지도 모른다. 이곳에 지나치게 의존하게 되면서, 다른 중요한 활동에 투입되어야 할 자금, 인력, 자원이 빼앗기고 말았다. 더욱이 도피할 길도 없다.

하지만 이번 프로젝트만의 문제는 아니다. 2009년에 가동을 시작한 샤프 사카이 공장은 결국 폐쇄되었고, 2004년에 NEC 일렉트로닉스가 반도체 공장으로 가동한 야마가타현 쓰루오카 공장은 르네상스, 소니, TDK의 사업주와 제조 품목이 바뀌면서 약 5년 만에 유통기한을 다하고 실패로 끝났다.

이 밖에도 규모는 작지만 비슷한 사례들이 수없이 존재한다. 과거 공장 유치에 열을 올렸던 지방자치단체들은 이제 공장 유치보다는 지역 내 자력 활성화와 다양한 인재 유치를 목표로 하는 소프트 전략으로 방향을 전환하고 있다. 지방자치단체는 10여 년간의 경험을 쌓았지만, 국가 차원에서는 25년이라는 기간이 여전히 부족한 것으로 보인다.

또 하나, 이 실패는 국가 프로젝트에만 국한된 것이 아니다. 샤프, 도시바, 소니, 파나소닉을 비롯한 거의 모든 일본 기업에 공통적으로 나타나는 문제다. 그 이유는 일본 기업들이 한 번에 모든 것을 걸고 전력을 다해 투자하는 경향이 있기 때문이다. 그리고 결국 실패하거나 파산 위기에 처한다. 문제는 무엇인가? 바로 '올인'하는 데 있다. 어떤 경우에도 하나의 프로젝트에 모든 것을 걸어서는 안 된다. 스타트업이 아닌 이상 필사적으로 임하는 것은 바람직하지 않다. 둘째, 필사적으로 임하는 방식 자체가 잘못됐다. 필사적으로 몰입한 뒤의 시나리오를 준비하지 않는 것이다. 하지만 가장 큰 문제는, 애초에 이길 수 없는 승부에 뛰어들고 있다는 점이다.

단기간에 투자를 회수하는 21세기

앞서 말한 바와 같이, 21세기의 특징은 예측 불가능한 변화가 매우 격렬하다는 점이다. 어떤 기술이 주도권을 쥘지 알 수 없고, 소비자의 기호 역시 언제 어떻게 바뀔지 모른다. 이에 따라, 제조업에서의 설비 투자와 같은 고정적이고 장기적인 투자는 점차 중단되는 추세다.

취업 시장에서는 컨설팅이나 투자은행 등 성공하는 기업을 클라이언트로 삼아 그에 따라 움직이는 직업이 인기를 끌고 있다. 전통적인 기업들이 아직도 경쟁에서 우위를 점하고 있지만, 광고 대행사나 상업은행처럼 기존의 방식으로 운영되는 곳은 이미 위험에 직면해 있다.

그렇다면 제조업은 사라지는 것일까? 남는 것은 부품 제조업체, 파운드리, 그리고 도요타 같은 기업뿐이다. 불확실성과 불투명성으로 인해 장기 투자는 사실상 불가능하며, 투자비 회수 기간도 2년에서 길어야 3년에 불과하다. 이는 이를테면 자영업 위주의 라면집 업계에서 이미 상식인 내용이지만, 이제는 모든 산업 분야에 적용되는 21세기의 현실이다.

"대규모 설비 투자를 2~3년 만에 회수한다니, 불가능하지 않나?"라는 의문이 들 것이다. 결국 세계 시장을 완전히 장악해야만 회수 기간을 단축할 수 있다. 규모를 극대화하고 교섭력을 강화하며, 이익률을 높여야 한다. 따라서 파운드리 업계에서는 세계적으로 12개 기업만이 생존할 수밖에 없다. 그러나 일본 기업들은 이 사실을 깨닫지 못한 채 용감하게 혹은 무모하게 장기적인 관점에서 설비 투자를 진행한다. 이는 원리적으로 회수가 불가능하며, 실패가 불가피하다.

마지막으로 제언을 하자면, 라피다스가 나아가야 할 방향은 명확하다. 연구, 개발, 제조 중 하나에 집중해야 한다. 만약 제조에 집중한다면, 전 세계 모든 반도체를 생산하는 플랫폼이자 인프라가 되어야 한다. 하지만 대만의 TSMC와 경쟁하는 것은 현실적으로 불가능하며, 승산도 거의 없다.

따라서 연구나 개발에 집중하는 것이 바람직하다. 그중에서도 특히 연구에 집중하는 것이 가장 좋다. 물론 위험성은 크다. 성공할 확률이 낮고, 최선을 다해도 그 확률을 조금 올리는 데 그칠 뿐이며, 결과적으로는 운에 크게 의존하게 된다.

하지만 선택의 여지가 없다. 다행인 점은 비교적 적은 자금으로도 시도할 수 있다는 것이다. 이를 경마의 마권 전략에 비유하면, 단승식 3배에 전 재산을 거는 사람은 도박 중독에 빠져 파탄에 이르지만(일본 기업들이 그랬다), 그렇지 않고 내가 앞서 말한 추천 전략을 실행하는 것이다. 즉 5개의 경주에서 모두 우승할 말을 맞히는 'win5'에 큰 돈을 노리되, 가능한 모든 분석을 활용하고, 다른 이들이 거의 사지 않는 가능성 있는 말을 골라 점수를 조합해 1만 엔 정도를 걸어 4억 엔의 상금을 노리는 것과 같다. 이는 할 만한 가치가 있는 도박이며, 동시에 파탄에 이르지 않는다.

대학 등 연구기관을 중심으로 전 세계 최고의 인재, 특히 젊은 인재를 대규모로 유치하기 위해 막대한 투자를 진행한다. 다만, 이 비용은 매년 수십억 엔, 총합해도 수백억 엔 수준에 불과할 것이다. 그러나 일본은 이런 방식에 대해 자신감을 갖지 못하고 있다. 중국이나 한국의 정치적 방식과 경쟁하기는 어렵다고 판단한다.

일본이 자신 있고 가능성이 있다고 여기는 전략은 연구와 제조를 잇는 제품 개발에 집중하는 것이다. 라피다스도 본래 이 부분을 목표로 삼았을 것이다. 하지만 지금은 그 범위가 지나치게 확장된 상태다. 제조에 가까운 제품 개발까지 손대려 하기 때문이다. 실제로는 거의 기초 연구에 가까운 개발에 집중해야 한다. 투자 규모는 제한적이어야 하며, 그에 따른 보상은 충분히 클 수 있다. 게다가 일본 기업이 전통적으로 강점을 지닌 분야도 바로 이 영역이다. 이것이 유일한 활로다.

제4부

일본은 대체 왜 디지털화에 뒤처졌는가?

19장

반도체 쇠락,
디지털 쇠퇴로 이어지다

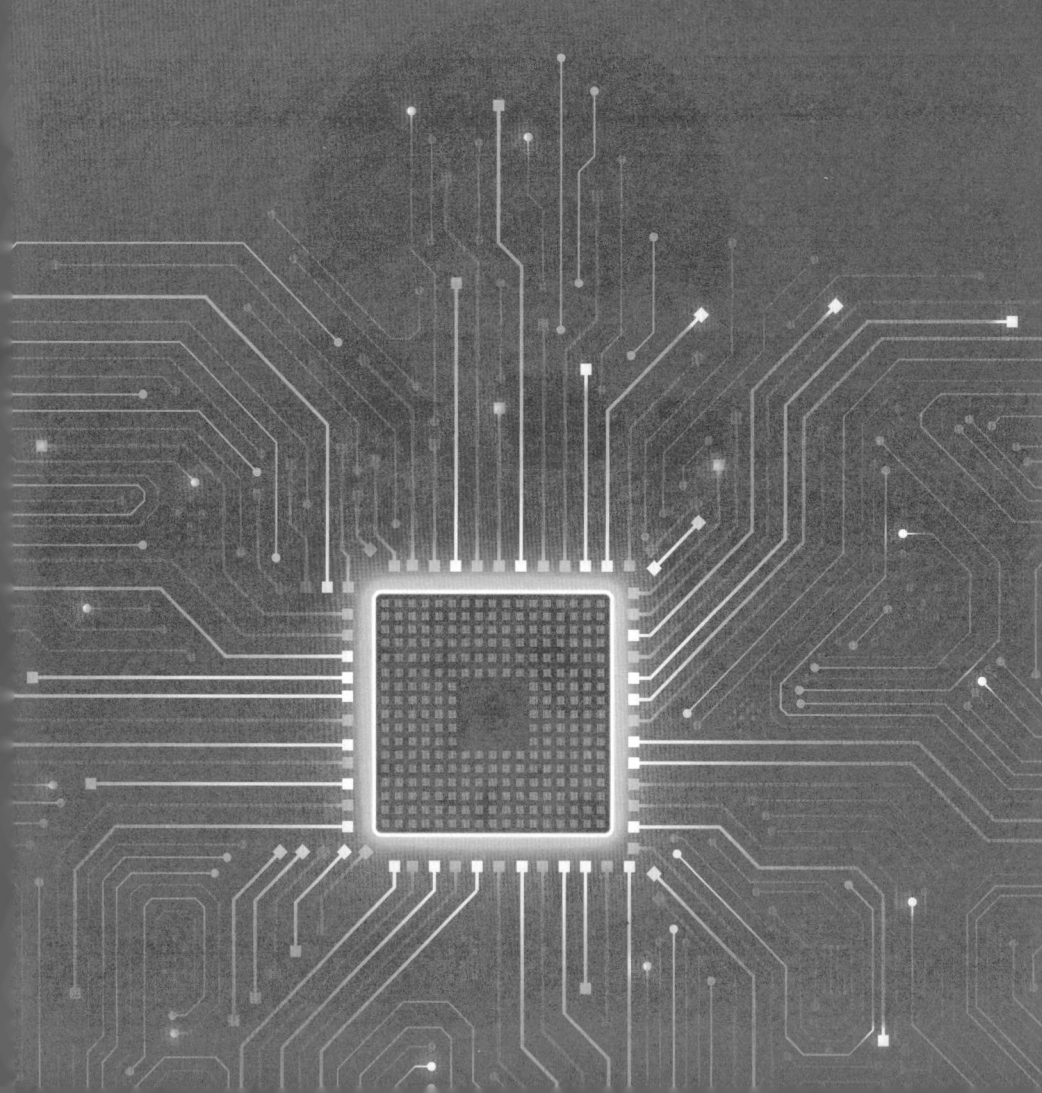

1990년대 일본 반도체의 몰락은 일본 경제 전반의 디지털 경쟁력 약화를 예고한 신호탄이었다.

일본 반도체가 몰락하기 시작했을 때 드러난 문제들을 조금만 들여다보면, 이후 일본 디지털 산업이 왜 이토록 힘을 못 쓰게 되었는지 거의 그대로 보인다.

그 시절 일본 대기업의 의사결정 속도는 놀라울 만큼 느렸다. 반도체 공정은 2년마다 세대가 바뀌는데, 일본은 10년을 고민하고 5년을 늦게 움직였다. 이 느린 리듬은 반도체를 먼저 무너뜨렸고, 훗날 ERP·클라우드·플랫폼 같은 디지털 전환에서도 똑같은 방식으로 발목을 잡았다.

역으로 디지털화의 지연은 반도체 성장에도 다시 영향을 미쳐 서로의 발전을 억지하는 격이다.

일본을 표현하는 단어 "갈라파고스화"

일본 반도체가 소프트웨어·표준화에 무심했던 태도 역시 그대로 디지털 시대에 재현됐다. 하드웨어는 세계 최고 수준이었지만, 설계 툴·OS·인터페이스·네트워크 표준에는 거의 관여하지 않았다. 인터넷·모바일·클라우드 경쟁에서도 일본이 초반부터 밀린 이유는 반도체 시대부터 이어진 '뿌리 깊은 약점'이었다. 제조업 중심의 기술자 조직이 신기술을 받아들이기 버거워했던 구조 역시 동일했다. 결국 일본 반도체의 쇠퇴는 한 산업의 패배가 아니라, 일본이 디지털 시대로 들어서기도 전에 이미 체력을 잃고 있었다는 '전조 증상'이었다.

이런 체질적 문제는 2000년대 '갈라파고스화'라는 이름으로 다시 등장했다. 한때 일본 휴대전화는 세계에서 가장 앞섰지만, 스마트폰으로 시대가 넘어가자 순식간에 무너졌다. 사실 이 실패는 새로운 사건이 아니라 반도체 시절부터 반복되던 패턴이었다. 일본은 VHS·베타맥스, FOMA, 일본식 모바일 결제처럼 독자 규격을 고집했고, 반도체에서도 미세공정·장비·공정조건까지 '일본식 규격'을 중시했다. 그 결과 세계 시장에서 혼자 멀어졌다. 소재에서 장비, 제조, 제품까지 한 회사가 모두 하려고 했던 수직 통합 집착 역시 글로벌 오픈 생태계와 맞지 않았다. "기술이 좋으면 팔린다"는 믿음은 세계 시장의 방향과 점점 어긋났고, 갈라파고스화는 일본식 기술 문화라는 토양 위에 다시 피어난 익숙한 실패였다.

여기에 1990년대의 반도체 슬럼프는 일본이 IT 혁명이라는 '세기의 기회'를 사실상 잃어버리게 만든 결정적 요인이 됐다. 최신 칩을 안정적으로 확보할 제조 기반을 잃자 PC·서버·통신 장비 경쟁력도 동반 하락했고, 반도체에서 얻은 수익을 차세대 산업에 투자하던 선순환 구조도 멈췄다. 반면 같은 시기 삼성은 반도체 수익을 LCD·스마트폰으로 확장했고, 대만은 파운드리로 세계 공급망의 중심에 올라섰다.

이 시기 IT 버블은 미국이 마이크로소프트·구글·아마존·애플을 키우고, 한국·대만이 폭발적으로 성장하는 촉매가 됐다. 그러나 일본은 인터넷 기업 성장도 더뎠고, 모바일 OS는 결국 실패했고, 통신사 중심의 폐쇄 생태계는 글로벌 시장 진입을 더욱 가로막았다. NT도코모의 i-mode 같은 훌륭한 서비스조차 일본 바깥으로는 힘을 쓰지 못했다. 모든 원인은 새롭게 등장한 것이 아니라, 반도체 시대부터 누적되어온 구조적 한계였다.

결국 일본은 1990년대 반도체 슬럼프를 거쳐 IT 혁명의 문앞에 섰을 때 이미 경쟁력을 잃은 상태였고, 세계가 인터넷·모바일 혁신으로 치솟는 20년 동안 일본만 제자리에서 맴돌 수밖에 없었다.

반도체 쇠락과 디지털 쇠퇴는 별개의 이야기가 아니라, 같은 뿌리에서 이어진 하나의 긴 흐름이었다.

뒤떨어진 IT 서비스

일본의 디지털 후진성은 결국 경제 지표에서 여실히 드러났다. 노동생산성을 가늠하는 1인당 국내총생산GDP을 보면 그 흐름이 극명하다. 1980년 일본의 1인당 GDP는 한국의 4배가 넘었지만, 격차는 꾸준히 줄어들었다. 마침내 2017~2018년 무렵, 국제기구 통계에서 한국이 일본을 앞질렀다는 결과가 속속 발표됐다.

　미국과 비교해도 일본의 부진은 뚜렷하다. 1990년대까지만 해도 미국과 일본의 차이는 좁혀지는 듯했으나, 디지털화의 물결을 타지 못한 일본은 그 이후 정체에 빠졌다. 반면 미국은 IT 혁신을 발판 삼아 격차를 다시 벌려 갔다.

　전자정부 순위에서도 사정은 다르지 않다. 한국은 2010년 이후 줄곧 세계 1~3위를 지켰지만, 일본은 2020년에야 14위에 올라섰다. 일본 와세다대학이 내놓은 세계 디지털 정부 종합순위에서는 한국보다 일본이 앞선다는 결과가 발표되기도 했지만, "말이 안 된다"는 현지의 성토가 잇따랐다. 이런 현실을 볼 때 일본 사회의 자기인식이 얼마나 뒤떨어져 있는지도 알 수 있다.

　이 격차는 일상 속에서도 체감된다. 내가 한국에서 이사했을 때는 정부24 사이트에서 전입 신고 한 번으로 건강보험, 연금, 세금 등 25종류의 행정 절차가 자동 처리됐다. 반대로 일본에서는 여전히 도장을 들고 전입·전출 신고를 각각 처리하고, 건강보험이나 세금은 따로따로 챙겨야 한다. 같은 시대를 살지만, 두 나라

2024년 세계 디지털 정부(전자정부) 순위

1	덴마크 (Denmark)
2	에스토니아 (Estonia)
3	싱가포르 (Singapore)
4	대한민국 (South Korea)
5	아이슬란드 (Iceland)
6	사우디아라비아
7	영국 (United Kingdom)
8	호주 (Australia)
9	핀란드 (Finland)
10	네덜란드 (Netherlands)

출처: UN 전자정부평가 보고서

국민이 경험하는 행정 편의성은 하늘과 땅 차이다.

이는 행정 서비스가 뒤떨어져 있다고만 생각할 일은 아니다. 일본이 1990년대 이후 세계 경제 흐름에서 뒤처지면서 생겨난 구조적 결과다. 쇠퇴를 가른 갈림길은 바로 IT 산업의 발전 여부였다. IT가 기업 경쟁력을 좌우했고, 나아가 정부 시스템과 행정 서비스의 수준까지 결정해버렸다.

실제로 인구 대비 경제력만 보면 일본은 여전히 선진국이다. 세계 인구 비중은 1.6%에 불과하지만 GDP 비중은 약 6%를 차지한다. 그러나 기업 경쟁력에서 미국과 일본은 도저히 비교할 수 없는 격차가 벌어졌다. 2024년 5월 기준 세계 시가총액 상위

100대 기업 중 미국 기업이 61개, 일본 기업은 도요타자동차 단 1개뿐이었다. 상위 10위에는 아예 이름조차 올리지 못했다.

이 차이를 만든 주역은 IT 산업이다. GAFA와 마이크로소프트는 아예 산업 자체를 창출했고, 최근에는 엔비디아가 반도체 설계 기업으로 세계를 주도하고 있다. 중국 역시 존재감을 드러내고 있지만, 최첨단 분야인 AI에 들어서면 사실상 미국의 독무대다.

그리고 이 모든 차이의 바탕에는 교육이 있다. 미국은 첨단 분야 인재를 대학에서 길러내고, 그 힘이 곧 산업 경쟁력으로 이어진다. 2024년 세계 대학 랭킹에서 톱 100 중 36개가 미국 대학이었고, 상위 10개 가운데 7개가 미국이었다. 미국의 첨단 경쟁력은 우연이 아니라 체계적인 교육 기반 위에 구축된 것이다.

그렇다면 일본은 어떨까. 일본 대학의 국제적 위상은 서구 주요국은 물론 이웃 국가들과 비교해도 현저히 낮다. 인구 1억 명당 세계 톱 100위 대학 수를 계산하면 일본은 1.6개에 그친다. 미국이나 영국, 독일 등이 10~35개 수준이고, 한국은 일본의 3~4배에 달한다. 홍콩처럼 작은 지역은 예외적으로 높지만, 일본은 중국을 제외하면 사실상 꼴찌 그룹이다. 그 결과 일본 젊은이가 세계적 수준의 고등교육을 받을 기회는 서구 주요국의 10분의 1, 한국과 비교해도 4분의 1밖에 안 된다. 게다가 최근 엔저로 유학조차 경제적 부담이 커져, 유학길도 막히고 있다. 일본의 교육 환경은 말 그대로 위기적이다.

왜 이런 결과가 나타났을까?

인구 1억 명당 톱100 이내 대학 수

나라명	A: 톱 100 대학 수	B: 인구(천 명)	C=A/B 인구 1억 명 당 톱100 대학 수
미국	36	338,290	10.64
영국	11	67,509	16.29
독일	8	83,370	9.06
중국	7	1,425,887	0.49
네덜란드	6	17,564	34.16
호주	6	26,177	22.92
홍콩	5	7,489	66.76
캐나다	3	38,454	7.80
스위스	3	8,740	34.32
한국	3	51,816	5.79
일본	2	124,947	1.60

출처: ITMedia Business Online

일본의 대학 교육이 뒤처진 이유

일본 대학 교육이 뒤처진 이유는 기업 문화와 채용 관행에서 찾을 수 있다. 일본 기업은 신입사원에게 전문 지식이나 전공 성과보다는 어느 대학을 나왔는지를 중시해왔다. 채용 단계에서 평가의 기준은 대학명일 뿐, 대학에서 무엇을 배우고 어떤 성적을 거두었는지는 크게 고려되지 않았다.

이런 배경에는 일본 특유의 전통적 교육 시스템인 OJT^{On the}

Job Training가 자리한다. 신입사원은 실무에 배치된 후 필요한 지식을 업무를 통해 배우는 방식이었다. 일본이 근대화에 들어선 이래, 선진국을 모델로 삼아 모방과 추격을 목표로 삼았기 때문에 전문적인 지식보다는 협조성과 조직 적응력이 더 중요하게 여겨졌고 그로 인해 탄생한 방식인 것이다.

하지만 오늘날 상황은 달라졌다. 모방만으로는 경제 성장을 이끌 수 없다. 새로운 기술을 개발하고 비즈니스 모델을 만들어 내려면 전문 지식과 능력을 갖춘 인재가 필요하다. 그러나 일본 기업은 이러한 전환에 적응하지 못하고 있다.

일본 대학 교육이 뒤처지는 또 다른 이유는 교육·연구 활동에 필요한 자금이 충분히 배분되지 않는다는 점이다. 특히 국립대학이 법인화된 이후 이러한 경향은 더욱 두드러졌다. 대학 펀드와 같은 지원책이 도입되었지만, 모든 대학의 연구 환경을 고르게 개선하기에는 역부족이다. 오히려 자원이 일부에 집중되면서 대학 간 격차가 더 커질 가능성이 크다.

문제의 핵심은 국가 차원의 자원 배분 방향이다. 일본은 반도체 산업 육성을 명목으로 민간 기업의 영리 활동에 막대한 보조금을 쏟아붓는 반면, 기초 연구와 인재 양성을 위한 예산은 오히려 줄이고 있다. 기시다 내각은 '새로운 자본주의'를 내세우며 사람과 인재에 대한 투자의 필요성을 강조하지만, 이를 실질적으로 뒷받침할 정책적 장치는 제대로 마련되지 않았다. 결국 일본은 가장 중요한 분야에서 잘못된 자원 배분을 하고 있는 셈이다.

20장

일본의
디지털 패전

결국 '디지털 패전'이라는 표현은 흔한 과장이 아니라,
일본이 직면한 현실을 정확히 드러내는 상징이 되었다.
히라이 디지털 개혁 담당 장관이 이 말을 꺼낸 것도,
참담한 실패를 인정하고 더 늦기 전에 근본적인
변화를 요구하려는 절박한 호소였다고 볼 수 있다.

지금 전 세계는 디지털화가 진행되고 있다. 미국의 상장 기업들 중 시가총액 최상위에 있는 애플, 마이크로소프트, 알파벳(구글), 아마존, 메타(페이스북) 등은 모두 디지털과 관련된 글로벌 IT 회사들이다. 이들 5개 기업의 시가총액을 합산하면 도쿄증권거래소 상장사의 시가총액 합계를 넘는다.

미국은 디지털 산업으로 엄청난 부를 창출했지만, 일본은 그렇지 못했다. 1989년 전 세계 시가총액 상위 20개사 중에는 일본 기업이 14개나 포함되어 있었다. 그러나 지금은 상위 20개사에 일본 기업은 하나도 없다. 일본이 디지털화에 완전히 실패했기 때문이다.

이 격차는 국가 전체의 '디지털 대응력' 차이로 이어졌다. 특히 새로운 기술을 받아들이는 속도에서 일본은 구조적으로 뒤처져 있었고, 그 약점은 위기 상황이 닥치면 더 분명하게 드러날 수

밖에 없었다. 실제로 이 취약성은 코로나19 팬데믹이라는 예상치 못한 시험대에서 일본 사회 전반을 강하게 흔들어놓았다.

코로나19 사태가 드러낸 일본의 현실

일본의 디지털화 지연은 코로나19 사태 속에서 비로소 적나라하게 드러났다. 그 대표적인 사례가 행정 절차다. 각종 신고나 신청을 위해서는 반드시 창구에 나가야 하고, 서류에는 여러 개의 인감을 찍어야 했다. 값싼 도장을 아무나 쉽게 살 수 있는데도 왜 반드시 찍어야 하는지 의문이었지만, 오랫동안 굳어진 관행이라 누구도 문제 삼지 않았다.

디지털화의 지연은 행정 절차에만 국한되지 않았다. 민간기업도 사정은 크게 다르지 않았다. 민간에서 아무리 디지털화를 추진해도, 결국 관공서 절차가 디지털화되어 있지 않으니 끝내 마무리할 수 없는 경우가 많았다. 서류를 보낼 때 PDF는 허용되지 않아 팩스를 써야 하고, 메일은 안 되고 전화만 가능한 식이었다. 그래도 지금까지는 불편을 감수하며 어떻게든 처리해왔다. 새로운 체제로 바꾸는 것이 번거롭다는 이유로 지난 세기의 방식을 고수한 기업도 적지 않았다.

그러나 코로나19 확산은 상황을 송두리째 바꿔놓았다. 감염 위험을 무릅쓰고 붐비는 창구에 나가야 했고, 재택근무 중에도 인감이 회사에 있다는 이유로 출근해야 하는 일이 벌어졌다. 위기 상황에서 디지털화가 얼마나 중요한 과제인지 뼈저리게 드러난 것이다.

디지털화는 평소 경제 활동에서도 큰 의미를 지닌다. 일본의 노동생산성은 OECD 국가들 중 최하위권이며, 최근에는 한국에도 뒤처졌다. 그 주된 원인이 디지털화 지연이라는 점은 분명하다.

일본의 초대 디지털 개혁 담당 장관 히라이 다쿠야平井卓也는 "코로나19와의 싸움은 디지털 패전デジタル敗戦"이라는 표현을 남겼다. '디지털 패전'이라는 말은 당시 일본 국민들의 불만을 압축적으로 드러낸다. 이 단어가 널리 쓰이게 된 데에는 2가지 배경이 있다.

첫째, 일본 사회는 이미 인터넷과 모바일 인프라가 잘 갖춰져 있었음에도, 코로나19 대응에서 이를 활용한 행정 서비스가 전혀 기능하지 않았다. 둘째, 정부가 내놓은 디지털 애플리케이션이나 서비스조차 사용이 불편하거나 제대로 작동하지 않아 국민들이 사실상 이용할 수 없다는 사실이 만천하에 드러났다.

왜 이런 현실이 적나라하게 드러났는가? 코로나19 같은 글로벌 팬데믹 상황에서 각국은 저마다 다양한 조치를 취했다. 이 과정에서 국가마다 국민 ID 시스템, 감염 데이터, 검사·병상 관리, 백신 접종 절차, 봉쇄 조치 예측 등 디지털 인프라를 얼마나 활용하는지가 전 세계인의 눈앞에 비교되었다. 디지털을 적극적으로 활용하는 나라와 그렇지 못한 나라의 차이가 그대로 드러난 것이다. 국민들은 디지털 서비스의 위력을 절감했지만, 동시에 일본이 이 역사적 위기에서 그 힘을 활용하지 못했다는 사실도 똑똑히 깨달았다. 그래서 "디지털 패전"이라는 말이 자연스럽게 퍼져나가게 된 것이다.

2020년 6월, 일본은 COCOA Contact Confirming Application라는 코로나19 방역 스마트폰 앱을 출시했다. 한국이 방역 패스와 신용카드 기록 등을 활용해 접촉자를 추적한 것과 달리, 일본은 이런 방법이 어려워 COCOA를 선택했다. 후생노동성은 이 스마트폰앱에 대해 약 3억 9000만 엔을 들여 외주 개발했고, 국민들에게 앱 다운로드를 권장했다. 블루투스 기능을 이용해 확진자가 정보를 등록하면, 최근 2주간 1m 이내에서 15분 이상 접촉한 사람에게 위험 알림을 보내는 구조였다.

하지만 이 시스템은 시작부터 성공 가능성이 거의 없었다. 원활히 작동하려면 국민의 60~70%가 사용해야 했으나, 실제 다운로드 비율은 20%에도 못 미쳤다. 더 큰 문제는 확진자 스스로 정보를 등록해야 한다는 방식이었다. 일본에서는 감염 자체가 개인의 잘못이라는 사회적 낙인이 강하다. 감염되면 직장이나 지역 사회에서 따돌림 いじめ을 당한다는 사례가 잇달아 보도되었다. 이런 분위기 속에서 누가 자진해 정보를 올리겠는가. 결국 앱은 사실상 작동 불능 상태로 남고 말았다.

COCOA는 단순히 활용도가 낮았던 데에 그치지 않았다. 애초부터 결함이 예견된 시스템이었음에도, 실제로는 안드로이드 스마트폰에서 4개월 이상 제대로 작동하지 않은 사실이 뒤늦게 밝혀졌다. 더 심각한 것은, 이 기간 동안 정부가 문제를 인지하고도 뚜렷한 대응책을 내놓지 않았다는 점이다.

같은 시기 한국에서는 공적 마스크 데이터를 전면 개방해 시민 개발자들이 직접 애플리케이션을 제작했고, 국민은 약국별 마스크 재고 현황을 실시간으로 확인할 수 있었다. 일본은 이와 달리 40억 원에 가까운 예산을 들여 단일 앱을 개발했으나, 성과는 사실상 전무했다.

결국 '디지털 패전'이라는 표현은 흔한 과장이 아니라, 일본이 직면한 현실을 정확히 드러내는 상징이 되었다. 히라이 디지털개혁 담당 장관이 이 말을 꺼낸 것도, 참담한 실패를 인정하고 더 늦기 전에 근본적인 변화를 요구하려는 절박한 호소였다고 볼 수 있다.

90년대 이후 IT에 대한 일본의 투자는 어떤가?

이 '패전'의 뿌리는 결코 코로나19 이후 갑자기 생긴 문제가 아니라, 1990년대부터 30년 가까이 누적되어 온 구조적 지체에 있었다.

일본은 1990년대 중반 이후, IT 투자액을 실질적으로 늘리지 못한 거의 유일한 선진국이었다. 80년대 후반까지는 미국·독일·프랑스 등과 비슷한 속도로 IT 투자가 증가했지만, 1995년을 경계로 그 흐름이 완전히 멈춰 섰다. 이후 미국은 IT 투자를 3.3배, 프랑스는 3.6배, 독일은 1.6배 늘렸지만 일본만은 25년 넘게 거의 제자리걸음을 이어갔다. 숫자만 보면, 국가 전체가 IT라는 성장 엔진에 흥미를 잃어버린 것처럼 보일 정도였다.

물론 일본이 의도적으로 투자를 줄인 것은 아니었다. 90년대 이후 이어진 장기 침체 속에서 일본 경제는 사실상 제로 성장에 머물렀고, 정부는 대규모 재정지출을 반복했지만 실효는 미미했다. 근본적으로는 민간 기업이 차세대 성장 기반인 IT에 적극적으로 투자했어야 했지만, 많은 기업이 그 필요성을 인식하지 못했고 결국 기업 실적도 정체에 빠졌다.

이러한 일본 기업의 태도는 분야별 투자 구조를 보면 더 명확해진다. 미국에서는 90년대 이후 제조업→서비스업→IT 기업 순으로 투자 주체가 빠르게 변화하며 외주화·클라우드 전환이 폭발적으로 진행되었다. 반면 일본은 90년대부터 지금까지 업종별 비중이 거의 변하지 않았다. 제조업과 서비스업 모두 비슷한 규모를 유지했고, IT 기업의 투자 비중도 확산되지 않아 클라우드화가 충분히 진행되지 않았음을 보여준다. 이는 대부분의 기업이 "전년도의 예산을 그대로 답습하는 방식"으로 IT 투자를 했음을 의미했다. 이런 방식으로는 IT가 생산성을 끌어올릴 수도, 성장의 엔진이 될 수도 없었다.

PC 인프라는 잘 보급되었는가?

IT 인프라 보급에서도 같은 패턴이 반복됐다. 일본은 80년대까지는 PC와 인터넷에 적극적이었다. 그러나 90년대에 세계적으로 PC 보급이 폭발적으로 증가할 때 일본만은 보급이 정체됐다. 일본 메이커들이 독자 규격에 집착하며 지나치게 비싼 가격을 유지한 것이 큰 원인이었다. 같은 사양의 PC가 미국의 2배 이상 가격인 상황에서 보급이 빨라질 수는 없었다. 인터넷 역시 서비스 개시는 늦지 않았지만 규제 완화가 지체되고 통신 비용이 비싸 보급이 더뎠다. 1999년 기준으로 1.5Mbps 전용선 요금은 미국 대비 3배에 달했고, 이는 기업의 IT화를 가로막는 결정적 장벽이었다.

OECD 조사에 따르면 1997년 당시 일본의 화이트칼라 기준 100명당 PC 보유 대수는 24대로 미국의 5분의 1 수준이었다. 세대 간 IT 격차도 이미 이 시기부터 구조적으로 발생하고 있었고, 중·장년층의 낮은 활용도가 지금까지 이어져 "IT 난민"으로 불리는 현상을 만들었다.

즉 일본의 디지털 지체는 90년대 전반, IT 보급이 막 시작되던 초기 단계에서 이미 결정적 차이가 벌어지기 시작한 것이다. IT는 단기간의 기술 투자나 개별 정책으로 극복하기 어려운 기술이며, 사회·조직·시민의 경험 축적이 필수적이다. 일본이 초기의 골든타임을 놓친 만큼, 이후의 재도약은 더욱 어려워졌다.

이처럼 일본의 '디지털 패전'은 코로나19 대응 실패의 결과가 아니라, 30년에 걸친 투자 부진과 조직문화, 가격구조, 규제 지체가 서로 얽혀 만들어낸 역사적 결과였다.

21장

디지털화는
지연될 수밖에 없다

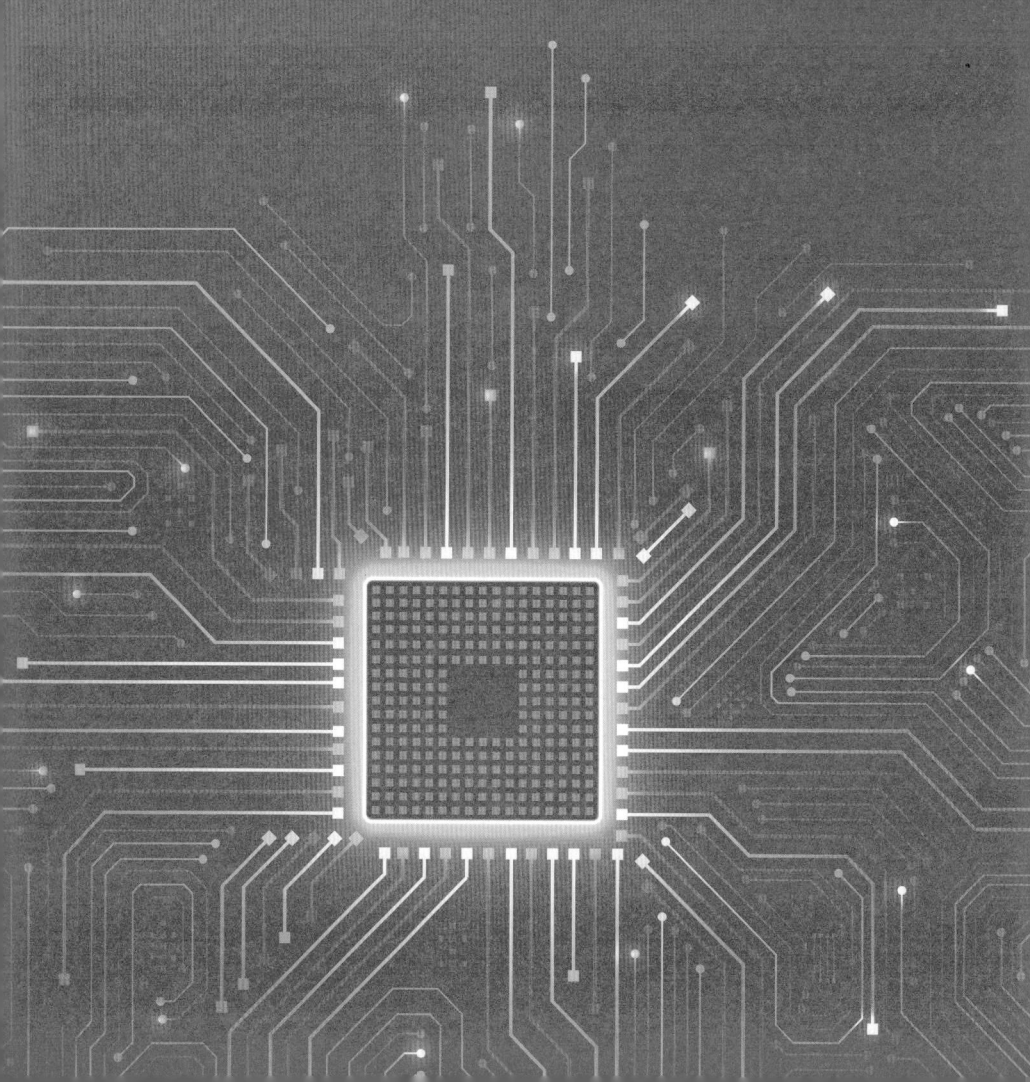

지금 일본은 제조업에서도, 문화산업에서도,
그리고 무엇보다 디지털 분야에서 완전히 뒷전으로 밀려나고 있다.
경쟁을 두려워한 사회가 만들어낸 참담한 풍경이다.

정치권은 그동안 거창한 계획과 구호를 내걸었지만, 실현되지 않아도 책임을 묻는 목소리는 없었다. 그것이 지난 20년간의 현실이었다. 2021년 9월에 설립된 디지털청은 과연 그런 과거를 끊어낼 수 있을까? 과거를 쇄신하려면 일본의 디지털화가 왜 이렇게까지 뒤처졌는지를 제대로 짚어낼 필요가 있다. 이제 디지털화 지연의 이유를 내부적 측면에서 구체적으로 살펴볼 차례다.

전문성을 키울 수 없는 구조

일본은 여전히 행정 절차의 디지털화를 제대로 이루지 못하고 있다. 관료들이 주도적으로 이끌어야 할 과제를 정작 관료 조직 자체가 발목을 잡고 있는 셈이다. IT 분야는 오랜 경험과 전문적 식견이 축적되어야 하지만, 중앙 관청의 소위 커리어 관료 절반 가까이는 법조계 출신의 제너럴리스트다. 이들은 2년마다 순환 인사로 부서를 옮기면서, 새로 맡은 분야를 처음부터 다시 배워야 한다. 디지털 업무도 마찬가지다. 내각 관방 IT 종합 전략실에 배속되더라도 경험을 쌓아 식견을 발휘하기 전에 다른 부처로 이동해버리니, 발주자로서 필요한 전문성과 역량을 확보하기란 애초부터 불가능하다.

결국 일본의 전자정부 추진은 관료제의 구조적 한계 속에서 지체되었다. 한국도 과거에는 순환보직이 문제였으나, 전문성이 필요한 영역에서는 이를 최소화하며 정책적 성과를 만들어냈다. 일본은 여전히 같은 문제를 반복하고 있는 것이다. 이처럼 일본 디지털화의 지체에는 구조적이고 복합적인 요인이 얽혀 있다. 이제 그 구체적 원인을 9가지로 나누어 살펴보겠다.

일본 정부의 칸막이 행정

일본의 행정기관은 도쿄 가스미가세키霞が関에 몰려 있다. 이 때문에 '가스미가세키'라는 말은 일본 관료사회를 상징하는 대명사가 되었다. 이 관료사회를 지배하는 것은 칸막이 행정이다. 부처 간의 횡적 협력은 거의 사라지고, 종적 관계만 중시된다. 코로나19 팬데믹은 이 문제를 여실히 드러냈다. 후생노동성, 경제산

업성, 문부과학성이 협력했더라면 대응은 훨씬 효율적이었을 것이다. 그러나 후생노동성은 대학병원들이 PCR 검사 지원 의지를 밝혔음에도 문부과학성 소속이라는 이유만으로 협조를 요청하지 않았다. 코로나 데이터 역시 각기 독자 시스템을 사용하며 다른 데이터베이스를 사용하면서 다른 부처와 공유되지 않았다. 나중에는 "보건소의 어려움이 드러나야 더 많은 예산을 확보할 수 있다"는 계산이 깔려 있었다는 폭로까지 터져 나왔다. 국민의 생명보다 부처 이익을 앞세우는 완고한 행태가 비판을 불렀지만, 관료 기구는 요지부동이었다.

이러한 칸막이 구조는 일상 행정에서도 그대로 되풀이된다. 대표적인 사례가 운전면허 갱신이다. 일본에서는 여전히 온라인 갱신이 불가능하고 반드시 갱신센터에 직접 가야 한다. 국토교통성, 총무성, 경찰청이 협력해야만 온라인화가 가능하지만, 현실에서는 이해관계가 얽혀 진전되지 않는다. 면허 갱신은 교습소와 강의까지 포함한 거대한 산업으로 자리 잡았기 때문이다. 창구 업무가 줄어들면 고용이 사라지고 낙하산 인사의 자리가 줄어든다. 이 때문에 경찰청과 총무성은 온라인화를 앞장서서 막아왔다. 인터넷이 보급된 지 20년이 넘었는데도 면허 하나 온라인으로 갱신하지 못하는 현실은 일본이 처한 디지털 후진국이라는 오명은 기득권 구조의 완강한 저항이 문제임을 보여준다.

완고한 관료·정치와 그 아래 이권 단체

디지털화 지체의 본질적인 원인 중 하나는 완고한 관료 기구다. 원래 일본의 관료 기구는 정권이 바뀐다고 간부들 또한 교체되는 경우는 거의 없다. 관료 기구 자체가 자율적으로(그리고 자기 의사를 가지고) 운영되고 있기 때문이다. 극단적인 표현을 하면, 총리나 장관이 말하는 것이 마음에 들지 않으면 면종복배(겉으로는 따르는 척하면서 속으로는 복종하지 않고 반발하는 태도)하고 정권이 바뀔 때까지 견디면 된다. 이 부분이 미국이나 한국과 같은 정치임용제와는 큰 차이가 있다. 게다가 변하지 않는 관료 기구 아래에 이권 단체가 득실거린다. 이 구조가 거대한 피라미드를 연상케 한다.

한 예로, 도장 철폐를 시도했을 때도 관료주의와 이권 단체가 방해로 작용했다. 코로나19 시기 일본에서는 사람이 직접 움직이고 대면해야 하는 도장印鑑 문화의 불편함이 크게 지적되었으나, 스가 총리와 고노 다로 장관의 철폐 시도는 자민당 내 '도장의련(일본의 인장 제도·문화를 지키는 의원연맹)'의 반발로 무산되었다. 반드시 실제 도장을 찍어야 하는 행위가 충분히 다른 것으로 대체될 수 있음에도 '문화''책임'이라는 명분으로 가로막히는 것이다. 정치와 이권이 얽히면서 비효율적 관행조차 쉽게 사라지지 않는 현실이 드러난 것이다.

결국 일본이 디지털화에 뒤처진 이유는 기술이 모자라서가 아니라, 변화하려 하지 않는 오래된 관행 때문이다. 이런 구조가 계속된다면 일본의 디지털 경쟁력은 위기 때마다 같은 문제를 반복할 가능성이 크다.

행정의 무오류성

일본의 관료 기구는 종신고용과 연공서열에 따른 임금을 핵심으로 하는 일본식 고용 시스템과 궤를 같이한다. 이런 구조 안에서 실패는 절대로 용납되지 않는다. 경력이 한 번이라도 손상되면 끝장이기 때문이다. 그래서 무슨 일이 있어도 전례를 답습하려 하고, 새로운 시도를 하지 않는다. 잘못을 저질러도 인정하지 않고, 책임도 지지 않는다. 이것이 바로 관료들의 '무오류성'이라는 완고한 인식이며, 일본 디지털화의 가장 큰 장벽이다.

그 대표적인 사례가 특허청의 시스템이다. 22장에서 자세히 다루겠지만, 2004년부터 8년간 55억 엔을 퍼붓고도 끝내 행정의 디지털화를 완성하지 못했다. 그럼에도 불구하고 누구 하나 책임지지 않았다. 코로나19 대응 과정에서 가동 직후 정지 상태에 몰린 고용조정 조성금 시스템 역시 마찬가지다. 일본 정치의 본질은 한마디로 무책임의 정치다. 코로나19 대응에서 그렇게 우왕좌왕했지만, 책임을 진 이는 단 한 명도 없었다. 아베 총리는 사임했지만, 이후에도 정치 활동을 활발히 이어갔고, 3선 재등판 이야기가 끊이지 않았다. 행정에서 큰 잘못을 해도 법적 책임을 지지 않으니, 행정을 철저히 할 이유가 없는 것이다. 사고가 터지면 각종 핑계나 변명으로 넘어가면 그만이다.

이런 시스템이라면 일본은 사실상 민주주의 국가라고 부르기도 어렵다.

정부와 지방자치단체의 연계

일본에는 약 1,700개의 지방자치단체가 존재하지만, 각자 제각각 시스템을 구축해 중앙정부와의 연계가 사실상 단절된 상태다. 정부 CIO 역시 법적 권한이 없어 자치단체의 시스템 표준화를 주도하지 못했고, 그 결과 행정 혁신은 번번이 좌초되었다. 한 학자는 이 상황을 "제멋대로 증축을 거듭하다 미로가 되어버린 온천 료칸"에 비유했다.

이 같은 현상은 단순한 행정 미비가 아니라 일본의 역사적·문화적 배경과도 연결된다. 중앙집권적 전통을 지닌 한국과 달리, 일본은 봉건제 시대부터 지방 자치가 발달해 각 자치단체가 독립적으로 움직이려는 경향이 강했다. 그러나 이런 구조가 지금은 발목을 잡고 있다. 전국적으로 일원화된 디지털 행정 서비스를 만들려는 시도는 여전히 번번이 가로막히고 있는 것이다.

유연하지 못한 일본형 고용 관행

일본 사회의 특징 중 하나는 종신고용이다. 대학 3학년 무렵이면 이미 취업이 사실상 결정되고, 전국적으로 같은 시기에 일괄적으로 대기업에 들어가면 퇴직할 때까지 자리를 옮기는 일이 드물다. 실제로 40~50대의 이직률은 다른 나라들과 비교할 수 없을 만큼 낮다. 임금 체계 또한 연공서열이 기본이다.

이런 구조는 디지털 전환을 가로막는 장벽이 된다. 대기업이 디지털 프로젝트를 추진할 때는 외부 스타트업이나 중소기업 인재와의 협력이 필수적이지만, 일본의 대기업은 프로젝트가 끝나면 인재를 해산하는 유연한 고용 방식을 채택하지 않는다. 게다가 우수한 대학 졸업생들은 모두 안정된 대기업을 선호해 중소기업은 인재를 확보하기조차 어렵다. 결과적으로 중소기업은 IT 전문성을 쌓을 기회가 줄어들고, 정부 발주 사업 역시 대기업에 독점되었다.

일본의 정부 IT 인재 부족과 대기업 중심 공급체제가 얽히면서 빚어낸 심각한 문제는 뒤에서 다시 살펴보게 될 것이다.

경쟁 환경의 부재

일본과 한국의 경쟁 시스템은 극명하게 다르다. 대표적인 예가 아이돌 산업이다. 한국 아이돌 세계는 살인적인 경쟁으로 악명 높다. 혹독한 훈련과 성과 압박이 일상이며, 때로는 그 압력이 극단적 선택으로 이어지기도 한다. 일본인들 중에는 이를 두고 "비인간적"이라며 조롱하거나, 한국 사회 전체가 병든 경쟁 사회라고 비하하는 경우도 있다.

하지만 바로 그 조롱이 일본의 허약한 현실을 드러낸다. 일본 사회는 경쟁을 피하려 한다. 굳이 치열하게 겨루지 않아도 먹고사는 데 큰 지장이 없으니, 경쟁은 불필요하다는 착각 속에 안주해 온 것이다. 그러나 그 결과는 뻔하다. 일본은 스스로를 안락한 무기력 속에 가둬버렸고, 세계 무대에서 점점 힘을 잃어가고 있다.

지금 일본은 제조업에서도, 문화산업에서도, 그리고 무엇보다 디지털 분야에서 완전히 뒷전으로 밀려나고 있다. 경쟁을 두려워한 사회가 만들어낸 참담한 풍경이다.

정치 리더십의 부재

일본의 디지털화 지체는 무엇보다 정치 리더십의 부재에서 비롯된다. 1997년 동아시아 외환위기 때 일본은 막강한 경제 체력을 바탕으로 큰 충격을 받지 않았다. 위기 의식이 없었으니, 혁신을 추구할 이유도 없었다. 자민당은 장기 집권 속에서 권력 유지와 파벌 셈법에만 매달렸고, 변화와 개혁은 애초에 사라져 있었다.

총재가 곧 총리가 되는 정치 구조에서 자민당 총재 선거는 말 그대로 그들만의 리그였다. 법정 선거도 아니다 보니 금품이 오가도 문제 될 게 없고, 경쟁다운 경쟁도 없었다. 여론조사 지지율 40%에 달했던 고노 다로河野太郎는 끝내 밀려났고, 지지율 2% 남짓했던 기시다岸田文雄가 파벌의 계산법에 의해 총재 자리를 차지했다. 이 장면만 봐도 일본 정치가 얼마나 국민과 동떨어져 있는지 단박에 드러난다.

야당은 있으나 마나 한 존재였고, 자민당을 제대로 견제하지도 못했다. 결과적으로 정권 교체 없는 체제는 일본 정치를 '그 나물에 그 밥' 수준의 권력 재생산 구조로 굳혀버렸다. 그 끝은 뻔하다. 일본 사회는 활력을 잃은 초보수사회로 굳어졌고, 혁신은 씨가 마른 지 오래다.

국민의 신뢰를 얻지 못한 일본 정부

디지털청은 2021년 11월, 마이넘버카드(일본의 개인번호·신분증 카드)를 이용해 코로나 백신 접종 증명을 디지털화하는 서비스, 이른바 백신 패스포트를 시작한다고 발표했다. 마이넘버 제도의 사용 범위는 법률로 엄격히 정해져 있다. 사회 보장, 세금, 재해 대책, 이 3가지가 전부다. 그런데 백신 접종 정보는 이 어디에도 해당하지 않는다. 원칙대로라면 마이넘버와 연동해 관리할 수 없는 정보라는 뜻이다. 그럼에도 정부는 VRS(백신접종기록시스템)라는 데이터베이스를 만들어 마이넘버와 연결시켰다. 논리는 궁색했다. "국민이 직접 쓰는 게 아니라 정부와 지자체만 쓰니까 괜찮다." 한마디로 편법이었다. 원칙을 어겨가며 슬그머니 예외를 인정해버린 것이다.

하지만 백신 패스포트가 되면 상황은 완전히 달라진다. 이제는 국민이 직접 쓰게 되고, 점포나 시설이 제시를 요구하게 된다. 명백히 법이 정한 범위를 넘어서는 사용인데, 정부는 아무 설명도, 법 개정도 하지 않았다. 말 그대로 슬그머니, 야금야금 확대한 것이다.

원칙을 이렇게 흐지부지하게 뒤틀면 무슨 일이 생기는가. 정부에 대한 국민의 신뢰가 무너진다. 신뢰 없는 디지털화는 껍데기에 불과하다. 국민이 눈치채지 못하는 사이에 이용 범위가 넓어지고, 언젠가는 국민을 관리하는 수단으로 전락할지도 모른다. 일본에서 마이넘버의 전신인 '주민기본대장 네트워크'가 실패한 이유도 여기에 있다. 원칙을 지키지 못한 탓에, 국민의 신뢰를 끝내 얻지 못했기 때문이다.

22장

무능한 관공서가
초래한 결과

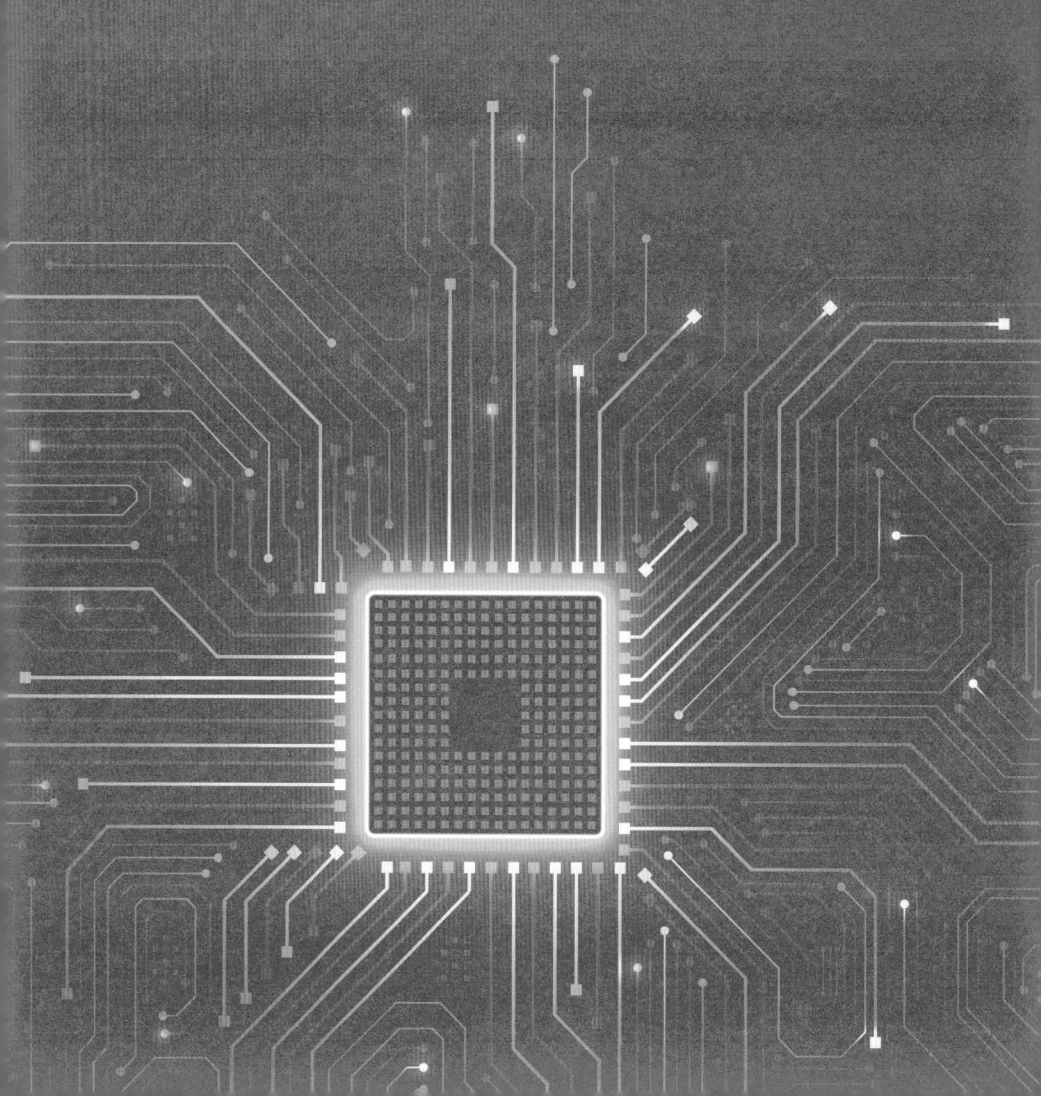

더 심각한 것은 통합적 시각이 부재했다는 점이다.
각 부처가 회계 시스템, 경비 정산 시스템을 따로따로 발주해,
서로 연결되지 않는 섬 같은 구조가 만들어졌다. 민간 기업이라면 CIO가
전체를 조율했겠지만, 일본 정부에는 그런 역할 자체가 없었다.

일본의 디지털 실패는 코로나 대응에서의 우왕좌왕만으로 설명되지 않는다. 그 뿌리는 훨씬 오래전부터 켜켜이 쌓여온 제도적 구조에 있다. 일본 정부가 '전자정부'를 본격적으로 추진하기 시작한 것은 1999년, 오부치 게이조小渕恵三 내각 시절이었다. 같은 해 12월, 행정 문서의 종이 사용 금지와 정부 조달(정부 발주의 계약·구매) 절차의 전자화 등을 담은 방침과 일정이 발표되었고, 이후 2001년 'e-Japan 전략'에서도 전자정부는 핵심 정책으로 자리 잡았다.

그러나 그 화려한 출발은 곧 한계를 드러냈다. 곧 정부 시스템 조달을 둘러싼 대기업 벤더들의 진흙탕 싸움과 관공청의 무능이 적나라하게 드러나는 무대로 이어진 것이다.

경제 평론가 가야 게이치加谷珪一는 일본이 어느 날 갑자기 선진국에서 후진국으로 추락한 것이 아니라, 초기에 이미 잘못 디

딘 발걸음이 누적된 결과라고 지적한다. 그는 "현실을 직시하지 않은 채 개발 투자만 강조한다면, 아무리 돈을 쏟아부어도 실질적 성과로 이어지지 못한다"라고 말한다.

짜고 치는 경쟁 시스템

문제의 핵심은 발주자인 정부 부처에 IT 전문가가 전무하다는 데 있었다. "벤더들이 사전에 제출한 자료를 토대로 관청이 제안 요구서를 쓰는 경우도 있다"라고 증언할 정도였다. 말하자면, 관청이 스스로 제안 요구서를 작성하지 못해 오히려 업체가 써준 자료를 그대로 베껴 넣는다는 말이다. 그러니 제안 요구서에 자사만 가진 고유 기술을 슬쩍 끼워 넣으면 입찰은 사실상 그 회사 전용이 된다.

이 구조 속에서 등장한 대표적 폐해가 '초저가 입찰'이다. 시험 시스템은 1억 엔 넘는 규모인데도 1만 엔에 낙찰해버린 뒤, 본 시스템 개발에서는 70억 엔짜리 계약을 따내는 식이다. 초저가로 문을 열고 뒤에서 보수 계약으로 이익을 보충하는, 업계의 '관행적 꼼수'였다.

이런 기형적인 관행이 굳어지자 정부 예산은 눈먼 돈이 됐다. 신규 개발보다 낡은 시스템 유지·보수에만 막대한 예산이 들어갔다. 2010년 기준으로 일본 지방자치단체가 행정 기간 시스

일본의 몰락

템 유지에 쓰는 비용은 연간 3632억 엔. 반면 한국은 인구가 절반 이하인데 인구 차이를 감안하더라도 비용은 불과 83억 엔 수준이었다. 단순한 숫자 비교만으로도 일본의 전자정부가 얼마나 '대기업 벤더 먹여 살리기 사업'으로 변질됐는지를 보여준다.

일본 정부의 시스템 조달 문제는 단순히 예산 낭비 차원에서 그치지 않는다. 막대한 돈을 퍼부어도 결과물은 늘 기능이 부족하거나 일정이 늦어졌다. 책임은 무엇보다 정부 내부의 역량 부재였다. 경제산업성 조사에 따르면 정부 발주 물량의 60%가 NEC, 후지쓰, 히타치, NTT 같은 대기업에 몰려 있었고, 관료들은 기획 단계부터 이들 벤더에 의존했다. 입찰 역시 특정 업체가 따내도록 짜여 있었다. '공개 경쟁'이라는 간판은 있었지만, 실제로는 대기업 몇 곳만 독점하는 폐쇄적 구조였다.

더 심각한 것은 통합적 시각이 부재했다는 점이다. 각 부처가 회계 시스템, 경비 정산 시스템을 따로따로 발주해, 서로 연결되지 않는 섬 같은 구조가 만들어졌다. 민간 기업이라면 CIO가 전체를 조율했겠지만, 일본 정부에는 그런 역할 자체가 없었다. 결국 '전자정부'라는 이름으로 진행된 프로젝트는 비싼 비용만 축적한 채 시스템을 더 파편화하고, 행정을 더 비효율적으로 만드는 결과를 낳았다. 외형은 그럴듯했지만 속은 낡고 제각각인 시스템의 집합체였다. 오늘날 전 세계가 '디지털 전환Digital Transformation, DX'이라 부르는 흐름 속에서, 일본의 사례는 실패 교과서에 가깝다.

그래서 2003년, 일본 정부는 전자정부 개혁을 내세우며 미국식 엔터프라이즈 아키텍처EA, Enterprise Architecture 방식을 도입하겠다고 선언했다. EA란 조직 전체의 업무·데이터·응용·기술 구조를 통합적으로 설계·관리하는 체계적 프레임워크인데, 이를 통해 중복 업무를 줄이고, 비싼 메인프레임을 오픈 시스템으로 바꾸며, 특정 대기업 독점에서 벗어나 분할 발주를 통해 다수의 벤더를 활용하겠다는 구상이었다. 매년 수천억 엔을 절감하겠다는 장밋빛 전망도 곁들여졌다. 그러나 결과가 어땠는지는 뒤에서 보게 될 것이다.

디지털 정부의 실패 사례

이러한 구조적 한계는 곧바로 대형 프로젝트의 파탄으로 이어졌다. 그 대표적인 사례가 특허청의 기간계 시스템(핵심 업무 시스템) 쇄신이었다. 목표는 거창했다. 수십 년간 특정 벤더에 종속된 폐쇄형 시스템을 개방형으로 바꾸고, 특허 심사 기간을 절반으로 줄이며, 얽히고설킨 데이터베이스를 단일화한다는 계획이었다. 계획을 실현하고자 IBM 컨설팅을 불러 사양서를 작성하고, 미지급금 250억 엔을 정리하는 등 겉보기에 과감한 개혁 조치도 취했다.

그러나 발주처인 특허청은 이를 감당할 역량이 없었다. 시스템 설계와 관리에 필요한 전문 인력은 턱없이 부족했고, 오랫동안 벤더에 의존해온 탓에 내부 지식도 바닥난 상태였다. '전자정부'라는 구호는 있었지만, 실행 주체가 실종된 상황에서 개혁은 공허한 선언에 불과했다. 결국 프로젝트는 좌초했고, 55억 엔이 넘는 혈세가 허공으로 사라졌다.

특허청의 쇄신 실패는 일본식 조달 구조가 가진 모순이 한 프로젝트를 어떻게 무너뜨리는지를 보여준 상징적인 사건이었다. 구호와 계획만 요란했을 뿐, 현장에서는 발주처의 무능과 벤더 종속이라는 구조적 취약성이 그대로 드러난 것이다.

2006년 특허청은 마침내 작성된 사양서를 바탕으로 대규모 입찰을 실시했다. 정부 방침에 따라 '분할 발주' 방식을 택했지만, 결과는 기형적이었다. 기본·상세 설계는 도시바 솔루션이 예정가의 6할에도 못 미치는 99억 엔대 초저가로 따냈고, 프로젝트 매니지먼트는 특허청 스스로 통제할 능력이 없어 액센츄어(글로벌 컨설팅 IT 서비스 기업)에 맡겨졌다. 표면적으로는 분할 발주를 통한 경쟁과 투명성을 확보한 듯 보였으나, 발주처는 이를 관리할 전문성을 갖추지 못했고, '분할 발주'라는 이상은 그저 행정 절차에 그쳤다. 사양서를 주도했던 핵심 인력이 중도에 이탈하면서 프로젝트의 일관성은 뿌리째 흔들렸다. 애초부터 실패의 씨앗을 품은 셈이었다.

실패는 개시 직후부터 드러났다. 2006년 12월 출발한 지 불과 2달 만에 특허청은 도시바 솔루션에 "현행 업무를 그대로 반영해달라"는 요구를 내놓았다. 업무 혁신을 전제로 한 시스템 쇄신은 흔적도 없이 사라지고, 구태의연한 프로세스를 복사해 붙이는 형식적 개편으로 전락했다. 그동안 들인 비용과 시간은 허무하게 날아갔고, 발주처·벤더·이용 부문 간의 인식 격차만 뚜렷해졌다.

뒤이어 도시바 솔루션은 지연을 만회하겠다며 인력을 무리하게 늘려 2008년에는 1,000명이 넘는 인원이 투입되었다. 그러나 대규모 인력을 관리한 경험이 부족했던 탓에 현장은 곧 혼란에 빠졌다. 어떤 팀은 업무 이해 없이 문서만 양산했고, 어떤 팀은 법률 조항을 베껴내는 수준에 머물렀다. 성과물의 품질은 극심하게 들쭉날쭉했고, 협력회사까지 뒤섞이면서 통제 불능의 상황이 이어졌다. 결국 기술자들 사이에서는 "하루에 페라리 한 대 값이 허공에 사라진다"는 자조 섞인 농담이 돌았다.

2009년, 특허청은 프로젝트가 파탄 직전임을 인정하고 사양서를 작성했던 A 직원을 불러들였다. 개발 범위를 원래 계획으로 되돌리고 설계 규약을 마련하며 간신히 정상화의 기미가 보였지만, 현행 시스템을 움켜쥔 NTT 데이터의 협력 없이는 재출발 자체가 불가능했다.

2010년, 결정타가 터졌다. NTT 데이터와 히타치, 도시바 솔루션이 특허청 직원에게 택시권을 살포한 사실이 드러났다. 택시권은 일본에서 기업이나 관공서가 발행하는 택시 무료 승차권을 뜻한다. 사용자는 현금 결제 없이 택시를 이용할 수 있으며, 요금은 발행 기관이 택시 회사에 후불 정산된다. 원래는 직원 편의를 위한 제도였지만, 실제로는 기업이 공무원이나 거래처 직원에게 대량으로 제공해 사실상 현금성 접대·뇌물로 악용되는 경우가 많았다. 이번 사건에서도 택시권 제공은 특허청 관계자에 대한 부적절한 편의 제공으로 간주되었다. 프로젝트를 추슬러야 할 A 직원조차 입찰 정보 유출로 현장에서 쫓겨났다. 결국 사업은 심장부터 멎어버렸다.

2011년 무렵 투입 인력은 절반으로 줄고 사무실은 '개점휴업' 상태가 되었지만, 일본 행정 특유의 무책임 구조 속에서 중단을 공식 선언하는 자는 없었다. 모두가 실패를 알면서도, 모른 척하며 묻어두는 암묵의 룰만 작동했다.

결국 2012년, 조사위원회 보고서를 근거로 에다노 유키오枝野幸男 당시 경제산업장관이 중지를 발표하면서야 사업은 끝이 났다. 5년 동안 55억 엔 넘는 혈세가 허공에 증발했고, 책임지는 사람은 단 한 명도 없었다. 이 사건은 '프로젝트 실패'라는 말로 가릴 수 없다. 혈세를 통째로 집어삼키고도 아무도 책임지지 않은, 일본 행정의 민낯이 고스란히 드러난 사건이었다.

실패는 왜 반복되는가?

개발 실패로 끝난 프로젝트는 계약 해제를 두고도 난항을 겪었다. 정부가 계약을 끊으려면 성과물 대가와 위약금을 포함한 금전 합의가 필요했는데, 2012년 중반까지는 경제산업성과 벤더 간 조율이 거의 마무리 단계였다. 그러나 같은 해 12월 정권이 민주당에서 자민당으로 교체되면서 상황은 뒤집혔다. 새 각료들이 "기업들에 적정한 위약금을 반드시 요구하라"는 지시를 내리자 교섭은 중단된 것이다.

예상 밖의 결말은 2013년에 찾아왔다. 도시바 솔루션과 액센츄어가 특허청에 개발비 전액에 이자를 얹은 약 56억 엔을 반납한 것이다. 특허청이 이미 두 회사에 지급했던 총액 54억여 엔을 고스란히 돌려받은 셈이었다. 특허청 내부에서는 이 반납금을 두고 "법정 싸움으로 비화되는 걸 덮어버리기 위한 돈, 말하자면 없던 일로 만들기 위한 값"이라는 해석이 나왔다.

표면적으로는 회계검사원이 지적한 '부당 지출'을 회수해 결산을 맞춘 모양새였지만, 실질적으로는 정부 측 책임이 흐지부지된 결과였다. 벤더들은 향후 행정처분이나 입찰 제한 위험을 피할 수 있었고, 정부 역시 법정 공방 없이 사건을 덮을 수 있었다. 결국 수년간의 실패와 낭비는 "돈으로 퉁친" 셈이었고, 일본식 행정 IT 실패의 무책임 구조가 다시 한 번 확인된 사건이었다.

특허청 프로젝트는 거액의 예산을 날려버린 한 건의 실패로 끝나지 않았다. 그것은 일본 정부 전반이 안고 있던 구조적 병폐가 집약된 사건이었다. 왜 이런 실패가 반복되는가? 그 뿌리를 짚어보기 위해 몇 가지 요인을 정리해보자.

① 디지털 정부에 필요한 IT 인재의 부족

특허청 시스템 개발의 실패는 단일 기관의 해프닝이 아니었다. 일본 정부 전체의 조달 구조가 얼마나 허술하고 뒤틀려 있는지를 보여주는 상징적 사건이었다. 당시 행정은 IT 인재가 턱없이 부족했고, 업무 분석에서 입찰, 프로젝트 관리, 운영에 이르기까지 프로세스 자체가 엉성했다. 말하자면 '주체 없는 개혁 쇼'에 불과했던 것이다.

2004년 정부가 내세운 "업무·시스템 최적화 계획"은 분할 발주, 업무 프로세스 개혁 같은 그럴듯한 구호를 내걸었지만, 이를 실행할 뼈대는 애초에 없었다. 수많은 산출물을 제대로 들여다볼 기술 인력도 없었고, 업무와 시스템 양쪽을 꿰뚫는 인재도 없었다. 저가 수주를 걸러낼 제도도, 실패한 프로젝트에 칼을 꽂아 중단시킬 상위 조직도 전무했다. 결국 구호는 번지르르했지만, 실행은 텅 비어 있었다.

실패는 특허청만의 일이 아니었다. 사회보험 온라인 시스템(연금 시스템), 부처를 통합하겠다며 야심차게 추진한 인사·급여 시스템 등 굵직한 프로젝트들이 줄줄이 지연되고, 멈추고, 결국은 무산됐다. 원인을 거슬러 올라가 보면 결론은 똑같았다. 발주처는 IT 역량이 바닥이었고, 조달 프로세스는 처음부터 허술했다.

분할 발주는 본래 경쟁과 투명성을 높이자는 장치였다. 그러나 발주자가 여러 벤더를 조율하고 성과물을 검증할 기술도 능력도 없다면, 이는 경쟁이 아니라 혼란을 양산하는 시스템일 뿐이다. 실제로 대규모 입찰일수록 정부 쪽은 산출물을 제대로 살펴볼 여력이 없어, 시작부터 벤더들의 놀이터로 전락했다.

현장에선 무능이 그대로 드러났다. CIO 보좌관조차 "바인더 수십 권 분량의 문서를 몇 명 안 되는 인원으로 처리할 수 있을 리 없다"고 토로했을 정도다. 게다가 일본 특유의 2년짜리 인사 순환은 전문성 축적을 원천적으로 막았다. 결국 정부는 프로젝트의 운전대를 쥐지도 못한 채 대기업 벤더에 끌려 다녔고, 일본의 전자정부는 화려한 간판만 남은 껍데기로 전락했다.

② 조달 프로세스의 미비

특허청 프로젝트가 무너진 또 다른 이유는 조달 프로세스 그 자체였다. 시스템을 중간에 점검하거나 멈춰 세울 장치가 없었고, 부처 간 업무를 개혁하고 조율할 구조도 부재했다. 애초부터 발주처가 책임지고 관리할 역량 따위는 갖추지 못한 채 출발한 것이다.

업무 프로세스 개혁BPR은 본래 1990년대 미국에서 출발한 방식으로, 불필요한 승인 절차나 종이 행정을 싹 걷어내고 효율을 높이자는 개념이었다. 그러나 일본 행정에서는 이 BPR이 처음부터 '간판만 번지르르한 구호'에 불과했다. 기관장의 리더십은 없었고, 현장은 서로 자기 구역만 챙겼으며, 기술력 없는 벤더를 걸러낼 제도적 장치조차 작동하지 않았다.

입찰 제도도 마찬가지다. 저가 경쟁을 막겠다며 기술점과 가격점을 합산하는 제도를 도입했지만, 재무성이 이를 억지로 1 대 1로 고정해버리면서 결국 '값싼 게 장땡'이라는 구조가 반복됐다. 특허청 사업도 기술적 타당성은 안중에도 없고, 초저가 입찰이 사실상 승부수였다. 한 관계자의 말은 뼈아프다.

"IT 서비스를 그냥 사는 것과, 발주처가 시스템을 직접 보유하고 책임지는 건 전혀 다른 문제다. 그런데도 정치인도, 관료도 끝내 그 차이를 이해하지 못했다."

결국 정부가 내세운 "업무 프로세스 개혁"이나 "분할 발주" 같은 구호는 준비 없는 돌격에 지나지 않았다. 무장도 없는 군대가 전장에 뛰어든 꼴이었고, 실패 프로젝트가 줄줄이 터져 나온 것은 어쩌면 예고된 비극이었다.

③ 정치가와 관료의 어긋난 목표 설정

왜 이러한 "이상과 현실의 괴리"가 발생했을까? 최적화 계획 등의 책정 경위를 아는 IT 벤더 출신의 CIO 보좌관은 "계획을 주도한 정치가나 관료에게, 본래의 목적은 전통 시스템을 오픈화하면서 IT 비용을 삭감하는 데 있었으며, 업무 프로세스 개혁은 그 다음이었다."라고 회상한다. 정치가도 관료도, 처음부터 EA에 기초한 업무 프로세스 개혁을 부처 스스로 다루는 것은 무리라고 단정했다. 이 때문에 EA를 외치면서도 제도상의 골조나 IT 인재는 준비하지 않았다. 이에 맞춘 프로젝트 평가 항목도 마련되지 않았으므로, 업무 프로세스 개혁으로 이어지지 않아도, IT 비용의 삭감만이라도 할 수 있으면 "성공"으로 간주할 수 있게 되어버렸다.

그렇다면, IT 비용의 삭감 효과는 있었을까? 총무성 행정 관리국이 작성한 자료에 의하면, 정부의 정보 시스템에 드는 비용은 2008년도 예산의 6268억 엔에서, 2012년도 예산에서는 5283억 엔으로 1000억 엔 정도 줄어들었다. 이 숫자만 보면, IT 비용을 억제한 것 같기는 하다. 하지만, 유저 기업 출신의 어떤 CIO 보좌관은 "하드웨어의 성능 향상에 따른 서버의 집약만으로도 같은 비용 삭감을 실현할 수 있었을 가능성이 있다"라고 분석한다. "굳이 고액의 비용을 들여 전 시스템을 오픈화(메인프레임에서 오픈 시스템으로의 이행) 할 필요는 없었다"라는 것이다.

또한, 정부는 조달 과정을 개선한다며 경쟁입찰이나 분할 발주 방식을 도입했지만, 그것이 곧바로 투명성과 경쟁성 향상으로 이어졌느냐 하면, 대답은 유감스럽지만 "노"다. 회계검사원이 공개한 자료는 냉정하다. 2008년부터 2010년까지 각 부처가 체결한 시스템 관련 계약을 보면, 수의계약이거나 경쟁입찰임에도 응찰자가 단 한 곳뿐인 사례가 전체의 80%를 차지했다. 게다가 이들 계약의 낙찰률, 즉 예정가 대비 실제 낙찰가 비율은 평균 96%를 넘었다. 수치는 분명하다. 경쟁은 제대로 작동하지 않았다.

앞서 말한 국세청의 국세종합관리KSK 시스템도 1사 응찰이 된 사례 중 하나다. 정부의 지침을 따라 수의계약에서 경쟁입찰로 전환했지만, 낙찰된 것은 현행 시스템을 담당하는 분쇼도文祥堂였다. 분쇼도의 하청인 각 대기업 벤더가 자사의 담당 시스템의 오픈화를 거의 그대로 담당하는 형태가 되었다.

이 입찰에 대해서 재무성의 담당자는 다음과 같이 말한 바 있다.

"가능하면 다른 벤더도 들어왔으면 했지만, 국세 업무 자체를 이해하는 것이 어렵다. 국세 시스템은 쇄신이 실패했을 경우의 영향이 너무 크기 때문에, 업무를 모르는 벤더의 참가는 재무성에 리스크가 높다."

가격 경쟁만 강조되면 품질이 희생될 위험이 크다. 그렇기 때문에 여러 업체가 참여하는 응찰 구조 자체가 제안의 질을 높이는 데 꼭 필요하다. 하지만 당시 상황은 달랐다. 표면적으로는 분할 발주 제도를 도입했지만, 실제로는 특정 벤더와만 계약이 이어지는 보이지 않는 "벤더 고정"에 묶여 있었다. 디지털청이 목표로 삼는 것은 바로 이 지점이다. 1990년대부터 이어져온, 관청과 대기업 벤더 사이의 담합 구조를 끊어내겠다는 것이다.

23장

이상만 높았던
디지털청 발족

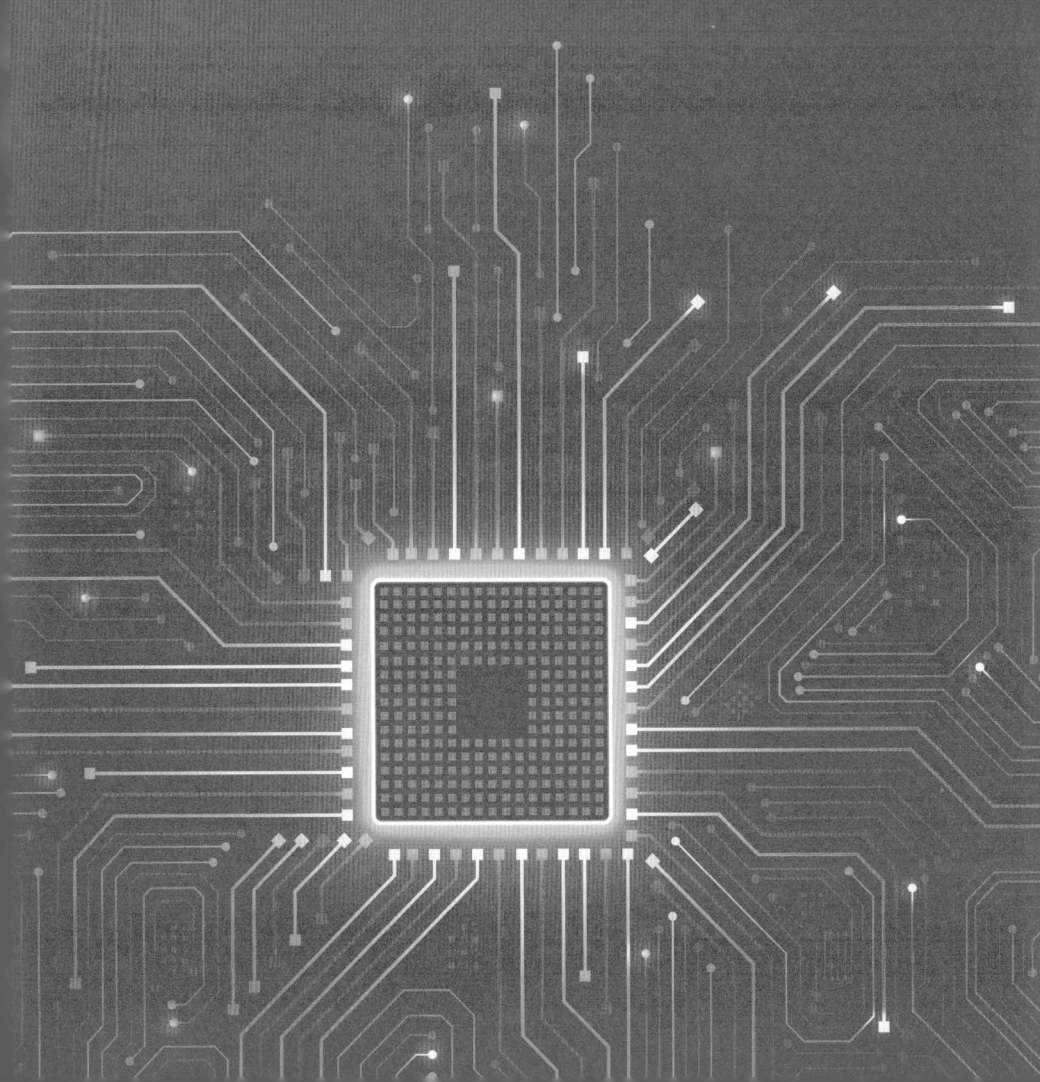

행정 DX의 본질은 시스템 이전이 아니라
업무 재검토와 기득권 개혁에 있다. 디지털청 준비실 간부가
"성공 여부는 낙하산 인사들이 지켜온 이권을
끊을 수 있느냐에 달려 있다"고 말한 것도 이 때문이다.

일본 경제산업성은 2018년 발표한 〈DX 리포트〉에서 많은 일본 기업들이 '2025년의 벼랑2025年の崖'에 직면하고 있다고 지적했다. 복잡화, 노후화, 블랙박스화된 기존 시스템을 계속 이용하면 일본 기업의 국제 경쟁력 저하와 경제 정체가 예상된다는 지적이다. 블랙박스화란 어떤 기업이 복잡하고 노후화된 시스템을 계속 개선하면서 사용했기 때문에 장인 수준이 되어야 시스템을 파악할 수 있다는 의미다.

디지털 전환을 시도하다

경제산업성은 디지털 분야에서 전문 인재 부족이 심각해지는 2025년까지, 기존 시스템을 도입한 IT 인재의 정년퇴직이나 시

스템 지원 종료 등의 문제가 나타날 것이라고 발표했다. 경제산업성에 따르면 2020년에는 30만 명, 2030년에는 디지털 서비스의 수요에 따라 45만 명에서 80만 명까지 인재 부족 사태가 확대될 것으로 여겨지고 있다. 후자의 경우, 일본이 필요로 하는 거의 190만 명에 달하는 전문 인재의 40%나 밑돌게 된다. 디지털 전환DX, Digital Transformation이 추진되지 않아 이 벼랑을 넘지 못하면, 2025년 이후로 최대 연간 12조 엔의 손실이 발생할 것으로 예측했다. 그 손실은 2022년의 GDP의 2% 이상에 상당하다. 반면 만약 디지털 전환이 추진된다면 2030년에 실질 GDP가 130조 엔 이상 상승할 것이라고 덧붙였다.

이처럼 막대한 격차를 지적한 보고서를 내놓을 만큼, 일본 정부의 조급함은 상당했다. 디지털 패전을 극복하고자 일본 정부는 기사회생을 노리고 2021년 9월 1일에 디지털청을 출범시켰다. 일본 정부가 디지털청을 통해 진행하려고 하는 디지털 개혁의 목적 중 하나는 관공청 시스템의 IT 벤더에 대한 "통째로 던지기 의존"을 멈추는 것에 있다. 오랫동안 NTT데이터, 후지쓰, NEC, 히타치제작소 등 대형 IT 벤더들이 조달 시장을 사실상 독점하며 타 기업의 참여를 차단해왔다. 이 같은 '벤더 고정vendor lock-in' 구조는 일본 행정 IT의 낙후를 초래한 근본 원인으로 지적된다. 정부의 정보 시스템의 개발과 유지보수에서 "고용 벤더"에 개발·보수 운용을 통째로 던져버리는 관습을 사실상 용인해오면서 일본의 IT 낙후는 답보 상태를 유지해왔다.

벤더 고정이란, 나라가 벤더에 통째 맡기고 인재를 안지 않는, 걱정도 하지 않는, 전부 맡기는 발주 방식이다. 벤더 고정은 대기업 벤더가 서버에서 소프트 개발 환경OS, 애플리케이션 소프트웨어까지, 통으로 다루는 자사 운용 시스템을 독자 사양으로 구축하는 것으로, 타사의 참가가 차단되는 구조다. 대기업 벤더는 '한 번' 관공청 시스템의 수주에 성공하면, 몇 년마다 시스템 개수로 고액의 수익을 확보할 수 있게 되어 "수월한" 비즈니스를 반영구적으로 전개할 수 있다. 하지만, 정부로서는 "자사 운용으로는 언제까지나 시스템을 전면 쇄신할 수 없는 노후 시스템을 끌어 안게 된다."

그런데, 정부는 디지털 전환, 즉 DX라는 듣기 좋은 구호를 내걸 뿐, 이 상황을 개선하는 데 거의 아무것도 하고 있지 않다. 민간 기업에서 일정한 변화가 일어나고 있지만, 정부가 그 흐름을 뒷받침하지 않는다면, 벼랑의 높이를 낮추는 데 그칠 뿐 근본적인 해결은 어려울 것이다.

350년에 한 번 있는 대개혁

디지털청이 목표로 하는 것은 1990년대부터 계속되어온 "관청과 대기업 벤더와의 담합"을 끊는 것이다. 히라이 다쿠야平井卓也 초대 디지털 장관을 비롯한 디지털청 관계자는 이때다 싶게 대기업 IT 벤더에 대한 비판을 강하게 하고 있다. "벤더 고정은 괘씸하다." "대기업 IT 벤더는 정부에서 수주한 시스템 개발을 하도급에 재위탁하는 'IT 종합 건설 업자'에 불과하고 그 사원에게 최신의 IT 관련 식견은 없다." 등.

그러나 디지털청 요원 500명의 면면을 살펴보면, 결국 대기업 IT 벤더 인재에 의존하고 있는 실태가 고스란히 드러나고 있다. 겉으로는 디지털청과 대기업 IT 벤더가 대립하는 듯하지만, 실제로는 뒤에서 손을 잡고 있는 형국이다. 그 미묘한 관계를 살펴보자.

디지털청 설립의 목적에 대해 디지털청 한 간부는 이번 도전은 "350년에 한 번 있는 대개혁이다"라고 표현한다. 350년이라는 숫자에는 호적이나 등기와 같은 행정 사무의 기초가 되는 제도를 만든 메이지 정부의 수립으로부터 150년, 나아가 향후 200년에 걸쳐 통용되는 새로운 행정 시스템을 구축하겠다는 굳은 결의가 담겨 있다.

실제로, 일본 정부가 디지털청에 준 재량과 권한은 극히 크다. 가장 알기 쉬운 것이 정부 예산이다. 가스미가세키 부처의 22개 조직(부·위원회를 포함한다)이 IT 시스템에 투입하는 디지털 예산은 연간 7000억~8000억 엔에 이른다. 디지털청은 이러한 예산을 장악하는 "최강 조직"이 된다는 선전포고다.

당연히, 거액 예산을 몰수당한 타 부처의 심중은 편치 않다. 이미 디지털청과 그 저항 세력에 의한 장렬한 전투가 시작되고 있다. 왜냐하면, 각 부처로서는 디지털 예산을 몰수당했을 뿐만 아니라, 가스미가세키에서 오랫동안 통용되어온 "예산 요구의 구조"가 근본부터 뒤집힌 중대사이기 때문이다.

향후 디지털청이 각 부처의 IT 예산을 일괄 계상하여 예산 집행을 책임지게 된다(21년도는 3000억 엔을 일괄 계상하고, 그 후 단계적으로 일괄 계상하는 액수를 확대한다). 즉 정부 내의 IT 프로 집단이 기존에 해왔던, 통째로 맡기는 발주를 그만두고, 전략적이며 효율적인 발주를 할 것이다. 구체적으로는 정부 내에 있는 다수 IT 시스템을 표준화함과 동시에, 클라우드나 ID 관리와 같은 공통 부분은 부처 횡단으로 공유화하려는 것이다.

이와 동시에 행정 디지털화의 전제가 되는 '관공서 업무의 재검토'도 단행한다. 이에 대해서는 각 부처의 격렬한 저항이 예상된다. 이 난이도가 높은 과제에 도전하는 디지털청의 직원 500명은 관공서 출신자 약 300명, 민간 출신자 약 200명으로 이루어진다.

디지털청의 파견 인력 가운데 가장 큰 비중을 차지하는 것은 총무성 출신이었다. 총무성에서만 약 100명이 파견되어, 전체 관료 출신 인력의 3분의 1을 차지하고 있었다. 2번째로 많은 것이 경제산업성 출신자로 20명이다. 인원수는 적지만, 개혁 의식이 높은 부처인 만큼, 관청 사무 재검토의 원동력이 될 것으로 기대되고 있다. 디지털 개혁에 가장 "의욕적인" 조직이다. 3번째가 재무성이다. 각 부처의 예산을 배분하는 유력성인 만큼, 빈틈없이 사람을 보내고 있다. 그 외에는, 후생노동성이나 국토교통성 등

각 성이 운용해온 IT 시스템의 규모에 기초하여 직원을 파견하고 있다.

　민간에서 채용되는 200명의 출신 조직은 더 복잡하다. 주목할 만한 것은 대기업 IT 벤더 출신자가 의외로 적다는 점이다. 정부 홈페이지에 공표된 바에 따르면, 정부 CIO 상석 보좌관 2명은 NTT 그룹 출신이었지만, 일반 정부 CIO 보좌관 49명 가운데 대기업 IT 벤더 4사 출신자는 고작 6명에 불과했다. 그런데 그중 2명은 대기업 IT 벤더에서 퇴사한 뒤, 경쟁사인 일본 IBM으로 옮겼다가 정부 CIO 보좌관에 임명된 경우였다. 다시 말해, 대기업 IT 벤더로부터 정부 CIO 보좌관을 배출할 수 있는 구조는 사실상 "한 회사당 한 명" 수준에 그쳤던 것이다.

　대기업 IT 벤더 관계자는 이렇게 털어놓았다.

"정부 CIO 보좌관이 되어버리면, 그 사람이 요구사항 정의를 담당한 사업에는 자기 회사가 입찰에 나설 수 없게 됩니다. 이해 상충이 걸리기 때문이죠."

　즉 정부 측에서 요건을 설계하는 위치에 오르면, 그 순간 해당 사업의 입찰에서는 공정성을 위해 배제될 수밖에 없다. 기업 입장에서는 정부에 인재를 보내는 것이 곧 자신들의 입찰 기회를 스스로 제한하는 일이 되는 셈이다. 그렇다 보니, 의외로 IT 벤더 출신의 정부 CIO 보좌관 수가 적을 수밖에 없었던 것이리라고 속사정을 털어놓는다. 채용된 인재의 대부분을 차지하는 것은 소프트뱅크SoftBank, 리크루트Recruit, 라쿠텐Rakuten, LINE, 야후Yahoo! Japan, 메루카리Mercari, 쓰타야TSUTAYA를 운영하는 컬처·컨비니언스·클럽CCC과 같은 IT 서비스 제공자다. 회사명이 아니라 개인의 실력을 중시하고 채용한 결과다.

그러나 진짜 문제는 그다음이다. 민간 출신자 정원 가운데 남은 80명은, 디지털청의 전신인 내각 관방 IT 종합전략실에서 이미 파견돼 있던 기업 직원들이 그대로 자리를 옮겨 채운다. 이 안에는 대기업 IT 벤더 출신이 다수 포함돼 있다. 이들 대부분은 40대 이상의 관리직급으로, 디지털청 발족을 가능하게 만든 '숨은 공신'이라 해도 과언이 아니다.

반면 새로 민간에서 등용된 120명은 다르다. 30~40대의 엔지니어가 중심이지만, 그 90%는 '주 23일만 일하는' 비상근 임시직이다. 디지털청이 내건 보수와 직무 조건만으로는 실력 있는 젊은 엔지니어를 정규직으로 끌어오기 어렵기 때문이다. 일본의 공무원 제도 자체가 한계라, 아무리 예외를 적용해 급여를 높이려해도 상한이 정해져 있다. 업계 톱 클래스의 엔지니어가 정부로 완전히 이직한다고 하면, 연봉이 뚝 떨어질 수밖에 없는 구조인 것이다.

이런 상황에서 정말로 우수한 인재를 모집할 수 있을까. 그래서 세계에서도 드물게 겸업·부업을 가능하게 했다. 요컨대 이번에 정부가 채용한 인력은 공무원 신분이긴 하지만, 실제로는 주

2~3일만 일하는 비상근 인력이 대거 포함돼 있다. 숫자만 늘린 것처럼 보이지만, 실질적으로 새롭게 들어온 IT 인재들이 주력으로 활동하기는 어렵다. 결국 주축은 여전히 전부터 내려온 대기업 IT 벤더 출신자들이다. 겉으로는 민간 인재를 적극 등용한 것처럼 포장했지만, 실상은 정부가 대기업 IT 벤더의 인력에 의존하는 구조가 그대로 이어지고 있는 것이다.

민간 기업에 속한 채로 정부의 시스템 발주 업무를 맡는 것은 당연히 이해 충돌의 위험을 안고 있다. 그래서 디지털청은 민간 출신 인재들이 불필요한 의심을 받지 않고 일할 수 있도록, 관련 규칙을 정비하는 데 많은 시간을 쏟았다. 세계적으로도 전례가 드문 방식이다.

애초에 디지털청은 "GaaSGovernment as a Startup", 즉 '스타트업처럼 움직이는 정부'를 표방하며 출범했다. 정교한 설계도를 다 갖추고 출발한 조직이 아니다. 우선 시작해보고, 잘 안 되는 부분은 점차 고쳐 나가겠다는 발상이다. 하지만 현실을 들여다보면, 새롭게 영입된 IT 인재들이 중심을 이루기보다는 기존 대기업 IT 벤더 출신자들이 주력 자리를 그대로 차지하고 있다. 결국 정부가 여전히 대기업 벤더 인력에 크게 의존하고 있다는 사실은 부정하기 어렵다.

그렇다면, 디지털청 설립으로 과연 이 고질적인 '벤더 고정' 구조를 끊어낼 수 있을까? 히라이 다쿠야 초대 디지털 장관은 이에 대해 분명한 각오를 밝힌 바 있다.

"정부의 정보 시스템에 착 달라붙어 있는 대기업 IT 벤더를 어떻게 '떼 낼 것인가'라는 게임이 이제부터 시작이다."

"대기업 IT 벤더가 수직통합으로 만든 시스템이나 데이터베이스는 좀처럼 다른 사업자가 대신할 수 없다. 그것이 20년 이상 계속되어온 구조다. 과거에 정부는 '분리 발주'를 의무화하고 다른 사업자에게 시켜 고정인 상태에서 벗어나려는 시도는 있었지만, 그것도 실패했다. 즉 종래의 시스템대로 분리 발주해도 아무것도 변하지 않는다는 것이 이 실패로 밝혀지고 있다. 그러니까 이젠 전체 아키텍처를 처음부터 다시 만들겠다. 지금의 시스템을 개수하는 것이 아니라 완전히 다시 만들겠다. 어느 정도의 시간이 걸릴지는 모르지만, 전체를 다시 만들고, 대기업 IT 벤더 뿐만 아니라, 더 많은 사업자가 참가할 수 있는 정부의 정보 시스템을 만들 수 없을까 하고 생각한다."

IT 시스템의 조달 개혁 실패의 역사

실은 일본 정부가 IT 시스템 조달 개혁에 나선 것은 이번이 처음이 아니다. 지난 20년간 여러 차례 '벤더 고정 탈피'를 외쳤지만, 구조는 여전히 깨지지 않았다. 90년대 거품 붕괴 이후 대기업 벤더들은 초저가 입찰로 정부 시스템을 따낸 뒤 독점 구조를 고착시켜왔다.

2000년 모리 요시로森喜朗 정권 시절로 거슬러 가보자. IT 기본법과 함께 'e-Japan 전략'이 등장했다. '2003년까지 행정 절차 전자화'를 내걸며 일본을 최첨단 IT 국가로 만들겠다고 했지만, 곧 막대한 시스템 예산과 구식 구조가 그대로 드러났다. 2004년의 "업무·시스템 최적화 계획"도 마찬가지였다. 앞서 말했듯, 각 부처는 발주 능력을 키우지 않은 채 '통째로 던지기' 관행을 반복했고, 벤더 의존은 오히려 심화됐다.

2007년 총무성은 신규 5억 엔 이상 사업에 대해 분할 발주를 의무화했지만, 대표적 사례였던 특허청 시스템 쇄신 프로젝트는 2009년 일본 특허청特許庁의 시스템 갱신 프로젝트와 관련해 터진 IT 벤더 부패 사건까지 터지며 중단됐다. 실패가 이어지자 2012년 정부 CIO 제도가 도입됐고, 일정한 비용 절감 효과는 있었으나 벤더 고정 해소에는 미치지 못했다.

2018년에는 '클라우드 바이 디폴트 원칙'을 발표하며, 정부 조달에서 민간 클라우드를 우선 채택하겠다고 선언했다. 이 원칙은 "새로운 시스템은 기본적으로 클라우드로 만든다"는 것으로, 디지털청 출범의 직접적인 배경이 되었다. 디지털청은 전국 1,741개 지자체 시스템을 2025년까지 표준화·클라우드화하겠다는 계획을 내세우며, 가스미가세키의 기득권을 정면으로 흔들고 있다.

행정 디지털 전환의 본질은 시스템 이전이 아니라 업무 재검토와 기득권 개혁에 있다. 디지털청 준비실 간부가 "성공 여부는 낙하산 인사들이 지켜온 이권을 끊을 수 있느냐에 달려 있다"고 말한 것도 이 때문이다.

실은 디지털청의 발족으로 가장 큰 영향을 받는 곳은 도도부현(말하자면, 광역자치단체)보다 기초 자치단체인 시·읍·면이다. 정부는 2025년까지 모든 자치단체가 국가가 정한 '표준 사양'으로 시스템을 이행하도록 요구하고 있다. 대상은 주민 기본 대장, 세금, 연금, 아동 수당 등 17개 업무다. 이때 시스템은 민간에서 조달하는 '정부 클라우드' 위에서 가동된다.

지금까지 1,741개 시·구·읍·면이 제각각 시스템을 만들어 쓰다 보니, 중앙정부와 데이터 연계가 막히거나 비용이 불필요하게 늘어나는 문제가 있었다. 표준화는 이런 비효율을 줄이고, 자치단체 간, 국가와의 데이터 연계를 원활하게 만들 것으로 기대된다. 동시에 지방행정의 업무 방식 자체를 재검토하고 개선하는 계기도 될 수 있다.

24장

불안하고 조잡한
일본의 IT

**한국의 사례가 모든 문제에 대한 해답은 아니지만, 교훈은 명확하다.
신생기업이 독자 기술을 키우고 시장에서 살아남을 수 있는
'벤처 생태계'가 없으면 글로벌 경쟁에서 뒤처질 수밖에 없다.**

디지털청은 "향후 200년을 버틸 새로운 행정 시스템을 만들겠다"는 거창한 선언과 함께 출범했지만, 실제 첫걸음은 파란의 연속이었다. 가장 먼저 부딪힌 것은 ①사무 최고위직 인사 혼선, ②스가 총리의 갑작스러운 퇴진, ③민간 인재의 이해 상충 문제였다. 출범 직후부터 무거운 짐을 짊어진 셈이다.

사무 초고위직 인사 혼선

스가 총리가 '핵심 중의 핵심'으로 꼽았던 자리는 바로 디지털감이었다. 이 자리는 중앙 관청에서 파견된 관료뿐 아니라, 민간에서 채용된 엔지니어들까지 총괄하는 디지털청의 얼굴이자 상징이다. 전신은 내각 정보통신정책감, 즉 정부 CIO 자리였는데, 역

대 임명자는 리코 전 부사장 엔도 고이치遠藤耕一, 오바야시 구미大林組 전 CIO 미와 아키노부三輪昭尚처럼 일본 기업의 시스템을 책임졌던 임원들이었다.

그런데 디지털청의 첫 디지털감으로 기용된 인물은 히토쓰바시대학 명예교수 이시쿠라石倉洋子였다. 화려한 경영학 경력, 글로벌 기업 사외이사 경험은 있었지만 정작 디지털 기술과는 거리가 멀었다. 원래 정부는 MIT 출신 이토 죠이치伊藤穰一를 점찍어두었지만, 과거 자금 스캔들로 기용이 무산되면서 급히 교체된 결과였다. 발족 직전 급조된 인사라는 인상을 지울 수 없었던 이유다.

이시쿠라 교수 본인도 취임식에서 "나는 디지털 전문가가 아니다"라고 솔직하게 말해버렸다. 디지털청을 이끌 사령탑이 스스로 전문성이 없다고 고백한 셈이니, 현장에선 불안감이 커졌다. 애초에 그렸던 디지털감의 조건은 '최신 기술에 대한 깊은 식견'이었는데, 이와는 정반대였던 것이다. 결국 우려는 현실이 되어 이시쿠라는 1년도 채우지 못하고 자리에서 물러났다. 출범부터 디지털청의 역사적 사명은 삐걱거리며 시작된 것이다.

스가 총리의 갑작스러운 퇴진

또한 디지털청 발족은 스가 요시히데 정권의 간판 정책이었으나, 강력한 후원자였던 스가 총리가 돌연 퇴진을 선언하면서, 출범

이틀 만에 동력을 잃었다. 사실 불과 1년 만에 신설 관청을 만들어낸 배경에는, 관방장관 시절부터 가스미가세키 관료들을 압박해온 스가 총리의 정치력이 있었다. 그 힘이 사라지자 '최강 조직'이라던 디지털청은 출범 직후부터 표류하기 시작했다.

디지털청은 20년 만에 손질된 디지털개혁관련법을 근거로 만들어진 막강한 기관이다. 그만큼 기득권을 빼앗길 가스미가세키 관청과 대기업 벤더들의 반발은 거셀 수밖에 없었다. 이들의 저항을 뚫고 개혁을 밀어붙이려면 총리실의 강력한 뒷받침이 필요했다. 그러나 스가라는 버팀목이 사라졌으니, 디지털청은 출범 순간부터 격랑 속으로 내던져졌다. 기시다 총리에게서 같은 수준의 추진력을 기대하기는 어렵다는 것이 중론이다.

민간 인재, 희망인가 리스크인가?

디지털청 출범 직후 또 하나의 논란은 민간 출신 인재들의 '겸업 구조'였다. 다수의 민간 채용 인력이 원래 소속된 기업에 몸담은 채로 디지털청 업무를 겸임했기 때문이다. 처음부터 "정부 발주와 이해 충돌이 생기지 않겠느냐"는 우려가 뒤따랐다.

논란이 본격화된 것은 출범 직전인 2021년 8월 20일. 구 IT종합전략실이 낸 조사보고서가 결정타였다. 변호사 조사 결과, 도쿄 올림픽·패럴림픽용 앱 발주 과정에서 민간 출신 간부들의 부적절한 행위가 드러난 것이다.

첫 번째 문제는 발주 절차였다. 낙찰액이 무려 73억 엔에 달했는데, 당시 정부 CIO였던 간나리 준지神成淳司 게이오대 교수가 이끄는 팀이 주도했다. 그런데 이 팀이 입찰 경쟁을 가장하기 위해, 응찰 의사가 없는 회사에 특정 금액을 불러주고 억지로 견적서를 내게 한 사실이 드러났다. 겉보기만 경쟁입찰처럼 꾸미면서, 정부 조달의 기본 중 기본인 공정성이 무너진 셈이다.

두 번째 문제는 이익 상반 관계였다. 간나리 교수는 시스템 개발사 넥스트스케이프의 고스기 사토루小杉智 사장과 밀접한 관계였고, 실제로 내부 자료를 이메일로 공유하며 발주 체제 안에 끌어들였다. 더구나 두 사람은 데이터 연계 기반 'WAGRI'의 공동 개발자였고, WAGRI가 채택되면 라이선스료가 간나리 교수에게 돌아가는 구조였다. 말 그대로 이해관계자가 발주 과정 한가운데 앉아 있었던 것이다.

조사보고서는 "법령 위반까지는 아니지만 국민 불신을 불러올 소지가 크다"고 결론지었다. 요컨대 정부의 7000~8000억 엔 규모 IT 조달을 놓고 민간 출신 간부들이 자기 인맥을 활용했다는 의심이 제기된 것이다.

이 사건은 디지털청의 신뢰를 크게 흔들었다. "민간 인재의 능력을 빌려 쓰겠다"는 취지가 오히려 발목을 잡은 꼴이 된 것이다. 결국 정부는 9월 1일부로 민간 인재가 소속된 기업은 정부 입찰에서 배제하는 규정을 도입했지만, 새 조직에서 이 규정이 실제로 힘을 발휘할지는 여전히 불투명하다.

민간의 역량을 끌어들이는 것은 일본의 뒤늦은 디지털화를 만회하기 위해 반드시 필요한 과제다. 그러나 발주 권한이 얽힌 '이권의 그림자'를 어떻게 걷어낼 것인가, 이것이 디지털청이 직면한 가장 큰 시험대였다.

디지털청조차 출범과 동시에 흔들린 것은 단순한 불운이 아니었다. 그 뿌리는 훨씬 오래전부터 자라온 구조적 문제에 있었다. 일본의 IT는 처음부터 삐걱거리며 출발했다.

늘 걸리는 것은 인재육성

더하여, 문제의 뿌리는 기술 자체가 아니라 사람이다. 일본은 인재를 기르지 못했고, 이미 길러진 인재도 제대로 활용하지 못했다. 일본 학생들은 수학·과학 성취도에서 세계 최상위권에 속한다. 2019년 기준으로 우수 학생 비율은 한국에 이어 2위였다. 그러나 아이러니하게도 과학·공학 분야로 진학하려는 비율은 OECD 국가 가운데 최하위였고, STEM(과학·기술·공학·수학) 전공자의 대학 졸업 비율도 27개국 중 22위에 머물렀다. 관련하여 한국이 3위를 차지한 것과는 뚜렷한 대조를 이룬다.

이 문제는 단순히 개발자 수가 적다는 차원이 아니다. 오늘날 기업은 업종을 막론하고 디지털 기술을 활용해 성과를 끌어올릴 인재를 필요로 한다. 그러나 일본 기업들은 이런 인재를 확보하지 못했고, 그 결과 디지털 투자 대비 성과를 나타내는 지표에서 일본은 조사 대상 63개국 가운데 최하위를 기록했다.

대기업과 중소기업 간 격차도 심각하다. 대기업은 IT 투자액의 약 10%를 소프트웨어에 쓰는 반면, 직원 300명 이하의 중소기업은 그 비율이 4%에 불과하다. 실제로 2017년 기준 중소기업의 4곳 중 1곳만이 디지털 기기나 소프트웨어에 투자한 경험이 있었다. 경제산업성이 실시한 설문에서도 "IT를 도입할 인재가 없다"는 응답이 43%로 가장 많았고, "도입 효과가 불분명하다"는 답도 40%에 달했다. 결국 일본에는 중소기업이 디지털을 통해 매출을 끌어올리거나 업무를 효율화할 수 있도록 길을 제시할 컨설턴트조차 부족했다.

이 문제는 교육 현장에서부터 시작된다. 일본의 고등학교는 교사들의 IT 기술 수준, 관련 수업을 가르칠 역량, 교사 양성 체계, 기기와 온라인 학습 플랫폼의 보급 등 거의 모든 분야에서 OECD 최하위 수준을 보였다. OECD가 2018년 79개국·지역 약 60만 명의 15세 학생을 대상으로 진행한 조사에서도 이런 현실이 드러났다. 일본은 ①학교에서 디지털 기기를 사용하는 빈도가 최저였고, ②"디지털 기기를 전혀 사용하지 않는다"는 응답 비율이 83%로 가장 높았다. 또한 ③교사가 ICT 지식이 필요하다고 응답한 비율은 OECD 평균 18%에 비해 39%로 가장 높았으며, ④학교에 온라인 플랫폼이 충분히 갖추어졌다고 답한 학생 비율은 평균 65%에 비해 19%에 그쳤다. ⑤교장이 디지털 수업 준비가 충실하다고 본 비율도 평균 61%에 비해 12%로 최하위였다.

정부 교육개혁 고문 스즈키 히로시鈴木寬는 그 원인 중 하나로 "대학 입시에 디지털 기술이 포함되지 않았기 때문"이라고 지적한다. 교사들 입장에서는 가르칠 필요성을 느끼지 못한다는 것이다. 그는 2025년부터 입시에 IT 관련 문제가 포함될 예정이지만, 교사를 누가 지도할지, 그 변화가 자리 잡기까지 얼마나 시간이 걸릴지는 미지수라고 본다. 게다가 우수 학생이 디지털 전문 인재로 성장하기 위해 투자할 시간과 비용에 대한 유인책도 다른 선진국에 비해 현저히 부족하다.

문부과학성은 STEM 전공 학생들의 높은 수업료를 사회과학·인문과학 전공 수준으로 낮추는 재정 지원책을 제안한 바 있다. 이 제도가 시행되면 매년 약 20만 명의 학생이 혜택을 볼 수 있다. 하지만 이는 분명 진전이라 하더라도, 정작 현장에서 디지털 기술을 가르칠 교사들의 역량 부족 문제를 해결하지는 못한다.

외국 인재에게도 매력이 없는 나라

일본 정부는 디지털 분야에서 우수한 외국 인재를 끌어들이기 위해 여러 종류의 특별 비자를 도입했다. 그러나 2022년 현재 이 제도로 고도 전문직으로 인정받은 외국인은 3,275명에 불과했고, 같은 해 ICT 분야 외국인 취업자 수도 약 7만 6,000명에 그쳤다. 잠재적 인재들이 더 높은 보수를 제공하는 지역으로 향하는 것은 어찌 보면 자연스러운 결과였다.

2019년 OECD 조사에서도 나타나듯, 일본의 고학력 인재 매력도는 35개국 가운데 25위에 머물렀다. 외국인 자녀가 일본어 수업을 받을 수 있는 제도는 마련되어 있지만, 교사 부족 탓에 실제 지원을 받는 비율은 65%에 불과하다.

2023년 9월, 기시다 내각의 '교육 미래 창조 회의'는 2032년까지 대학 STEM 전공자 비율을 절반 이상으로 끌어올리자는 제안을 내놓았다. 그러나 구체적 실행 방안은 제시되지 않았고, 그러한 목표치가 실제로 바람직한지도 의문으로 남았다. 정부 차원의 실질적 대응이 부재한 가운데, 변화를 이끄는 동력은 세대교체와 기업 간 인재 경쟁이었다. 일부 고도의 전문성을 가진 인재들은 기업이 제시하는 더 높은 보수를 발판 삼아 경력을 넓혀가고 있다.

특히 2030대 젊은 세대는 부모 세대와 달리 종신고용보다 흥미롭고 성장 가능성이 있는 경력을 중시한다. 전문 기술을 지닌 이들은 안정성보다 보람과 보수를 우선시하며, 이직을 적극적으로 고려한다. 1970~80년대 초반에 입사한 25~29세 근로자의 약 70%가 같은 회사에서 20년 이상 근속했지만, 15년 뒤 같은 연령대의 근로자 중에서는 그 비율이 52%로 줄었다. 이러한 변화는 고연령층에서도 완만하게나마 확인된다.

IT 인재에게 합당한 대우를

세대교체와 더불어 전문 기술을 갖춘 사내 인재의 부족에 대응하기 위해, 기업들은 점점 더 경력직 채용에 의존하고 있다. 1999년 당시 경력직 채용을 실시하던 기업은 대소를 막론하고 37%에 불과했으나, 지금은 그 비율이 70%에 육박한다.

우수한 인재를 끌어들이기 위해서는 더 높은 보수를 제시할 수밖에 없다. 일본 디지털화 지연의 원인으로 지적된 경직된 고용 관행이 여기에서도 걸림돌로 작용한다. 젊고 유능한 IT 인재 대부분은 대기업에 입사하지만, 여전히 직무보다 연공서열이 임금의 기준이 되어 높은 급여를 받지 못한다.

2021년 일본 디지털 인재의 평균 연 수입은 438만 엔으로, 2019년 대비 4% 감소했다. 이는 일본 임금의 중앙값보다 2% 낮은 수준이다. 특히 최고 수준의 기술을 보유한 인재들의 경우 미국과의 격차는 더욱 크다. 미국이라면 젊은 IT 인재가 억대 연봉을 받는 것이 흔한 일이다.

조사에 따르면 일본 디지털 인재의 65%가 연 390만~540만 엔 사이의 수입을 올리고 있으며, 615만 엔 이상은 5%, 1000만 엔에 이르는 경우는 극히 소수다. 또 다른 조사에서는 주요 17개국 가운데 일본 IT 기술자의 급여가 가장 낮은 편이라는 결과도 나왔다. 다만 변화의 조짐도 있다. 2009년, 전직으로 10% 이상의 임금 인상을 경험한 사람은 13%에 불과했으나, 2017년에는 그 비율이 27%로 2배 이상 증가했다.

이 변화의 혜택을 가장 많이 본 이들은 숙련된 디지털 인재다. 후지쓰와 NTT데이터 같은 대기업은 고도의 기술을 보유한 직원들에게 연간 1000만 엔 이상의 보수를 지급하고 있다. 2019년 NEC는 연구개발직 채용자에게 첫 월급으로 1000만 엔을 제시해 화제가 되었는데, 이는 기존 직원들보다 높은 급여를 지급한 사례이기도 하다. 헤드헌팅·파견 회사인 파솔홀딩스는 기업을 위해 인재를 확보함과 동시에 IT 연수 프로그램을 제공하며, 외국계나 신흥기업은 기존 일본 기업보다 훨씬 높은 수준의 급여를 제시하고 있다.

일본 IT 디지털 인재의 문제점

경제산업성은 "IT 인재가 부족하다, 장래에는 더 심각해질 것이다"라며 보조금과 재교육 정책을 내놓았다. 정치권 역시 "국책으로 IT 인재를 육성해야 한다"고 목소리를 높인다. 그러나 저널리스트 기무라 다케시木村岳史는 "육성보다 앞서, 인재를 어떻게 활용하고 있는지부터 돌아봐야 한다"고 비판한다.

첫째 문제는 인재의 낭비다. 일본의 행정기관은 IT 시스템에 사소한 문제가 발생해도 벤더에 새로운 개발을 요구한다. 패키지 소프트웨어나 클라우드를 그대로 쓰면 충분한 사안에도 독자 시스템 개발을 고집하며 불필요한 변경과 추가 기능을 요구한다. 그 결과, 귀중한 IT 인재들이 허드렛일에 시간을 소모한다.

둘째는 인재를 묶어두는 구조다. 종신고용이 원칙인 일본 기업에서는 IT 인재가 기술에 맞는 업무를 맡지 못한 채 머무르는 경우가 많다. 프로젝트에 배치되어도 추가 보수는 거의 없고, 실제로 기술을 발휘하지 않아도 무방한 분위기가 팽배하다.

셋째는 경직된 고용 관행이다. 기업이 단기 프로젝트를 위해 IT 인재를 채용하면 종료 후에도 해고할 수 없으니, 아예 채용을 꺼린다. 이 때문에 시장에 일자리는 늘지 않고, 인재는 기회를 잡기 어렵다.

넷째이자 가장 치명적인 문제는 '시대착오적 수요'다. 일본 기업들은 최신 기술보다는 이미 안정된 구형 시스템을 고수한다. 운영체제나 소프트웨어 지원이 종료될 때마다 대소동이 벌어지고, 버전 고정을 원칙처럼 여긴다. 미들웨어와 업무용 앱, 프로그래밍 언어까지 마찬가지다. 그 결과 기업이 쓰는 기술은 순식간에 시대에 뒤떨어지고, 엔지니어는 최신 흐름을 접할 기회조차 얻지 못한다.

이러한 태도는 외국계 벤더 사이에서도 악명 높다. 일본 경제가 침체에 빠진 뒤로 해외 기업은 일본 시장에 최신 제품을 적극적으로 들여오지 않았다. 정보 접근성이 낮아지자, 일본 기업은 세계적 수준의 기술조차 존재 자체를 모르는 경우가 흔하다. 실제로 한 미국인 엔지니어는 "그런 회사에 있으면 최신 기술을 다룰 수도, 동향을 따라갈 수도 없지 않느냐"며 놀라움을 감추지 못했다고 한다.

결국 일본에서 길러진 다수의 IT 인재는 구형 기술에만 매달리게 된다. 과거라면 안정된 시스템 유지가 미덕이었지만, 지금은 디지털 혁명이 경제와 사회를 재편하는 시대다. 본래라면 최신 기술을 통해 디지털 전환을 선도할 인재가 필요하지만, 일본의 구조는 정반대다.

아무리 '인재 부족'을 외친들, 그들이 서게 될 무대가 과거의 기술에 머문다면 의미가 없다. 다른 선진국의 기술자들이 눈길조차 주지 않는, 신흥국 엔지니어들마저 외면하는 세계로 일본은 스스로를 밀어넣고 있다.

IT 인재 풀이 작다는 것도 문제가 된다. IT 인재란 무엇인가? 'IT 연구 개발 인재'와 'IT 이용 인재'의 2종류로 분류해볼 수 있다. 즉 IT 자체를 연구 개발하는 IT 인재와 그런 인재가 만들어낸 기술을 제품이나 서비스 혹은 공개 소스 소프트웨어oss 등의 형태로 이용하는 IT 인재로 나누는 것이다. IT 연구개발 인재 쪽은 이를테면 양자 컴퓨터 연구자나 개발자 등으로 구체화할 수 있다. OS나 미들웨어 등의 개발자도 마찬가지다. 한편, IT 이용 인재는 기업이나 행정 기관 등에서 시스템 개발이나 운용 등을 담당하는 인재다.

일본에서 부족한 것은 IT 연구개발 인재일까, 아니면 IT 활용 인재일까? 물론 두 부문 모두 인재가 충분하지 않지만, 절대적인 수요를 따져보면 연구개발 인재보다는 활용 인재 쪽이 훨씬 많이 필요하다. 연구개발 인재는 일본에도 일정 수준 존재한다. 예를 들어 대기업 IT 벤더의 연구소에서는 여전히 최첨단 연구를 진행하고 있으며, 일본이 세계에 자랑하는 슈퍼컴퓨터 '부악富岳, 후가쿠'은 지금도 세계 최고 수준의 성능을 유지하고 있다.

그에 비해 IT 활용 인재는 턱없이 부족하다. 세계 각지의 연구개발 인재들이 만들어낸 최신 기술을 곧바로 시스템에 적용해 비즈니스 성과로 이어갈 수 있는 사람들은 극소수에 불과하다. 그마저도 대부분은 신생 디지털 기업에 몰려 있고, 전통적인 일본 기업에서는 거의 찾아보기 힘들다. 남아 있는 이들은 앞서 말했듯, 오래된 기술이나 한물간 시스템을 붙들고 있는 경우가 대부분이다.

이런 현실만 보더라도 일본이 왜 'IT 후진국'이라는 오명을 벗지 못하고 있는지 알 수 있다. 이대로라면 진짜로 뒤처진 나라로 전락할지도 모른다. IT 선진국으로 나아가려면 연구개발 인재 못지않게, 아니 그보다 훨씬 많은 수의 활용 인재가 필요하다. 하지만 지금 일본에는 그런 인재를 길러낼 환경도, 마음껏 역량을 펼칠 무대도 없다.

최신 기술을 능숙하게 다룰 수 있는 IT 활용 인재가 일본에 거의 없다는 사실은 연구개발 분야에도 심각한 영향을 끼친다. '잃어버린 20년' 시기부터 대기업 IT 벤더들은 연구소를 줄이거나 폐쇄하기 시작했고, 앞으로도 이 흐름이 이어질 가능성이 크다.

이유는 단순하다. 새로운 기술을 개발해도 이를 실제 제품이나 서비스로 연결할 인재가 부족해 비즈니스로 이어지지 않기 때문이다. 돈이 되지 않는 연구는 경영 부진 시기마다 정리 대상이 되었고, 결국 남은 연구개발 인력마저 줄어들고 있다. 컴퓨터 과학을 공부하는 젊은 인재들조차 일본의 현실에 실망해 연구 무대를 해외로 옮기려는 경우가 늘고 있다.

왜 연구가 시장으로 연결되지 못할까? 첫째, 경영자의 안일함과 무능이 문제다. 사업 기회를 포착하지 못한 채 기술을 방치해온 사례가 많다. 둘째, 연구 성과를 실제 시스템으로 옮겨줄 활용 인재가 너무 적다. 최신 기술을 바로 비즈니스에 적용할 수 있는 사람들이 부재하다 보니, 연구 성과가 그대로 사장되는 것이다.

이 때문에 일본의 IT 인재 부족은 단순히 연구개발 인재가 적다는 차원의 문제가 아니다. 연구개발 인재는 일정 부분 존재하지만, 이를 뒷받침할 활용 인재가 절대적으로 부족하다. 그 결과, 장래가 촉망되는 연구 인재는 해외로 빠져나가고, 일본 안에는 인력을 파견해 단순 작업에 투입되는 'IT 작업자'만 늘어나는 악순환이 이어지고 있다.

물론 이러한 상황의 배경에는 기업과 행정기관이 애초에 최신 기술을 필요로 하지 않는다는 점도 있다. 수요가 없는 곳에 공급도 자라날 수 없다. 결국 "인재가 부족하다"는 외침은 공허하게 울릴 뿐, 일본의 구조적 문제를 해결하지는 못한다.

한국에서 찾는 IT 시스템 해답

나라 경쟁력과 국민 편의성을 끌어올린 '강한 정부 시스템'의 대표 사례는 한국에서 찾을 수 있다. 이사할 때 '정부24' 포털에만 접속하면 전입, 건강보험, 연금, 세금, 고용보험 등 25종류의 신고를 한 번에 끝낼 수 있다. 은행 등 민간 기관에도 정보가 자동 전달되고, 전출 신고도 필요 없다. 코로나 시기에도 원스톱 서비스는 위력을 발휘했다. 긴급 재난 지원금 신청은 스마트폰 터치 몇 번이면 끝났고, 국민 대부분이 이틀 안에 지원금을 포인트로 받았다. 국세청과 금융기관 정보를 연결했기에 가능한 일이었다.

의료 대응도 마찬가지다. 한국은 전국의 병상, 의료 인력, 장비 현황과 환자 정보를 통합 관리한다. 덕분에 구급대원이 단말에 정보를 입력하면 질병관리청이 가장 가까운 병원을 바로 지정한다. 서울에서는 중앙 제어센터 지시로 구급차 이동 경로의 신호등이 전부 파란불로 바뀐다. 일본에서도 '원스톱 서비스'를 강조하지만, 부처별·지자체별로 따로 노는 경우가 많아 이런 수준에 이르지 못한다.

이런 체계는 하루아침에 된 게 아니다. 한국은 1997년 IMF 외환위기라는 국가 존망의 위기를 계기로 행정 개혁에 착수했다. 당시 비효율의 상징이던 공무원 조직을 개혁하고, 전문성 있는 인재를 적극 기용했다. 이후 20여 년 동안 차근차근 전자정부 기반을 다졌다.

중심에는 한국지능정보사회진흥원NIA과 한국지역정보개발원 KLID이 있다. NIA는 중앙정부 전략을, 한국지역정보개발원은 지방정부 시스템을 맡는다. 직원 절반 이상이 민간 출신이고, 법률·의료·교육·금융 등 다양한 분야 전문가가 포함되어 있다. IT 전문가만 모아둔 게 아니라, 제도 개혁까지 설계할 수 있도록 한 것이다. 실제로 한국지능정보사회진흥은 BPR(업무 프로세스 개혁)을 의무화하고 부처 간 조정을 총괄한다. 한국지역정보개발원은 자치단체 공통 소프트웨어를 개발해 무상 배포하며, 특정 벤더 독점을 막기 위해 매년 업체를 바꾼다.

한국의 강한 '조달력'을 상징하는 사례가 2012년 소프트웨어 산업진흥법 개정이다. 대기업 IT 벤더의 입찰 기회를 줄이고 중소기업 참여를 늘려, IT 산업의 저변을 넓혔다. 일본처럼 기존 대기업에 기대려는 대신, 정부 스스로 발주 역량을 키운 것이다.

한국지능정보사회진흥은 정부의 IT 전략을 이끄는 싱크탱크 역할도 한다. 주민등록제도 개편, 전자 인증 기반의 인감 제도 폐지, EBPM(증거 기반 정책 입안) 도입까지 모두 여기서 설계·지원했다. 지방정부용 시스템은 한국지역정보개발원이 맡아 표준화를 밀어붙였고, 그 덕분에 자치단체는 개별적으로 행정 서비스 개발에 집중할 수 있게 됐다.

한국은 일본과 비슷한 노동 관행을 공유하지만, 20년 넘는 개혁을 통해 전자정부와 조달력에서 앞서갔다. 강한 리더십이 정치 체제 차이 때문만은 아니다. 전문 인재를 제대로 기용하고, 정부가 스스로 발주할 힘을 길렀다는 점에서 일본이 배울 점이 많다.

한국의 전자정부는 위기를 기회로 삼아 성장했다. 출발점은 1962년 주민등록번호 제도였고, 본격적인 전환은 1997년 외환 위기였다. 김대중 정부는 IT 산업 육성을 국가 재건 전략으로 내세웠다.

이 과정에서 한국 정부는 일본의 전자행정 사례를 배우기 위해 시찰단을 파견했는데, 여기서 작은 오해가 생겼다. 일본은 일부 시스템만 공동 개발한다고 설명했지만, 통역 착오로 한국은 이를 광범위하게 적용한다고 받아들였다. 이 '착각'이 계기가 되어 정부는 지방자치단체 시스템을 일괄적으로 개발·표준화하기 시작했고, 전자정부가 빠르게 자리 잡았다.

일본 IT 산업은 대기업 중심의 하도급 구조다. 안정만 추구하다 보니 창업은 드물고, 벤처투자도 위축돼 있다. 신생기업이 솔루션을 내놔도 공공기관이나 대기업이 쉽게 채택하지 않는다.

반면 한국은 IMF 위기 이후 정부가 신생기업 육성에 적극 나섰다. 창업 지원과 공공조달 의무화, IT 교육 확대를 통해 스타트업이 솔루션을 개발하고 시장에 진입할 발판을 만들었다. 이 구조 덕분에 수만 개의 기업이 성장했고, 네이버 같은 글로벌 IT 기업도 등장했다.

한국의 사례가 모든 문제에 대한 해답은 아니지만, 교훈은 명확하다. 신생기업이 독자 기술을 키우고 시장에서 살아남을 수 있는 '벤처 생태계'가 없으면 글로벌 경쟁에서 뒤처질 수밖에 없다. 한국은 20년간 디지털 전환을 밀어붙여 전자정부 2위에 올랐지만, 일본은 같은 기간 제자리걸음을 하다 '뒤처진 나라'가 되고 말았다.

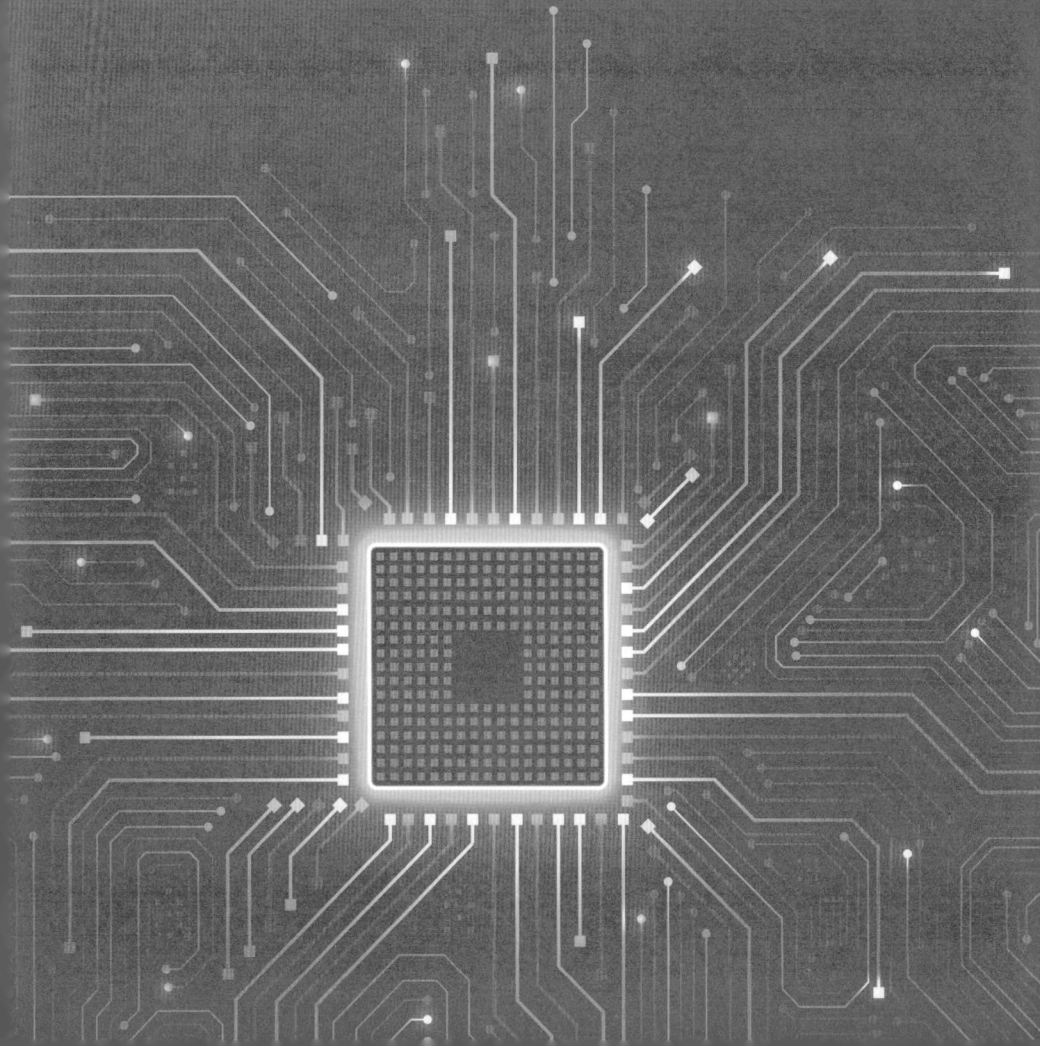

25장

사반세기 만에
디지털 혁명에서
낙오된 일본

결국 일본 기업에 남은 과제는 분명하다.
현장력에 기대어 '알아서 하라'는 방식으로는 더 이상 버틸 수 없다.
이제는 경영층이 스스로 디지털 전환을 주도하고,
현장과 전략을 연결하는 구조적 개혁을 실행해야 한다.

산업기술종합연구소의 분석 자료는 일본의 디지털 패전을 더욱 분명히 보여준다. 1994년부터 2018년까지 미국은 GDP 성장과 함께 디지털 분야 투자도 꾸준히 확대해 생산성과 산업 고도화를 이끌었다. 반면 일본은 같은 기간 디지털 투자 곡선이 거의 평평했다. 즉 일본은 지난 25년간 사실상 미래를 위한 투자를 멈춘 셈이다. 이는 국가 성장 전략의 부재를 드러낸다. 결과적으로 일본은 세계가 디지털 경제로 전환하는 동안 정체 상태에 머물렀고, 반도체 몰락과 맞물려 국가 경쟁력 전반이 약화됐다.

처음 언급했던 것처럼 결국 일본이 디지털에 대해 '갈라파고스화'가 되었다 표현하게 된다. 또한 행정 디지털에 대해서는 아무리 디지털을 도입하려고 해도 그것이 마치 디지털의 무덤처럼 되어버리고 마는 것이다. 정책과 구조, 행정 문화 등이 복합되면서 마이너스 시너지를 낸 셈이다.

마음대로 하는 현장의 집합체

일본의 디지털 패전은 국제 환경 변화에 대응하지 못한 구조적 문제, '3대 과잉'에 얽힌 보수적 경영, 잘못된 전략으로 인한 반도체 몰락, 사회 전반의 왜곡된 인식, 행정의 아날로그 고집, 그리고 무엇보다 투자하지 않은 25년이 빚은 결과였다.

이 변화 속에서 일본 기업의 체질적 한계가 드러났다. 《니케이 비즈니스》의 '극언폭론' 코너는 오래전부터 일본 기업을 두고 "마음대로 하는 현장의 집합체KGS, Kigyo Gokoro Shugi"라고 비꼬아왔다. 말 그대로 경영의 방향보다는 각 현장이 제멋대로 움직이고, 문제는 현장력으로 어떻게든 해결한다는 문화였다.

IT가 약했던 시대에는 이런 방식이 통했다. 가이젠改善 활동, 즉 현장에서 쏟아내는 개선과 응급조치는 실제로 일본 기업을 세계 정상으로 이끌었다. 그러나 디지털 시대가 도래하면서 KGS는 치명적 약점이 되었다. 의사결정 체계는 여전히 느슨한 현장력에 기대고 있었고, 그 사이 해외 기업들은 ERP(통합 기간 시스템)를 도입해 실시간으로 글로벌 현황을 파악하며 톱다운식 결단을 내릴 수 있게 되었다.

마이크로소프트와 애플이 그 좋은 예다. 각각 1975년과 1976년에 설립된 두 회사가 50년 가까운 세월 동안 여전히 세계 IT 산업의 거목으로 자리하는 이유는 단순히 창업자의 비전 때문이 아니었다. 이들은 일찍부터 '실시간 정보 흐름'을 경영 체계에 심었다. 덕분에 경영진은 빠르게 변하는 기술과 시장 상황을 포착할 수 있었고, 지속적인 혁신을 가능하게 했다.

일본 기업의 현장력이 정점에 달했던 시기는 쇼와 시대 말기 (1980년대 후반)였다. 당시를 떠올려보면 기업 환경 자체가 아날로 그였다. 종이 서류와 전화, 팩스가 업무의 전부였고, PC가 등장 했지만 네트워크와 연결되지 않아 플로피 디스크로 데이터를 주 고받았다.

대기업은 메인프레임 위에 기간 시스템을 올려 회계와 재고를 관리했고, 중견 기업은 축소형 사무용 컴퓨터를 사용했다. 메인 프레임 단말은 제한적이었고, 경영진이 의사결정에 필요한 정보 를 확보하려면 월 단위 집계 결과를 기다려야 했다. 국제적으로 활동하는 기업조차 해외 거점과의 연락은 국제전화에 의존했다. 경영진이 손에 쥔 정보는 늘 한 달 이상 늦은 것이었다.

이런 환경에서 일본 기업은 "경영자는 큰 방향만 제시하고, 문 제 해결은 현장이 알아서 한다"는 방식을 굳혔다. 현장은 창의적 으로 문제를 해결했고, 경영진이 파악하기도 전에 사태가 수습되 는 경우도 많았다. 가이젠 활동은 낭비를 철저히 줄이며 생산성 을 높였다. 도요타의 생산 방식이 "철의 컴퓨터"라는 찬사를 받은 것도 이때였다.

이런 성공 체험은 너무 강렬했다. "재팬 애즈 넘버원"이라는 평가가 나왔고, 미국 기업들조차 가이젠을 배우겠다며 몰려왔다. 후지쓰, 히타치, NEC는 이런 현장력을 무기로 IBM과 맞붙을 수 있었다. 쇼와 말기, 일본 IT 업계는 이미 수탁 개발과 하청 체제를 통해 '인월人月 장사(사람 수人 × 기간月=투입되는 인력의 시간을 기준으로 한 하청·용역형 비즈니스 모델)' 구조를 굳히고 있었는데, 이역시 현장의 요구를 그대로 반영하는 방식이었다.

그러나 1990년대, 헤이세이 시대의 시작과 함께 세계는 격변을 맞는다. 소련의 붕괴로 국제 질서가 바뀌었고, 무엇보다도 인터넷의 폭발적 보급이 기업 환경을 송두리째 뒤흔들었다. 메인프레임 중심에서 PC와 서버 기반의 클라이언트/서버 구조로 전환되었고, 이후 클라우드와 ERP로 이어지는 정보 시스템 혁신이일어났다.

경영자가 실시간으로 필요한 정보를 손에 넣을 수 있게 되면서, 톱다운형 의사결정 구조가 강력한 경쟁 우위로 자리 잡았다. 미국 기업들은 이 구조를 빠르게 정착시켰고, IT를 단순한 편의가 아니라 경영의 핵심 인프라로 삼았다.

반면 일본 기업은 여전히 현장력에 의존했다. "현장이 알아서한다"는 방식은 디지털 시대의 속도와 데이터 기반 경쟁에서는무용지물이 되었다. 각 부문이 필요에 따라 시스템을 따로 도입하고 개·보수만 반복하다 보니 전체 최적화는 이뤄지지 못했다. ERP를 도입한 경우에도 현장 요구에 끌려다니며 또다시 개·보수를 이어가는 악순환이 반복되었다.

1990년대 후반, 일본 기업이 디지털 혁명에 완전히 무관심했던 것은 아니다. 각 부서에서 자율적으로 웹사이트를 만들고, 일부 기업은 전자상거래를 시작했다. 가장 인상적인 사례가 일본 에어 시스템JAS이다. 이 항공사는 일본항공JAL에 흡수되기 전, 세계 유수 항공사보다 먼저 온라인 항공권 판매를 시작했다. 놀라운 점은 이것이 경영진의 전략적 판단이 아니라 IT 부서의 독단적 추진으로 이루어졌다는 사실이다.

이처럼 현장의 임기응변이 발휘된 덕분에 초기 성과는 있었다. 그러나 문제는 그다음이었다. 대부분의 시도는 투자와 전략적 지원이 부족해 중도에 좌절했고, 해외 경쟁사들의 빠른 대응에 밀려 사라졌다. JAS의 사례는 예외였을 뿐, 산업 전반을 바꾸는 흐름으로 이어지지 못했다.

만약 당시 경영진이 이런 현장의 움직임을 전략적으로 뒷받침했더라면 어땠을까. 현장에 맡기는 것이 아니라, 새로운 비즈니스 모델을 기획하고 투자로 연결했다면, 일본 기업은 디지털 혁명의 파도 속에서 지금과는 다른 위치에 서 있었을지도 모른다. 그러나 현실은 달랐다. 경영자는 분석도, 투자도 하지 않았고, 결국 일본 기업은 디지털 전환을 외치는 시대가 될 때까지 뒤처지고 말았다.

이제 일본 기업도 기간계 시스템 쇄신을 디지털 전환으로 인식하고 추진하려 하지만, 이미 서구와 신흥국 기업들은 오래전에 이 과정을 끝냈다. 디지털 시대는 더 이상 임기응변으로 버틸 수 없다. 필요한 것은 톱다운형 경영 전환과, IT를 전략적 무기로 다루는 태도다.

과거의 성공 공식은 이제 일본 기업을 옭아매는 덫이 되었다. 현장력은 여전히 중요하지만, 그것만으로는 글로벌 경쟁에서 살아남을 수 없다.

구조에 근본적인 문제가 있다

일본 기업의 몰락은 단순히 거품 붕괴나 경기 침체 때문만이 아니었다. 그 뿌리에는 일본형 조직 구조와 디지털화가 맞지 않았다는 더 근본적인 문제가 있었다.

이를 설명하는 틀 가운데 하나가 노나카 이쿠지로 野中郁次郎 교수의 'SECI 모델'이다. 노나카 교수는 지식을 2가지로 나누었다. 하나는 숫자나 언어로 쉽게 전할 수 있는 '형식지', 다른 하나는 경험과 직관으로만 전해지는 '암묵지'다. 요리로 비유하면, 레시피가 형식지라면 손맛이 깃든 비장의 소스가 암묵지다. 일본 기업의 강점은 이 암묵지를 스승에서 제자로, 선배에서 후배로 전수하며 끊임없이 개선과 숙련을 이어가는 방식에 있었다.

이 과정은 SECI 모델에서 말하는 4단계, 다시 막해 공동화(암묵지를 함께 체득), 표출화(암묵지를 언어나 도표로 바꾸는 과정), 연결화(형식지를 다른 형식지와 결합해 새로운 지식 창출), 내면화(다시 개인의 체험으로 흡수)를 통해 순환했다. 아날로그 시대의 일본 기업은 이 순환을 통해 지식을 쌓고, 가이젠과 현장력으로 세계를

SECI 모델에 따른 지식창조 프로세스

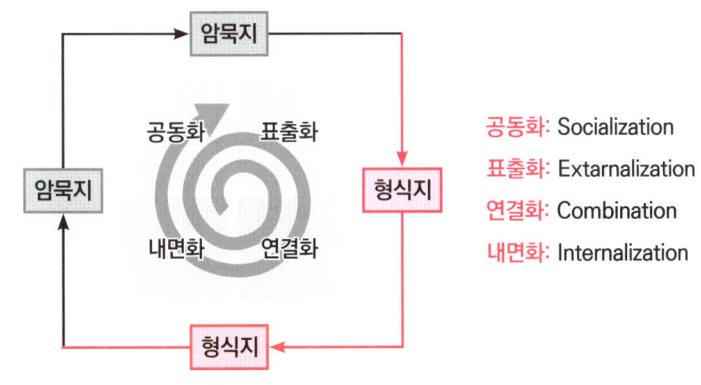

공동화: Socialization
표출화: Extarnalization
연결화: Combination
내면화: Internalization

출처:《지식창조기업》(1995)

제패했다.

그러나 문제는 바로 이 구조였다. 디지털화는 형식지를 빠르게 데이터베이스화하고 전자적으로 공유하는 데 최적화된 변화였다. 반면 암묵지 중심의 일본형 조직은 컴퓨터가 소화하기 어려운 '눈치'와 '손맛' 같은 비공식적 지식에 의존했다. 미국 기업은 본래부터 형식지를 중시했기에 디지털 전환과 자연스럽게 맞아떨어졌지만, 일본 기업은 정반대였다. 즉 아날로그 시대의 강점이 디지털 시대에는 오히려 약점으로 뒤집힌 것이다.

물론 일본 기업이 모두 실패만 한 것은 아니다. 흥미로운 조사 결과가 있다. 시노자키 아키히코^{篠﨑彰彦} 교수가 일본·미국·독일·한국 기업을 비교한 연구에서, "구조 개혁을 병행한 일본 기업은 다른 나라 기업 못지않은 디지털 성과를 냈다"는 사실이 드러났다.

구체적으로 보면, 재고 압축이나 비용 절감 같은 단기 성과에서는 일본 기업도 어느 정도 효과를 봤다. 그러나 신시장 개척이나 신규 고객 확보 같은 '외부 확장' 영역에서는 극명하게 뒤처졌다. 그런데 경영 구조를 재검토하고 권한 배분을 손본 기업군만 따로 떼어 분석해보니, 미국·독일·한국과 비교해도 큰 차이가 없었다.

이 말은 곧, 일본 기업이 디지털화에 약한 이유가 '기술력 부족'이 아니라 '구조적 문제'라는 점을 보여준다. 개혁을 하지 않으면 효과가 거의 나타나지 않지만, 일단 개혁을 실행하면 다른 나라와 대등한 성과를 낼 수 있는 것이다.

결국 일본 기업에 남은 과제는 분명하다. 현장력에 기대어 '알아서 하라'는 방식으로는 더 이상 버틸 수 없다. 이제는 경영층이 스스로 디지털 전환을 주도하고, 현장과 전략을 연결하는 구조적 개혁을 실행해야 한다. 일본 기업이 여전히 잠재력을 가지고 있다는 사실은 분명하다. 문제는 그 잠재력을 현실로 끌어올릴 '결단'이 경영진에게 있느냐는 점이다.

26장

"2025년 벼랑몽"
일본의 배수의 진

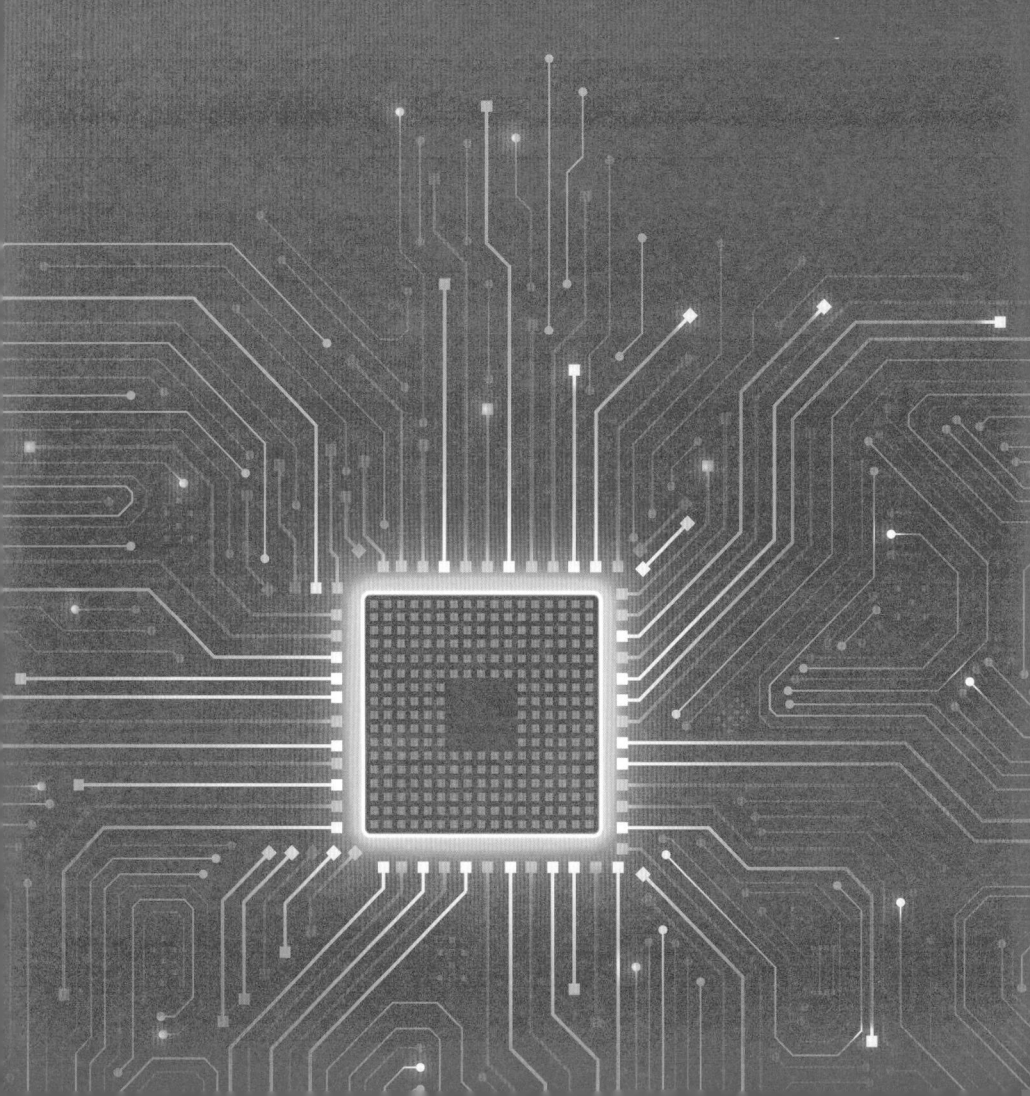

문제는 이후 상황이 달라졌다는 점이다.
SAP가 ERP 6.0의 지원 기한을 2027년까지 연장하면서,
경제산업성은 오히려 앞서 만든 "2025년 벼랑"이라는
구호가 무색해지고 망신을 당하는 꼴이 됐다.

"2025년의 벼랑"이라는 표현은 경제산업성이 만든 슬로건 가운데 가장 강렬한 사례로 꼽힌다. 그러나 동시에, 왜 하필 2025년이냐는 근거가 빈약해 사회적 비판과 풍자의 대상이 되기도 했다. 그럼에도 불구하고 이 경고는 현실화되고 있다. 일본 기업들이 안고 있는 노후화된 기간계 시스템이 한계 상황에 다다르고 있기 때문이다. 단순히 시스템을 새로 구축한다고 문제가 해결되지 않는다. 대규모 쇄신 프로젝트를 추진하려 하면 실패와 혼란이 뒤따르고, 그 과정에서 비난과 불신이 쏟아지는 일이 반복되고 있다. 실제로 이러한 악몽 같은 사례가 곳곳에서 발생하고 있는 것이다.

더 이상 돌이킬 수 없는 상황으로, 또 개선의 여지 없는 상황으로 치닫는 듯한 이 현상 속에서 일본은 "벼랑"에 서는 각오로 디지털 전환을 타개하려는 것이다.

디지털 전환 지연의 위험 현실화

이 표현은 2018년 9월, 경제산업성이 발표한 〈DX 리포트〉의 부제에 처음 등장한 것이었다. 정식 명칭은 〈IT 시스템 '2025년의 벼랑'의 극복과 DX의 본격 전개〉였다. 요컨대, 지지부진하게 멈춰 있던 일본 기업들의 디지털 전환DX을 촉진하기 위해 경제산업성이 내세운 선전용 슬로건이었다.

이 문구는 기업의 주의를 환기시키려는 의도에서 만들어진 것이며, 당시 디지털 전환 논의를 사회적으로 확산시키는 데는 일정한 역할을 했다. 다만, "왜 2025년인가?"라는 부분에 대해 뚜렷한 근거가 없었던 탓에 지나친 과장이라는 비판도 동시에 받았다. 즉 2025년 벼랑은 실제 시점을 특정하기보다는, 일본 기업들이 지금 당장 디지털 전환에 나서지 않으면 시스템 노후화와 글로벌 경쟁에서 뒤처질 수 있다는 경고의 상징으로 기획된 표현이었다고 할 수 있다.

〈DX 리포트〉는 노후 시스템이 복잡화·블랙박스화된 채 방치되면 2025년 무렵 IT 인재의 은퇴와 지원 종료로 인해 위험이 급격히 높아질 수 있다고 지적했다. 이로 인해 발생하는 경제적 손실은 연간 최대 12조 엔에 달할 가능성이 있다는 경고였다.

또한 기업이 폭발적으로 늘어나는 데이터를 제대로 활용하지 못하면 DX 실현에 실패해 디지털 경쟁에서 뒤처질 수 있다고 경고했다. 또한 IT 시스템을 운영·보수할 인력이 부족해지면서 기술적 부채가 쌓이고, 업무 기반 자체의 유지와 계승이 어려워질 수 있다고 지적했다. 아울러 사이버 보안 문제나 사고·재해로 인한 시스템 장애, 데이터 유실·유출 등의 위험도 커질 것으로 내다봤다.

많은 일본 기업이 지금도 "2025년의 벼랑"이라는 표현을 들으면, 그저 파국을 향해 달려가는 듯한 불안감을 느낀다. 하지만 사실 2025년이라는 연도 자체에 특별한 의미가 있었던 것은 아니다. 경제산업성이 이 용어를 내세운 배경에는, 당시 널리 쓰이던 SAP ERP 6.0의 공식 지원 기한이 2025년으로 설정되어 있었고, 이를 근거로 차세대 시스템인 S/4HANA로의 이행을 촉구하려는 목적이 있었다. 다시 말해, "2025년 벼랑"은 현실의 위기라기보다 정책적·홍보적 성격이 짙은 경고 문구였다.

문제는 이후 상황이 달라졌다는 점이다. SAP가 ERP 6.0의 지원 기한을 2027년까지 연장하면서, 경제산업성은 오히려 앞서 만든 "2025년 벼랑"이라는 구호가 무색해지고 망신을 당하는 꼴이 됐다. 그러나 최근 들어 이 표현이 다시 현실감을 얻고 있는 것은, ERP 지원 종료 문제가 아니라 일본 기업 전반에 걸친 시스템 노후화, 기술자 은퇴, 디지털 전환 지연 등이 점점 더 본격적인 위험 요인으로 다가오고 있기 때문이다.

말하자면, 본래는 정책적 수사에 불과했던 "2025년 벼랑"이 시간이 지나면서 실제 기업 환경의 위기와 겹쳐지게 된 것이 지금의 상황이다.

이제는 업무 프로세스 전체를 아무도 모른다

실제로는 SAP ERP 6.0의 지원 기한이 연장되었지만, "2025년 벼랑"이 경고했던 다른 부분들은 여전히 유효하다. 기간 시스템의 복잡화, 노후화, 그리고 블랙박스화는 이미 상당히 진행된 상태이고, 문제를 다룰 수 있는 숙련 인력이 빠르게 줄어들고 있다. 이른바 "아는 사람"이 점점 사라지는 것이다.

결국 많은 일본 기업이 2025년 전후, 넓게 보면 2020년대부터 2030년대 사이에 이 문제로 심각한 위기에 빠지거나 이미 빠져들고 있다. 이는 단순히 특정 시스템의 지원 종료 문제를 넘어서, 기업 운영의 기반 자체가 무너질 수 있음을 보여주는 신호라 할 수 있다.

말하자면, "2025년 벼랑"은 구호적 성격이 강했지만, 시간이 흐르며 기업의 실제 상황과 겹쳐지면서 불길한 예언처럼 현실이 되고 있다.

여기서 "아는 사람"이라고 두루뭉술하게 표현한 데는 이유가 있다. 경제산업성이 내놓은 보고서는 〈DX 리포트〉라는 이름을 붙이고, 노후화한 시스템을 최신 시스템으로 대체하는 것, 이른바 기술적 부채를 줄이는 데 초점을 맞추었다. 하지만 이 시각만으로는 현장의 진짜 위험을 놓치게 된다. 현업과 IT 부문을 이어주고, 시스템을 얽히고설킨 현실 업무에 맞게 운용해 오던 "암묵적 지식"과 "맥락을 아는 사람"이 함께 사라지고 있는 것이다.

다시 말해, 단순히 기술 인력이 퇴직하는 차원의 문제가 아니라, 조직 전체가 그동안 축적해온 업무 흐름, 운영 관행, 시스템과 사람 사이의 연결고리를 잃어버리는 심각한 상황에 빠져 있다는 점이다. 이 부분이 간과되면서 문제는 더욱 깊어지고 있는 것이다.

많은 일본 기업에서 벌어지고 있는 문제는 바로 이것이다. 업무, 더 정확히는 업무 프로세스 전체를 이해하는 사람이 사라지고 있다는 점이다. 노후화된 시스템이 블랙박스가 되어버린 상황에서, 그 안을 직접 손봐 개수할 수 있었던 기술자가 은퇴한다는 것은 누군가가 그만둔다는 정도의 일이 아니다. 그 시스템 속에 녹아 있는 회사 고유의 업무 절차와 프로세스 전체를 몸으로 이해하고 있던 존재였던 것이다.

그렇다면 IT 부문 이외에서, 자사의 업무 프로세스 전체상을 꿰뚫고 있는 사람이 있느냐 하면, 일본 기업에서는 사실상 찾아보기 어렵다. 업무를 부분적으로 아는 사람은 있어도, 복잡하게 얽힌 전체 흐름을 아는 사람은 멸종했거나 멸종 직전에 있다.

결국, 시스템만이 아니라 그 시스템이 담고 있던 조직의 집단적 기억까지 사라지고 있는 셈이다.

또한, IT 업체 측에서도 상황은 다르지 않다. 많은 기업이 시스템 개발이나 보수·운용을 SIer(흔히 IT 벤더나 SI 기업을 통칭해서 이르는 말)에 전적으로 맡겨왔기 때문이다. 이 경우 시스템을 이해하고 있던 사람은 자사 IT 부원이 아니라, IT 부문에 상주하던 SIer나 하청 IT 업체의 기술자였다. 그들은 단순히 시스템만 아는 것이 아니라, 그 시스템에 묶여 있는 업무 프로세스까지 함께 파악하고 있었다.

하지만 이런 상주 기술자들도 담당 교체나 퇴직으로 자리를 비우기 마련이고, 그 빈도는 IT 부원보다 훨씬 높다. 문제는 시간이 지나고 보니, 자사에도 IT 판매상에도 더 이상 시스템과 업무 프로세스를 제대로 아는 사람이 남아 있지 않다는 사실을 뒤늦게 깨닫게 된다는 점이다. 결국, 기업은 아무도 시스템을 이해하지 못하는 위험한 공백 상태에 빠져들고 마는 것이다.

경제산업성이 〈DX 리포트〉를 발표하기 직전, 한 대기업 SIer 관계자가 이렇게 말했다고 한다.

"요즘은 ERP를 쓰지 않으면 기간계 시스템을 구축할 수 없다. 원점에서 기간 시스템을 설계할 힘은 이미 사라졌다."

이 말은 곧 ERP를 기간계 시스템 개발의 '지원 도구'처럼 활용할 수밖에 없다는 자조였다. 하지만 ERP는 어디까지나 기업의 업무 전체를 최적화하기 위해 설계된 시스템이지, 기간계 시스템 구축을 위한 하청 도구가 아니다. 그런 식의 운용은 ERP의 본래 목적과는 거리가 있는, 어정쩡하고 불완전한 방법이라고 할 수 있다.

업무 프로세스의 전체상을 파악하는 사람이 사라진 상황에서, ERP를 도입해 기존 시스템의 빈틈을 메우려는 시도는 애초에 무리일 수밖에 없다. 표면적으로는 새로운 시스템을 구축한 듯 보이지만, 실제로는 기존 업무와 시스템 간의 간극을 채울 수 있는 사람 자체가 없으니 설계와 운영의 뼈대가 비어 있는 셈이다.

실제로, 2025년의 벼랑을 피하려고 서둘러 ERP를 도입해 기간계 시스템을 전면 쇄신한 기업 가운데, 오히려 대규모 시스템 장애에 휘말린 사례도 보고된 바 있다. 개선을 위해 뛰어든 길에서, 결과적으로는 "벼랑에서 떨어지는" 상황이 되어버린 것이다.

'프로세스 사무' 조직이 없다는 문제

그럼 왜 업무 프로세스를 아는 사람이 일본 기업에는 거의 남지 않게 되었을까? 가장 큰 원인은 서구 기업에서는 당연히 존재하는 '프로세스 사무' 조직이 일본에는 없었다는 점이다.

프로세스 사무란 회사 전체의 업무 프로세스를 한눈에 파악하고 분석하며, 이를 개선·혁신·표준화함으로써 생산성을 높이는 전문 부서를 말한다. 이 부서에서는 비즈니스 애널리스트라 불리는 전문가들이 핵심 역할을 맡는다. 이들은 현행 업무의 문제점을 세밀하게 분석하고, 새로운 업무 프로세스를 설계하며, 전사적 차원에서 개선을 주도한다.

반대로 일본 기업은 이런 체계적인 프로세스 관리 기능이 전무하다시피 했다. 대신 각 부서가 "현장력"에만 의존해 개별적으로 문제를 해결해왔다. 그 결과, 회사 차원에서 업무 프로세스 전체를 통합적으로 이해하는 사람이 길러지지 않았고, 오늘날에는 노후화한 시스템에 묶인 프로세스 구조를 파악할 인력이 사라진 것이다.

요컨대, 서구 기업에서는 업무 프로세스를 아는 사람들이 조직적으로 활동한다. 그들은 단순히 업무 절차를 아는 데 그치지 않고, 개혁의 식견과 기법까지 갖추고 있다. 그래서 경영자가 "피트 투 스탠다드Fit to Standard 방식으로 ERP를 도입하겠다"고 결정하면, 이를 뒷받침하며 프로젝트를 구체적으로 진행할 수 있다.

반면 일본 기업에는 이런 역할을 맡는 사람이 존재하지 않는다. 2025년의 벼랑이라는 경고에 자극받아 디지털 전환을 시도하더라도, 대개는 노후 시스템을 갈아치우는 기술적 부채 해소에만 초점을 맞춘다. 정작 핵심인 업무 프로세스를 이해하고 관리할 인재를 유지·육성하지 않은 것이 문제의 본질이다. 그 결과, 밑바닥이 보이지 않는 벼랑처럼, 그 추진 과정에서 반복적으로 실패를 불러오고 있는 것이다.

문제는 그 사이에 다른 나라의 기업들이 생성형 AI 같은 최신 기술을 활용해 경영과 비즈니스를 혁신하며 질주하고 있다는 점이다. 일본 기업은 그 흐름을 바라보기만 하며, 변화의 물결에 올라타지 못한 채 점점 뒤처져간다. 말하자면 벼랑 아래로 떨어지기보다는, 벼랑 위에 멈춰 서서 점점 힘을 잃고 객사하는 모양새가 되는 것이다.

그래서 "이대로는 안 된다"는 위기감 속에 기간계 시스템 쇄신에 나섰다가 오히려 더 큰 문제를 맞는 경우가 적지 않다. 프로젝트 단계에서부터 비난 여론이 쏟아지거나, 어렵사리 신시스템을 가동한 직후 치명적인 장애가 발생하는 사례가 그것이다.

결국 "2025년의 벼랑"을 피하려는 시도가 역설적으로 벼랑 아래로 굴러떨어지는 결과를 낳는 셈이다. 일본 곳곳에서 이런 만화 같은 사태가 현실로 벌어지고 있으며, 주력 상품의 장기 출하 중단에 내몰린 식품 업체를 비롯해 여러 실패 사례가 이미 보도되고 있다.

왜 실패가 잇따르는가? 적어도 원인이 ERP 그 자체에 있었던 것은 아니다. 만약 ERP가 문제였다면 전 세계적으로 같은 혼란이 일어났을 것이다. 따라서 원인을 따지다 보면 "발주 기업이 잘못했느냐, 아니면 SIer나 컨설팅사가 잘못했느냐"라는 구도로 귀결된다. 실제로는 양쪽 모두에 책임이 있다고 볼 수 있다.

그러나 본질은 기술력의 문제가 아니다. 앞서 언급했듯, 가장 큰 문제는 자사 업무 프로세스를 제대로 파악하고 있는 사람이 아무도 없다는 데 있다. 시스템을 새로 도입하더라도 이를 뒷받침할 내부의 이해와 관리 능력이 부재한 상황에서, 프로젝트는 실패할 수밖에 없었던 것이다.

그러니까, ERP를 단순히 개발 지원 도구로 취급한 채 피트&갭 분석으로 억지로 맞추려 해도 결국 벽에 부딪친다. ERP 표준 기능에 맞추어야 할 부분에서 "이래서는 업무가 돌아가지 않는다"라는 현장의 불만이 터져 나오면, 이미 프로젝트는 기울기 시작한 것이다. 그때부터 "그럼 이 기능도 추가하자"는 식으로 흘러가면, 일정은 크게 지연되고 개발비는 눈덩이처럼 불어난다. 프로젝트가 끝내 완수되면 다행이지만, 도중에 단념하거나, 간신히 시스템 전환에 들어섰다 해도 대규모 장애가 발생하는 경우가 허다하다. 결과는 말 그대로 비참하다.

어떤 저명한 CIO가 "경영 개혁이나 비즈니스 개혁을 통해 업무를 ERP 표준에 맞출 수 없다면 차라리 ERP를 도입하지 않는 편이 낫다"라고 조언한 적이 있다. 하지만 ERP를 쓰지 않는다 해도 사정은 크게 다르지 않다. 누구도 업무 프로세스 전체를 제대로 파악하지 못하고 있기 때문에 스크래치 개발은 무모하다. 국산 패키지 소프트웨어를 도입한다 해도 갭을 메우기 위해 무분별한 커스터마이즈가 반복되고, 결국 ERP 활용에서와 같은 파국으로 이어질 가능성이 높다.

'늦고 비싸다'는 함정

또 하나의 '2025년의 벼랑' 문제는 원조 버전과는 전혀 다른 차원의 이야기지만, 그 뿌리에는 공통된 문제가 깔려 있다. 바로 지방자치단체 기간계 시스템의 표준화다.

정부는 2025년 말까지 전국 약 1,700개 자치단체가 운용 중인 호적·주민기록 등 20여 개의 기간계 시스템을 하나의 표준 사양으로 다시 구축해, 정부 클라우드(공용 클라우드) 환경으로 이행하도록 지시했다.

각 지자체마다 다른 사양으로 운영되던 시스템을 단기간 안에 일괄 통일하겠다는 계획은 겉으로는 효율화와 비용 절감을 목표로 하지만, 실무 차원에서는 막대한 혼란과 위험을 내포하고 있다. 표준화라는 대명제 아래, 기존의 업무 프로세스를 세밀히 검토하지 않은 채 기술적 대체만 서두른다면, 기업 부문에서의 '2025년의 벼랑'과 같은 실패가 공공 부문에서도 반복될 가능성이 크다. 이를 볼 때, 문제의 본질은 같다고 할 수 있다. 업무 전체를 이해하고 관리할 인적·조직적 기반의 부재가 또 한 번 발목을 잡고 있는 것이다.

이른바 '지방판 2025년의 벼랑'도 이미 여러 언론에서 지적되었듯이 상당히 비참한 상황으로 흘러가고 있다. 우선, 표준화 프로젝트의 기한이 한정되어 있는 데다 정작 표준 사양 자체가 확정되지 않은 상태가 길어지고 있어, 각 자치단체의 시스템 이행 프로젝트는 사실상 '죽음의 행진'이 예약된 것과 다름없다. 현장에서 "이미 늦었다"라는 한탄이 터져 나오는 것도 무리는 아니다.

문제는 여기에 그치지 않는다. 소규모 자치단체의 경우, 기존 시스템보다 비용이 더 들어간다는 지적이 잇따르고 있다. 효율화와 비용 절감을 명분으로 시작한 사업이, 결과적으로 재정 부담만 가중시키고 있는 셈이다.

그렇다면 정령지정도시(일본의 지방자치법에 따라 내각각의가 정령政令으로 지정하는 도시). 같은 대규모 자치단체는 어떨까. 사정은 크게 다르지 않다. 대규모 프로젝트일수록 기존 시스템의 복잡성이 높아 이행이 늦어지는 데다, 자치단체 역시 이미 늦은 시작을 할 수밖에 없는 상황이다. 게다가 규모가 큰 만큼 오히려 기존 시스템보다 고비용 구조로 갈 수밖에 없다는 전망까지 나오고 있다.

결국, 지방자치단체의 표준화 정책은 규모와 무관하게 '늦고 비싸다'는 공통된 함정에 빠져 있으며, 이것이 공공 부문에서의 또 다른 '2025년의 벼랑'을 현실로 만들고 있다.

특히 대규모 자치단체에서는 전체 업무 프로세스를 제대로 파악하고 있는 사람이 거의 없다. 이런 상황에서 표준 시스템을 억지로 도입하면, 결국 기존의 업무 방식을 유지하기 위해 별도의 프론트엔드(사용자가 직접 이용하는) 시스템을 따로 만들 수밖에 없다.

이는 ERP를 표준 시스템으로 두고, 부족한 부분을 애드온 시스템으로 덧대는 구조와 다르지 않다. 결국 이미 민간 기업에서 '2025년의 벼랑'을 맞은 실패 사례와 닮아 있는 셈이다. 업무 개혁 없는 표준화, 이른바 '2025년의 벼랑'이 과연 어떤 결말을 가져올지 자명하다.

27장

본질을 이해하지 못하면
디지털 전환은 어렵다

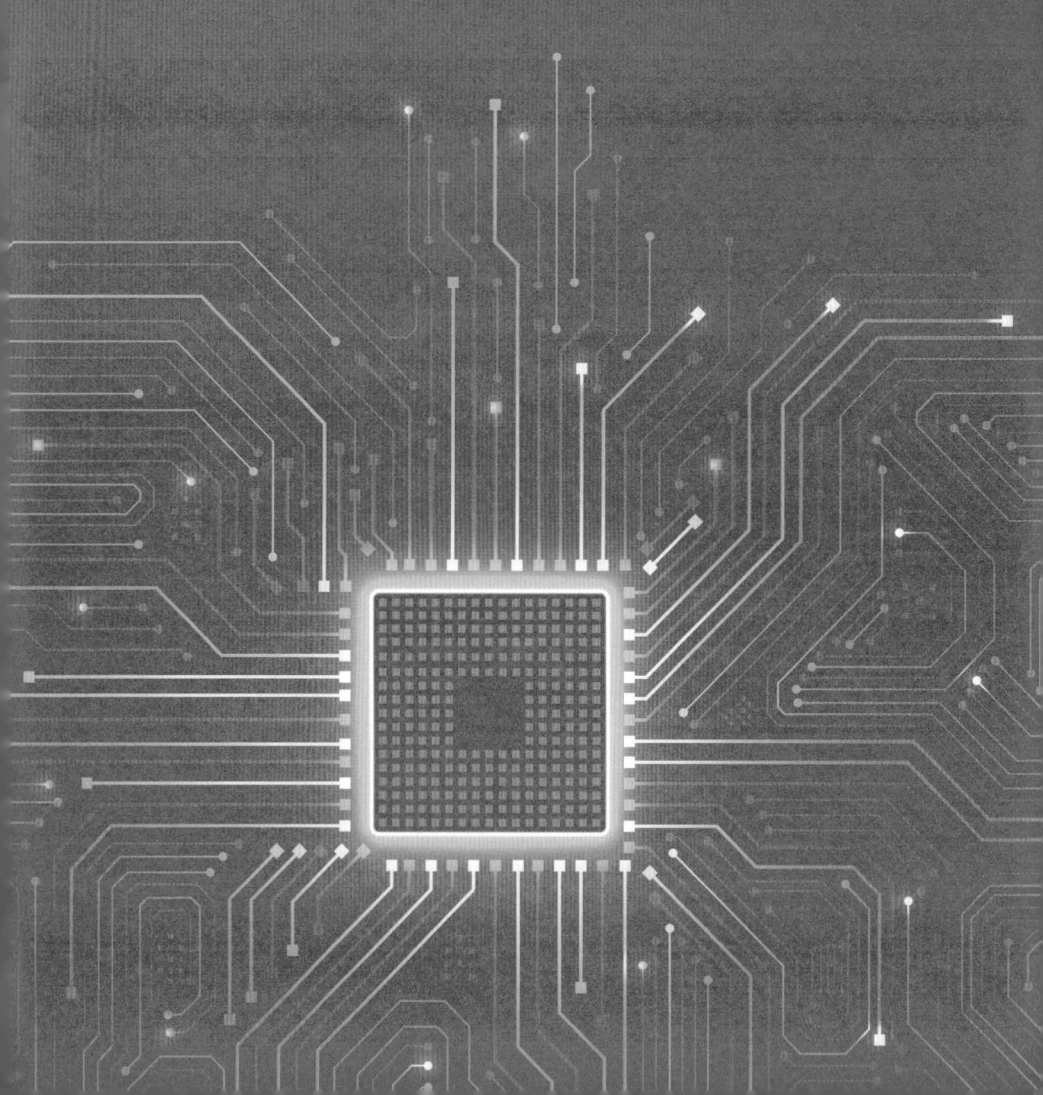

> **반면 일본 기업은 보텀업 조직이라는 이미지와는 달리,
> 실제로는 현장 정보의 전달이 제대로 작동하지 않아
> 기능 부전에 가까운 상태다. 이런 상황에서는 경영자가
> 톱다운 방식으로 신속하게 의사결정을 내리는 것도 애초에 불가능하다.**

일본 기업은 종종 '현장이 제멋대로 움직이는 집합체'라는 평가를 받는다. 이런 기업에서 디지털 전환을 성공적으로 추진하려면, 경영자가 평소처럼 모든 것을 현장에 맡기는 방식에서 벗어나 직접 주도하는 태도로 나서야 한다. 결국 톱다운 방식이 아니면 디지털 전환은 어렵다는 얘기다. 그런데 최근 일본 기업들 사이에서는 이 점에 대해 크게 잘못된 인식이 퍼져 있다.

의사결정 방식에 대한 오해

일본 기업, 혹은 일본의 많은 기업인들은 톱다운의 의미를 완전히 잘못 이해하고 있다. 그 결과 디지털 전환의 방향 설정도 흐려지고, 경영자가 디지털 전환을 현장에 일임하려 할 때 그 오해가

변명의 근거로 작용하기도 한다. 이는 대부분의 경영자가 "톱다운이란 경영진이 일방적으로 의사결정하고 지시하는 방식"이라고 믿고 있기 때문이다. 그러나 그런 방식으로는 디지털 전환을 성공시키기 어렵고, 오히려 기업은 순식간에 위기를 맞을 수 있다.

톱다운과 비교해 "경영진이 현장의 재량을 존중하고, 현장에서 올라오는 정보나 의견을 의사결정에 반영한다"는 방식을 보텀업이라고 한다. 일본의 직장인들은 자국 기업의 경영 스타일이 보텀업이라고 믿고 있지만, 이 역시 명백한 오해다. 물론 일본 기업이 톱다운 방식인 것도 아니다.

톱다운과 보텀업에 대한 큰 착각을 누구도 인식하지 못한 채, 실제로는 보텀업이 아님에도 일본 기업이 스스로를 보텀업이라고 믿어버리면 디지털 전환을 추진해도 일이 제대로 진행되지 않는다. 대부분의 기업은 디지털 전환을 추진할 때 이를 2가지 영역으로 나눈다. 하나는 기간계 시스템을 쇄신하고 업무 개혁을 시도하는 것이고, 다른 하나는 디지털 기술을 활용해 새로운 비즈니스 창출에 도전하는 것이다.

그리고 기간계 시스템의 쇄신을 통한 업무 개혁은 최근 들어 톱다운 방식으로 추진해야 한다는 인식이 일반화되고 있다. 이 분야는 과거에 많은 기업들이 현장 주도로 시도했다가 실패로 끝난 사례가 쌓여 있는 영역이다. 그래서 이제는 경영진이 직접 주도하지 않으면 성공할 수 없다는 현실이 깊이 각인되어 있다. 반면, 디지털 기술을 활용한 새로운 비즈니스 창출은 현장의 정보와 창의적인 발상이 핵심이 되기 때문에, 보텀업 방식으로 추진해야 한다고 여겨진다.

겉보기에 그럴듯해 보일 수 있지만, 정작 톱다운이나 보텀업의 본질을 전혀 이해하지 못한 채 이 두 방식 모두 제대로 작동하지 않는 일본 기업에서는, 결국 어느 쪽 방식의 디지털 전환이든 허술하고 실패로 끝나기 쉽다.

보텀업이 아닌 "JTC"의 실태

우선 "톱다운이란 경영진이 의사결정을 내리고 위에서 일방적으로 지시하고 명령하는 방식"이라는 오해부터 짚어볼 필요가 있다. 특히 많은 이들이 서구 기업이 이런 스타일을 고수한다고 믿고 있지만, 이는 이미 현실과 동떨어진 착각에 가깝다.

서구 기업의 경영 간부에게 이 문제를 물어보면, 대부분의 오해는 금세 사라진다. 실제로 서구 기업의 경영진은 현장의 직원이나 관리직으로부터 정보를 얻고 의견을 듣는 데 매우 적극적이다. 비즈니스 채팅 도구를 활용하거나 직원들의 의견을 직접 듣는 자리를 자주 마련하는 등, 현장의 중요한 정보가 신속하게 경영진에게 전달되도록 하는 시스템을 구축해 운영하는 경우가 많다. 그리고 이조차 충분하지 않다고 판단해, 사업 현장의 수치 데이터를 실시간으로 열람할 수 있는 체계를 갖추고 있기도 하다.

앞서 언급한 보텀업의 정의, 즉 "현장에서 올라온 정보나 의견을 잘 듣고 의사결정에 반영한다"는 방식은 서구 기업에도 그대로 적용된다. 핵심은, 현장의 정보가 빠르게 보텀업으로 전달되기 때문에 최고경영진이 신속하게 의사결정을 내리고 이를 톱다운 방식으로 현장에 지시할 수 있다는 점이다. 물론 전통적인 미국 대기업, 이른바 ATCAmerican Traditional Company라면 이런 구조가 원활하지 않을 수도 있다. 그러나 GAFA나 마이크로소프트와 같은 거대 기술 기업들은 보텀업과 톱다운을 균형 있게 운영하며, 양쪽 모두 효과적으로 작동시키고 있다.

그렇다면 일본 기업, 특히 JTCJapanese Traditional Company는 어떤가. JTC는 말하자면, 일본에서 오랫동안 경제를 지탱해온 제조업 기반 기업들을 말한다. 오래되었기 때문에 내부 분위기는 보수적이며 연공서열이 중시되고 폐쇄적인 경영구조를 지닌다. 외부와 협업하거나 개혁에는 취약하여 변화에 더딘 것이 그 특징이다.

JTC라 함은 일본 경제의 뼈대이지만 변화가 더딘 기업군을 통칭하는 말이다. 그렇기 때문에, JTC는 분명히 말해, 보텀업이라고 할 만한 것이 이루어지고 있지 않다. 적어도 GAFA 등과 비교하면, 일본 기업에서 현장의 정보가 경영진에게 올라가는 속도는 거북이걸음에 가깝다. 정보가 경영자에게 도달해 "판단을 받아야" 하기까지, 현장과 중간관리자 사이에서는 "이런 내용을 그대로 사장에게 보고해도 괜찮을까"라든가 "이런 제안은 사장의 의향에 맞지 않는 것 아닐까" 같은 손타쿠(촌탁)성 회의가 끝도 없이 이어지기 때문이다.

실제로 외국인의 시선에서도 일본 기업은 보텀업 조직으로 보이지 않는다. 2023년 8월 7일자 일본경제신문에 실린 '일본 기업, 과제는 인사제도—미 지일파 산업인의 제언'이라는 기사에는 일본 기업에 익숙한 한 미국 산업인의 흥미로운 지적이 소개돼 있다. 그는 "일본 기업의 경영진은 직원들의 의견에 귀 기울이지 않는다"고 말하며, 특히 "중간관리자의 지혜나 의견을 모아 반영하는 구조가 약하고, 경영 전략도 현장의 감각과 동떨어져 있어 결과적으로 경쟁력이 떨어지고 있다"고 분석했다.

정리하자면, 미국 기업의 CEO는 단순히 톱다운 방식으로 의사결정을 내리는 데 그치지 않고, 그러한 의사결정이 가능하도록 현장의 정보가 원활히 보텀업될 수 있는 시스템 구축에 신경을 쓴다. 반면 일본 기업은 보텀업 조직이라는 이미지와는 달리, 실제로는 현장 정보의 전달이 제대로 작동하지 않아 기능 부전에 가까운 상태다. 이런 상황에서는 경영자가 톱다운 방식으로 신속하게 의사결정을 내리는 것도 애초에 불가능하다. 오히려 일본 기업에서는 정보가 막히고 의사결정이 지연되는 일이 빈번하게 발생하고 있다.

이미 갖고 있는 구조 자체도 경직되어 변화가 쉽지 않은 상태인데, 여기에 의사결정 방식에 대한 오해와 착각이 변화를 늦출 뿐만 아니라, 어렵게 시도한 첫 걸음을 오히려 방해하는 꼴이 된다.

멋대로 움직이는 현장이라는 문제

원래 일본 기업, 특히 JTC는 '각 부문이 제멋대로 움직이는 현장의 집합체'에 가깝다. 심지어 경영자조차 다른 임원이 맡고 있는 사업 부문에 간섭하는 것을 주저할 정도로, 각자가 자기 분야에만 몰두하는 '1인용 참호 경영'에 익숙해 있다. 이 때문에 경영자에게 보고되어야 할 중요한 정보조차 현장에서 무시되거나, 원래라면 경영자가 판단해야 할 사안임에도 해당 부문 임원의 승인만으로 마무리되는 일이 비일비재하다. 이에 대한 자세한 이해가 필요하다면, 왜 JTC에서 현장의 부정 행위가 반복되는지를 곱씹어보는 것이 도움이 될 것이다.

JTC에서는 현장의 상황을 파악할 수 있는 시스템으로부터 경영자를 사실상 '차단'하는 경우가 드물지 않다. 특히 제조업 분야에서는 각 공장의 생산성에 관한 정확한 데이터조차 경영자에게 제대로 전달되지 않는다는 이야기를 흔히 들을 수 있다.

다시 말하지만, 톱다운 방식으로 의사결정을 하려면 그 전에 정보가 보텀업된다는 전제가 있어야 한다. 경영자가 "디지털 전환을 추진하니 각 부문은 현재의 과제를 보고하라"고 지시하더라도, 자율적으로 움직이는 현장이 스스로 문제를 솔직히 드러낼 가능성은 낮다. 결국 어떻게 되느냐 하면, 경영자가 지도력을 발휘한 것처럼 보이도록 CIO(최고정보책임자), IT 부서, 또는 컨설팅 회사나 SIer가 각 사업 부문이나 현장의 의향을 반영해 '디지털 전환 계획'을 만든다. 그러고는 기존 방식과 크게 다르지 않은 시스템을 다시 구축한 뒤, 그걸로 잘 됐다고 자평하고 만다.

디지털을 활용한 새로운 비즈니스나 서비스 창출과 같은 디지털 전환의 또 다른 영역은 어떨까. 이처럼 새로운 시도는 현장의 정보와 창의적인 시도를 살리지 않으면 어렵기 때문에, 보텀업 방식으로 추진하자는 주장이 많다. 고객과 가장 가까운 접점에 있는 쪽이 현장이기 때문이다. 이런 논리는 겉보기엔 그럴듯하지만, 진정한 의미의 보텀업, 즉 "경영진이 현장의 정보나 의견을 경청하고 이를 바탕으로 의사결정을 내리는 구조"와는 거리가 있다. 실제로는 그동안 마음대로 움직여온 현장이, 디지털 전환 추진에 있어서도 마찬가지로 자기 방식대로 움직이는 데 그치고 만다.

DX를 다시 짚어보자

확실히, 지금과 같은 방식으로는 미래가 없다. 일본 기업이 디지털 전환DX을 성공적으로 이루고자 한다면, 특히 경영자가 스스로 여러 가지를 되돌아보고 고쳐야 한다. "우리 회사의 강점은 현장력"이라는, 일본 기업에서 흔히 통용되는 착각을 내려놓고, "우리 회사는 톱다운도 아니고 보텀업도 아니다"라는 현실 인식을 갖는 것부터가 그 회개의 출발점이 되어야 한다.

일본 기업의 고질적인 문제인 '제멋대로 움직이는 현장의 집합체' 상태를 근본적으로 바로잡지 않으면 안 된다. 과거 한 대기업의 경영자는 "경영 판단에 필요한 정보를 제공한다고는 하지만, 시스템의 데이터만으로는 실제 상황을 알 수 없다"고 단언한 바 있다. 그는 무엇이든 "적절한 사람에게 직접 보고를 받고, 그 사람의 표정을 살펴봐야만 현장에서 무슨 일이 벌어지고 있는지 알 수 있다"고 말했는데, 이러한 사고방식이야말로 일본 기업이 변화하지 못하는 이유 중 하나다.

결국 이 경영자가 신뢰하지 못한 것은 시스템의 데이터 자체가 아니라, 현장에서 중간관리자들의 손타쿠(촌탁) 회의 등을 거쳐 올라오는 보고 내용이었다. 그렇기 때문에 그는 '합당한 사람'에게 직접 보고하게 하고, 그 사람의 표정이나 태도를 통해 "정보의 신뢰도가 얼마나 되는지" "얼마나 확신을 갖고 있는지"를 읽어내지 않으면 실상을 알 수 없다고 여긴 것이다. 물론 이런 상태라면, 경영 판단에 필요한 정보를 제공하는 시스템을 도입한다 해도 그것이 제대로 기능할 것이라 기대하긴 어렵다.

실제로 이 기업에서도, 최근 일본 기업 사이에서 '유행'처럼 번지고 있는 현장의 부정 사례가 발생했다. 결국, 아무리 '합당한 사람'에게 보고를 받으며 그 표정을 살핀다 해도, 그것만으로는 진짜 상황을 파악할 수 없다. 그렇기에 이 기업을 포함해 JTC 등 일본 기업 전반은, 현장의 정보가 제대로 보텀업될 수 있는 구조를 반드시 마련해야 한다. 제멋대로 움직이는 현장의 집합체라는 조직 문화를 바로잡고, 쓸데없이 현장을 이상화하던 쇼와 시대의 잔재 같은 기업 문화를 바꾸는 것이 필수적이다. 현장의 정보가 신속하고 정확하게 경영진에게 도달할 수 있도록 만드는 것, 그것이야말로 지금 일본 기업에 가장 절실한 디지털 전환이라 할 수 있다.

낡은 시스템으로부터 탈피하기

일본에서는 디지털 전환이 좀처럼 진척되지 않고 있으며, 앞으로 이것이 심각한 경제적 손실로 이어질 것이라는 우려가 크다. 〈DX 리포트〉에서도 이른바 '2025년의 벼랑' 문제가 지적되어 주목을 받았다. 이는 일본 기업이 낡은 시스템에서 벗어나지 못할 경우, 2025년 이후 매년 약 12조 엔 규모의 경제 손실이 발생할 수 있다는 경고였다.

여기서 말하는 '낡은 시스템'이란, 경영 전략이나 사업 전략의 발목을 잡는 구식 시스템을 뜻한다. 하나의 시스템을 오랜 기간 사용하는 동안 구조는 점점 비대해지고, 기술적으로는 시대에 뒤처지게 된다. 실제로 일본 기업이 사용 중인 많은 IT 시스템은 이미 노후화가 진행되고 있으며, 2025년 이후에는 그중 약 80%의 시스템이 운용과 관리 측면에서 심각한 어려움에 직면할 것으로 예상되고 있다.

또한 "과반수의 기업이 IT 예산의 80% 이상을 시스템의 유지·운용 등 관리 비용에 쓰고 있다"는 조사 결과도 있다. 이는 많은 기업들이 새로운 기업 가치를 창출하거나 경쟁력을 강화하는 데 충분한 투자를 하지 못하고 있다는 현실을 보여준다. 특히 디지털 전환을 추진하지 못하는 기업은 중소기업에 많을 것으로 보이는데, 그 이유는 IT 인력이 부족하고 디지털 전환 관련 대응 체계 자체가 마련되어 있지 않기 때문이다.

인재가 부족하더라도 레거시 시스템에서 벗어나 디지털 전환을 추진하려면, 무엇이 필요한 것일까?

28장

"성역 없는
디지털 시장"의 위협,
일본은 어떻게 살아남을까?

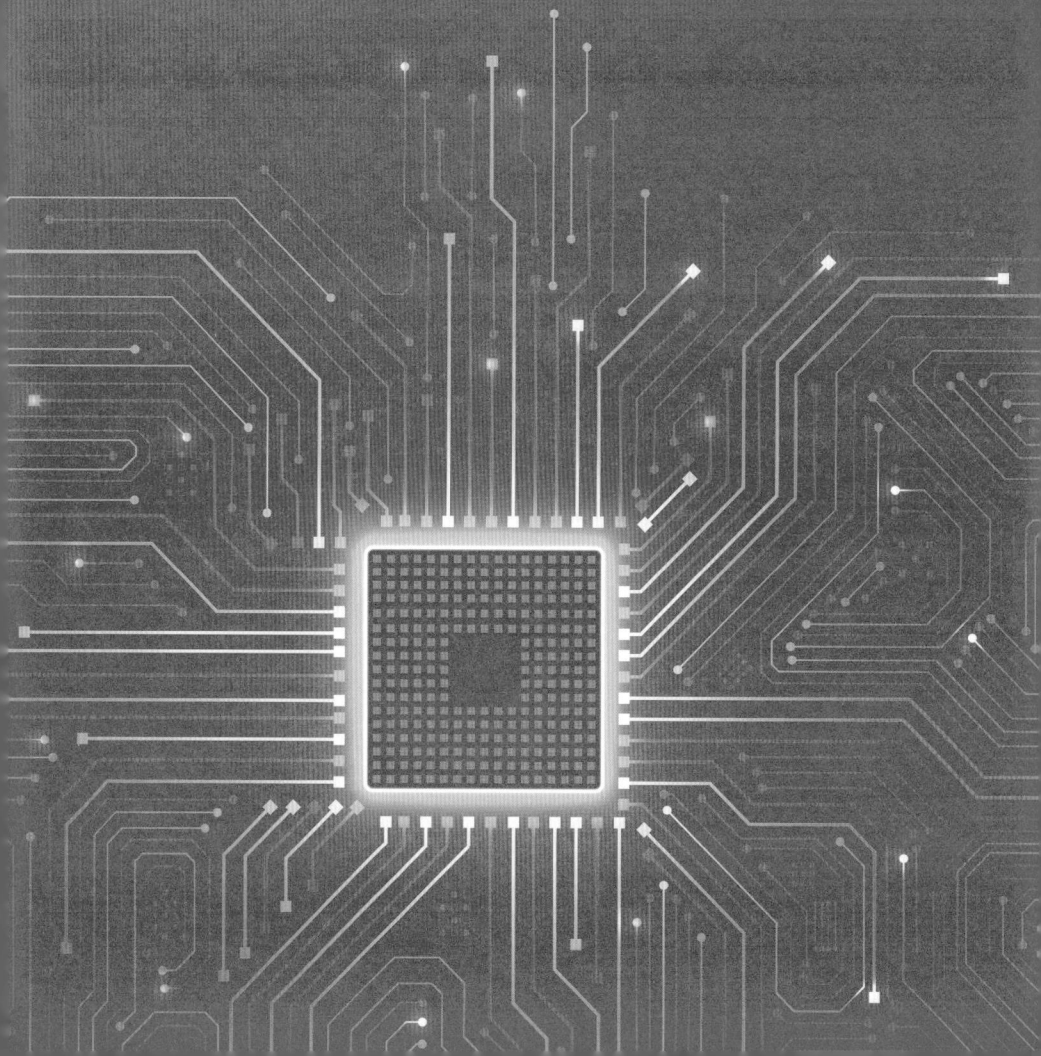

지금 일본의 디지털 경제 구조는 명확하다.
사용자는 늘고 있지만, 생산자는 없다. 데이터는 해외 플랫폼에 쌓이고,
클라우드 서비스·AI·소프트웨어 인프라는 외국계 기업에 의존한다.

2024년 4월 30일, 경제산업성 대신관방(장관 직속 조직)의 '젊은 이 신정책 프로젝트 PIVOT'에서 〈디지털 경제 리포트—데이터에 삼켜지는 세계, 성역 없는 디지털 시장의 생존 전략〉이라는 제목의 보고서가 공개되었다. 총 106쪽에 달하는 이 보고서는, 오늘날을 '성역 없는 디지털 시장'의 시대라고 규정하며, "서비스의 부가가치를 결정짓는 소프트웨어가 팔리지 않으면, 하드웨어도 팔리지 않는다"는 핵심 명제로 서문을 연다.

디지털에서 지면 "물건"도 팔리지 않는다

일본 경제는 오랫동안 '완성품을 만들어 판매하는 모델', 즉 제조 역량을 산업 경쟁력의 핵심으로 삼아왔다. 정밀도, 안정성, 품질.

이 구조 위에서 일본은 세계 시장을 오랫동안 지배해왔다. 그런데 산업 질서가 바뀌었다. 지금은 제품보다 데이터가 앞서고, 디자인보다 소프트웨어 설계가 중요하며, 물건의 완성 시점은 공장이 아니라 업데이트 서버가 결정한다. 이제 하드웨어는 끝점이 아니라 플랫폼으로 연결되는 입구가 되었다. 문제는 "일본이 이 새로운 질서에서 어떤 위치에 서 있는가"다.

지금 일본의 디지털 경제 구조는 명확하다. 사용자는 늘고 있지만, 생산자는 없다. 데이터는 해외 플랫폼에 쌓이고, 클라우드 서비스·AI·소프트웨어 인프라는 외국계 기업에 의존한다. 일본은 디지털 서비스를 소비하고 있지만 그만큼의 산업 생태계가 국내에서 자라지 않는다. 이 구조는 이미 현장에서 나타나고 있다.

일본 도로를 달리는 테슬라, BYD 같은 수입차를 보자. 겉으로는 '차량'을 수입하는 것이지만, 이 수입차 안에 지도 데이터, OTA 업데이트 시스템, 보안 인프라, 알고리즘 기반 주행 설계, 플랫폼 구조 등 보이지 않는 소프트웨어 계층이 함께 들어온다. 자동차가 팔리는 것이 아니라 외국 플랫폼이 일본 시장을 점령하는 격으로, 결국 일본이 지불하는 비용은 차량의 가격이 아니라 접속료, 사용료, 그리고 산업적 주도권이다.

이제 이 흐름은 국가 재정과 무역 구조, 그리고 통화가치의 움직임과 직결되고 있다. 디지털 소비가 늘어날수록 일본은 단순 사용자로 남으며, 그 비용은 무형의 사용료라는 형태로 해외로 빠져나간다. 그리고 바로 이 지점에서 '디지털 적자digital deficit'라는 개

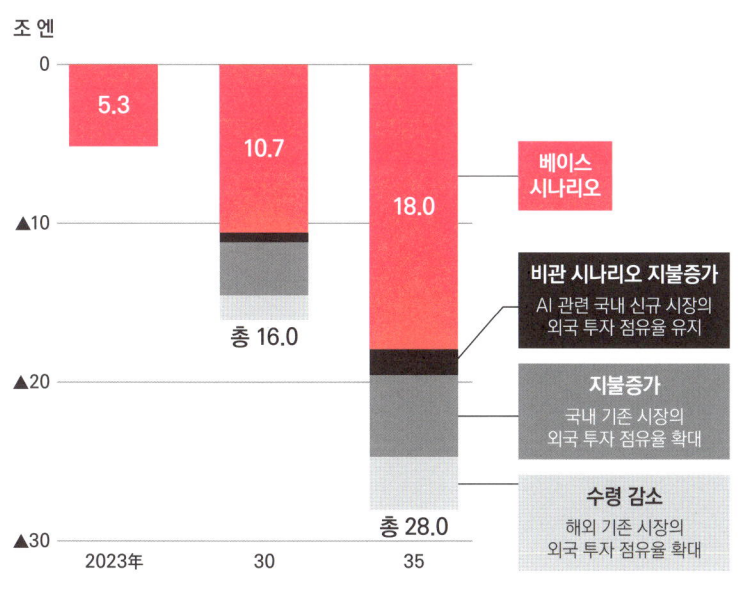

PIVOT 디지털 적자의 추계 예측

조 엔

베이스
시나리오

비관 시나리오 지불증가
AI 관련 국내 신규 시장의
외국 투자 점유율 유지

지불증가
국내 기존 시장의
외국 투자 점유율 확대

수령 감소
해외 기존 시장의
외국 투자 점유율 확대

총 16.0

총 28.0

2023年   30   35

출처: 일본 경제산업성

념이 등장한다.

　디지털 적자는 플랫폼 이용료를 지불한다는 단순한 문제가 아니다. 클라우드, AI 모델, 운영체제, 결제 인프라 등 디지털 시대의 필수 요소들이 모두 해외 기업에 의해 제공될 경우, 그 비용은 서비스 수지Service Balance 적자로 잡힌다. 겉으로는 소프트웨어 하나를 쓰는 것 같지만, 실제로는 경제 구조가 외부 플랫폼에 종속되는 과정이 함께 진행되고 있는 것이다.

　이 흐름을 가장 먼저 경고해온 인물이 있다. 미쓰비시UFJ은행의 이코노미스트 가라카마 다이스케唐鎌大輔다. 그는 이미 과거 장기 전망에서 "2030년경 일본은 서비스 수지 적자 10조 엔 시대에 진입할 것"이라고 분석한 바 있다. 이번 예측치가 공개됐을 때 그는 뜻밖이라는 반응 대신, "이미 2030년 디지털 관련 적자를 약 17조 엔으로 예상했기 때문에 놀랍지 않다"고 말했다..

서비스 적자 20조 엔 시대

여기서 흔히 등장하는 반론이 있다. "디지털 적자가 난다고 해서 반드시 나쁜 것은 아니다. 수입이 늘어나는 건 오히려 시장이 열리고 있다는 신호다"라는 것이다.

틀린 말은 아니다. 어떤 국가에게 디지털 적자는 미래 성장을 위한 초기 비용일 수 있다. 그러나 그 논리가 적용되기 위해선 전제가 하나 필요하다. 소비가 산업 축적으로 이어질 것. 하지만 지금 일본의 적자는 산업 발전으로 연결되지 않는다. 데이터는 외국에 저장되고, 경험은 국내에 남지 않으며, 기술은 축적되지 않는다. 즉 돈은 쓰고 있지만, 산업은 자라지 않는다는 말이다.

그렇다면 일본의 디지털 경제는 앞으로 어떤 경로를 밟게 될까? 새로운 분석 모델을 기반으로 한 2035년 전망은 다음과 같다.

- **베이스 시나리오**: 약 18조 엔의 적자

• 비관적 시나리오: 최대 28조 엔의 적자

베이스 시나리오는 이미 외국 기업이 장악한 분야(클라우드, 플랫폼, 보안, SaaS)에서 일본이 주도권을 되찾지 못하는 흐름이 이어지는 경우다. 비관적 시나리오에서는 아직 일본 기업이 버티고 있는 SISystem Integration와 일본계 플랫폼 영역까지 해외 기업이 잠식하는 경우다. 그때 일본은 디지털 산업의 생산자가 아닌, 완전히 소비자 국가로 굳어질 수 있다.

문제는 이번 전망이 그 예측을 넘어섰다는 점이다. 디지털 무역수지의 비관 시나리오(약 28조 엔)이 현실화된다면, 가라카마가 경고했던 '서비스 적자 10조 엔 시대'를 훌쩍 넘어, 일본은 단숨에 '서비스 적자 20조 엔 시대'에 들어설 가능성이 있다.보고서는 "성역 없는 디지털 시장에서는 무역수지도 남의 일이 아니다"라고 한다. 이유는 단순하다. 지금 우리가 소비하는 대부분의 '제품'에는 이미 디지털 '서비스'가 포함되어 있지만, 그 서비스가 제품 내부에 통합된 채 수입되는 경우, 무역 통계상 디지털 서비스 이용료로 집계되지 않는 '숨어 있는 비용'이 발생하기 때문이다. 이른바 '숨은 디지털 적자'Invisible Digital Deficit다.

이를 더 정확히 보기 위해 일본은 두 가지 개념을 구분해야 한다.

1. '디바이스 특유의 소프트웨어 비용': 펌웨어, 전용 OS, 차량용 미들

웨어 등, 제품 내부에 포함되어 무역항목에 계상되는 비용
2. 'SDX(Software-Defined Everything)로 발생하는 매출 구조 변화': 제품의 기능과 가치가 하드웨어가 아닌 소프트웨어 업데이트로 결정되는 현상, 그리고 그 결과 발생하는 기존 제조업의 수익 감소

대표적인 사례가 자동차다. 하드웨어가 아닌 소프트웨어가 차량의 성능을 규정하는 시대SDV, Software-Defined Vehicle다. 일본 자동차 산업이 가장 우려하는 변화이자, 디지털 경제가 기존 제조 산업을 구조적으로 잠식하는 대표적 장면이다.

결국 질문은 여기로 되돌아온다.

"일본은 지금 비용을 지불하며 배우고 있는가, 아니면 비용을 지불하며 잃고 있는가?"

일본은 지금 이 질문 앞에 서 있다.

2035년, 최대 약 45조 엔 디지털 적자

이제 이 흐름은 구체적인 산업 현장에서 더욱 선명하게 드러난다.예를 들어 구글Alphabet이 제공하는 안드로이드 오토모티브 OSAndroid Automotive OS는 자동차 내비게이션과 지도 기능의 핵심 역할을 담당한다. 차량 정비소에 입고하지 않아도 원격으로 기능이 개선되는 OTAOver-the-Air업데이트 역시 마이크로소프트의 클

라우드 서비스인 애저Azure를 기반으로 제공된다.

겉보기에는 하나의 장치, 하나의 제품이지만 그 내부에는 해외 플랫폼 기업의 서비스 계약, 데이터 사용료, 알고리즘 이용권이 겹겹이 얹혀 있다. 이 거래들은 원칙적으로 서비스 수지의 연구개발 서비스또는 지식재산권 사용료 항목으로 기록되어야 한다. 그러나 제품에 조립된 상태로 수입될 경우, 통계상 단순 수입품으로 처리되며 서비스 수지 적자로 포착되지 않는 경우가 발생한다. '숨은 디지털 적자'다.

문제는 여기서 그치지 않는다. 데이터와 소프트웨어가 제품의 가치와 기능을 규정하는 구조로 이동할수록, 기존 제조업의 매출 기반은 잠식된다. 이를 'SDXSDX: Software-Defined Everything 적자'라 한다. 자동차 산업을 예로 들면, SDV가 본격 보급될 경우 기존 내연기관차의 점유율은 자연스럽게 감소하고, 그 결과 일본의 수출 기반 산업이 위축되며 무역수지 악화로 이어질 수 있다는 시나리오다.

- **숨은 디지털 적자:** 최대 약 3조 8000억 엔
- **SDX 적자:** 최대 약 13조 5000억 엔

보고서에 따르면, 자동차·산업기기·통신기기에서 발생하는 소프트웨어 및 데이터 관련 비용 중 총액 약 17조 3000억 엔이 추가 발생할 수 있으며, 비관적 시나리오에 이를 포함하여 넓은

의미의 디지털 적자 규모는 2035년 기준 최대 45조 엔에 이를 가능성이 제시된다.

여기서 중요한 점은 숫자의 크고 작음이 아니라, 일본이 이 구조 속에서 어떤 위치에 있는가다.

"어중간한 대국" 일본의 비애

디지털 분야에서 수지가 흑자이거나 적어도 큰 손실 없이 유지되고 있는 국가는 대체로 4가지 유형으로 나눌 수 있다.

1. **선진 대시장형:** 미국, 중국처럼 내수 규모가 압도적으로 큰 국가
2. **국제 시장 진출형:** 영국과 한국처럼 해외 시장에서 수익을 창출하는 국가
3. **외자 유치형:** 아일랜드, 싱가포르처럼 글로벌 기업을 불러들이는 모델
4. **저비용 국외형:** 인도처럼 비용 경쟁력을 바탕으로 해외 기업의 업무를 수행하는 국가

이 분류 안에서 일본이 실질적으로 지향해야 할 모델은 두 번째, 즉 '국제 시장 진출형'에 가깝다. 이 모델은 첨단 연구를 기반으로 자국 산업의 강점을 결합하고, 이를 해외 시장에서 수익화

하는 구조다. 내수 규모가 무한하지 않은 나라들이 디지털 시대에 살아남기 위해 선택한 방향이라고도 볼 수 있다.

일본은 여전히 자동차·공작기계 분야에서 기술적 기반과 경쟁력을 갖고 있다. 만약 이 산업 기반 위에 소프트웨어와 디지털 역량이 유기적으로 더해진다면, 일본이 국제 시장에서 다시 확장성을 확보할 가능성은 충분하다.

이미 한국은 비슷한 모델을 경험하며 정착시켰다. 특허나 전문 서비스 영역에서는 적자가 발생하지만, 통신·컴퓨터·정보 서비스 영역에서는 소폭의 흑자를 유지하고 있다. 이 덕분에 전체 디지털 수지는 빠르게 악화되지 않고 비교적 균형을 유지한다. 그 뒤에는 네이버·카카오 같은 플랫폼 기업이 국내 시장에서 높은 점유율을 확보하고 있다는 배경이 있다. 광고·앱·클라우드·미들웨어 수익이 해외로 빠져나가지 않으니, 자연스럽게 디지털 수지를 떠받치는 완충 장치가 만들어진 셈이다.

반면 일본은 1억 명이 넘는 내수 시장이 오히려 기업 전략을 흐려왔다. "국내만으로도 사업이 된다"는 인식이 긴 시간 굳어졌고, 초기부터 해외를 목표로 하는 기업은 많지 않았다. 그 결과 일본의 투자자는 해외 확장을 지나치게 위험한 선택으로 평가하게 되었고, 해외 투자자 역시 일본 기업의 글로벌 확장 가능성에 확신을 갖지 못했다.

이런 흐름 속에서 일본은 규모가 작지도, 그렇다고 세계 시장을 단숨에 흔들 정도로 크지도 않은, 일종의 '중간 강국middle power trap'에 머물러 있다. 이 어중간한 스케일이 전략적 판단을 어렵게 만드는 요인으로 작용해왔다.

이러한 일본의 상황을 극복하기 위한 처방으로,

보고서는 다음의 4가지 핵심 과제를 제시하고 있다.

1. 해외 진출을 촉진하는 정책적 보상 구조 마련
2. 불확실성을 감수할 수 있는 투자 환경 만들기
3. 해외 시장에서 경쟁 가능한 근거('Right to Win') 명확화
4. 기술·노하우의 해외 이전에 대한 선제 대응

참고할 만한 실제 사례로는 한국과 영국의 지원 정책, 그리고 이스라엘의 요즈마 프로그램Yozma Model이 거론된다. '요즈마 프로그램'은 이스라엘 정부가 첨단 기술 기업의 창출을 위한 생태계를 조성하고자 마련한 프레임워크로, 정부가 해외벤처 캐피털VC과 공동으로 펀드를 조성하는 구조를 갖는다. 투자 대상의 선정은 민간 투자 운용자에게 전적으로 맡겨지며, 정부 출자분은 일정 기간 후 민간 VC가 매입할 수 있도록 설계되어 있다. 이에 따라 정부의 개입은 자연스럽고 세련되게 페이드아웃되도록 유인 구조가 짜여져 있다. 특히 요즈마는 정부가 초기 불씨를 만들되, 결국 민간이 성장 구조를 이어가는 설계를 갖추고 있다는 점에서 좋은 참고점이 된다.

일본의 경제 구조가 지금 어디를 향해 가고 있느냐에 집중

한다면 일본의 문제를 해결하는 실마리를 찾을 수 있을지도 모른다.

제5부

'마이넘버카드'
왜 필요하며
무엇이 문제인가?

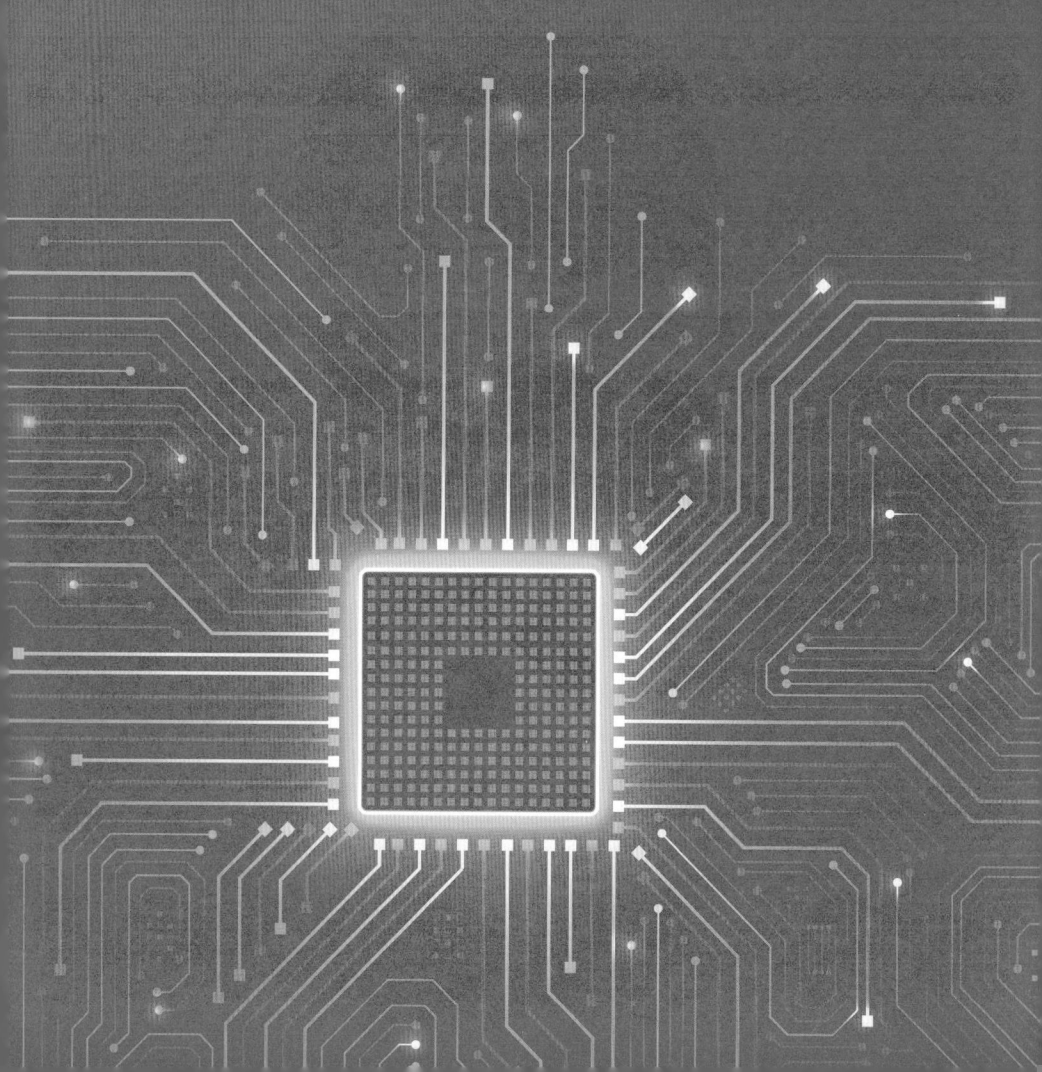

29장

문제가 잇따르는
마이넘버카드

이러한 역사적 맥락은 일본 사회에 뿌리 깊은 조건반사를 남겼다.
번호제도=감시, 번호제도=나쁜 것이라는 인식이 뼛속까지 각인된 것이다.
그래서 마이넘버카드가 도입되었을 때도 단순한 행정 실수를 넘어,
"내 정보가 어디까지 흘러가고, 누가 보는지 모른다"는 불안이
훨씬 더 크게 작동했다.

일본은 민간에서도 디지털 전환에 번번이 미끄러졌지만, 진짜 균열은 행정에서 정면으로 터졌다. 그 상징이 바로 '마이넘버카드(이하 마이나카드)'다. 정부는 이것을 "디지털 국가로 가는 관문"이라고 홍보했지만, 2023년 이후 드러난 현실은 정반대였다. 가장 일상적인 창구에서, 가장 민감한 개인정보와 돈이 얽힌 자리에서, 연쇄 사고가 뻥뻥 터진 것이다.

마이넘버카드, 이렇게 탄생했다

마이넘버는 2016년부터 일본 내 주민표가 있는 모든 개인에게 부여되는 12자리 번호다. 마이나카드는 이 번호와 얼굴 사진이 함께 들어간 IC 신분증으로, 칩 안에는 이름·주소·생년월일·성

별·개인번호·전자서명 등 본인 확인 정보가 담긴다. 세금, 연금, 보험, 소득, 의료, 건강보험증 등 총 29개 항목과 연계되도록 설계되어 있어서, 법률상으로 열거된 범위 안에서는 창구를 직접 찾지 않고도 각종 행정 절차를 처리할 수 있다는 게 정부의 약속이었다.

번호는 자동으로 부여되지만 카드는 본인 신청제라서 초기 보급은 지지부진했다. 그래서 정부는 마이나포인트(최대 2만 엔)라는 전례 없는 인센티브를 풀어 보급을 강행했다.

정부 입장에서는 코로나19 팬데믹 당시 행정의 지체가 치명적으로 드러난 것도 이유였다. 당시, 긴급 지원금을 신속하게 배부하지 못해 국민적 불만이 쏟아졌고, 일본 행정이 디지털화에 뒤처져 있다는 사실이 낱낱이 드러났다. 이 쓴 경험을 되풀이하지 않겠다는 조급함이 결국 마이나카드 보급을 밀어붙인 동력이 되었다.

하지만 속도전에 치중한 결과는 참담했다. 카드의 보급률은 올라갔으나, 그만큼 오류와 사고도 눈덩이처럼 불어났다.

2023년, 언론을 통해 가장 먼저 대대적으로 알려진 것은 공금 수취 계좌 문제였다. 마이나카드와 연계해 국가의 급부금, 각종 지원금을 받기 위해 지정된 계좌 중 본인이 아닌 가족 명의 계좌가 무려 13만 건이나 등록되어 있었던 것이 드러난 것이다.

디지털청은 원칙적으로 "공금 수취 계좌는 반드시 본인 명의여야 한다"고 주지시켜 왔다. 그러나 현실에서는 계좌가 없는 아이를 대신해 부모의 계좌를 등록하거나, 고령자·무은행 계층을 위해 가족이 대신 등록하는 경우가 많았다. 즉 '편의'라는 이유로 원칙이 무너진 셈이다.

고노 다로 디지털청 장관은 2023년 6월 7일 기자회견에서 고개를 숙이며 이렇게 말했다.

"급부금의 수취가 늦어지는 불편이 있더라도, 반드시 본인 명의로 바꿔주셔야 합니다. 해당되시는 분들께 불편을 드려 죄송합니다."

그러나 이는 시작에 불과했다. 뒤이어 '딴 사람의 정보가 건강보험증에 잘못 등록된 사례' '마이나포인트가 엉뚱한 사람에게 지급된 사례' '주민표 사본 교부 과정에서 다른 사람 증명서가 발급된 사례'가 차례차례 보도되었다. 그야말로 '안심하라'는 정부의 홍보가 무색해지는 순간이었다.

보도에 따르면, 마이나카드와 연계된 건강보험증에 타인의 정보가 잘못 등록된 사례는 7,300건 이상이었다. 의료 현장에서는 환자 본인이 아닌 다른 사람의 진료 기록이나 보험 정보가 뜨는 황당한 일이 벌어졌고, 그 순간 '행정 편의성'은 곧장 '환자 안전 위협'으로 직결되었다.

또한, 국가의 급부금 수령 계좌가 전혀 무관한 타인의 마이넘 버에 등록된 사례도 748건이나 확인되었다. 처음에는 단순한 가족 명의 문제라고 치부되었지만, 조사 결과 오입력·중복 등록이 광범위하게 퍼져 있었다. 이미 2025년 2월 무렵에 국세청은 이 문제를 인지하고 디지털청에 전달했으나, 실질적인 대책은 취해지지 않았다. 결국 13만 건이라는 거대한 규모로 불어났을 때 비로소 '사태'로 공표된 것이다.

사람이 하느라 생긴 게 아닌 구조적 문제

고노 대신을 비롯해 정부는 줄곧 이 사고들을 "인위적 실수ヒューマンエラー"라고 설명해왔다. 예컨대 창구에서 수속을 담당한 직원이 전 사용자의 화면을 로그아웃하지 않은 채 다음 사람 절차를 진행하다가 엉뚱한 사람의 정보가 입력되는 식이다. 그러나 표면적 '사무 착오' 뒤에는 더 근본적인 시스템 결함이 있었다.

첫째, 마이넘버 시스템에는 후리가나(가타카나 표기)가 없고, 한자만 입력된다. 반면, 은행 계좌는 반드시 가타카나로 등록된다. 따라서 이름 대조 과정에서 '佐藤(사토)'와 '齊藤(사이토)'처럼 한자로는 다른 이름이 시스템상 구분되지 않고 은행 계좌는 전혀 다른 사람으로 등록될 수 있다. 즉 시스템 간 기본적 호환성이 결여되어 있었던 것이다.

둘째, 본인 확인 절차의 축소다. 원래는 마이나카드 발급이나 계좌 연계 과정에서 2회 이상 본인 확인을 하도록 설계되어 있었다. 하지만 창구 부담이 커지자 정부는 절차를 단순화한다며 확인 절차를 1회로 줄였다. 이 작은 "간소화"가 결국 수천, 수만 건의 잘못된 등록으로 이어졌다.

더불어 2020년대 초반, 마이나포인트라는 유인책으로 신청자가 폭증하면서 지방자치단체의 창구는 사실상 '전시 상황'이 되었다. 창구 직원들은 수천 건의 신청서를 매일 처리해야 했고, 서류 확인에서 조금만 지체되면 민원이 폭발했다. 결국 "빨리 처리하는 것"이 "정확히 처리하는 것"을 압도하는 기현상이 나타났다.

이런 상황은 행정 디지털화의 취지를 완전히 무너뜨렸다. 본래는 창구 부담을 덜고 국민의 편의를 높이기 위해 도입된 카드였지만, 정작 현장에서는 수작업보다 더 많은 혼란을 불러온 것이다. 그리고 무엇보다 국민의 불신이 걷잡을 수 없이 커졌다. "프라이버시는 완벽히 지켜진다"던 정부의 약속이 허망하게 느껴지는 순간이었다.

마이나카드 보급률은 한때 20%대에 머물며 지지부진했다. 그러나 전환점은 코로나19 팬데믹이었다. 재난지원금 지급이 늦어지자 국민 불만이 폭발했고, 일본 행정의 디지털 후진성이 적나라하게 드러났다. 다른 나라들은 온라인으로 신청 후 바로 지원금을 지급했지만, 일본에서는 종이 서류 작성, 인감 날인, 주민센터 대기라는 '쇼와식 행정'이 그대로 반복되었다.

이 뼈아픈 경험이 정부를 움직였다. 행정 디지털화의 상징으로 마이나카드 보급을 서두른 것이다. 그리고 결정적 동력이 된 것은 앞서 언급한 "마이나포인트(최대 2만 엔)"라는 파격적 인센티브였다. 쇼핑 포인트와 직접 연계된 이 제도는 시민들에게 강한 유인을 제공했고, 2023년 6월에는 신청 건수가 9,707만 장(보급률 77%)에 달했다.

그러나 이렇게 급작스레 늘어난 신청 물량은 지방자치단체의 창구를 파괴했고, 앞서 언급한 본인 확인 축소와 입력 오류라는 연쇄 사고를 촉발했다. 다시 말해, 코로나라는 위기를 '디지털화의 기회'로 삼겠다는 발상 자체는 맞았지만, 준비 없이 밀어붙인 속도전이 오히려 더 큰 혼란을 낳은 것이었다.

일본 특유의 '개인정보 불안'

그렇다고 해서 마이나카드에 대한 반발이 단순히 제도 미비 때문만은 아니다. 더 깊은 층위에는 일본 사회 특유의 개인정보에 대한 민감한 감각이 자리한다. 예컨대 일부 지방자치단체는 직원 명찰에서 성姓과 이름을 함께 표기하지 않도록 하고 있다. "인터넷 검색만으로도 주소를 특정할 수 있다"는 스토킹 피해 우려가 근거였다.

또한, 지방 소도시에서는 주민이 서로의 가족 구성, 차량 번호, 인간관계까지 알고 있는 경우가 많다. 이런 '속속들이 아는 사회'에서 개인정보 유출은 곧 삶 전체가 노출되는 위협으로 체감된다.

과거 '국민 총등번호제' 논란의 기억도 여전히 강하다. 1968년 사토 내각 시절부터 시도된 주민번호 통합 정책은, 세금 회피 세력과 정치권 이해관계 속에 좌절했다.

1960년대 후반, 일본 정부는 세수의 불균형을 정면으로 마주하고 있었다. 당시 유행했던 표현이 바로 '쿠로욘(9·6·4)'이다. 급여 생활자의 소득은 90%가 세무에 포착되지만, 자영업자는 60%, 농가는 40% 정도밖에 잡히지 않는다는 현실을 비꼰 말이었다. 이와 비슷한 냉소로 '토고산핀(10·5·3·1)'이라는 말도 떠돌았다. 정치인과 종교인은 100%, 사업자는 50%, 월급쟁이는 30%, 연금 생활자는 10%만 제대로 세금을 내고 있다는 의미였다. 결국 문제는 단순했다. "개인의 소득과 자산을 일관되게 추적할 수단이 없다"는 것이었다. 그래서 1968년, 사토 에이사쿠佐藤 榮作 내각은 각 부처가 제각기 관리하던 주민 정보를 하나로 묶는 '개인 코드' 제도, 이른바 '국민 총등번호제'를 꺼내들었다.

그러나 이 구상은 출발부터 벽에 부딪혔다. 무엇보다 세무 추적을 꺼리는 고소득층과 자영업자, 그리고 이들을 지지 기반으로 둔 정치인들이 강력히 반발했다. 번호가 도입되면 다중 계좌나 차명 거래, 은닉 재산이 드러날 가능성이 높아지기 때문이다. 여기에 우정성과 은행권의 이해가 맞물렸다. 당시 우정성은 전국 우체국 네트워크를 기반으로 우편저금이라는 거대한 예금 풀을 거느리고 있었는데, 개인별 번호가 도입되면 소액 비과세 저축 제도가 엄격하게 관리되어 돈이 빠져나갈 수 있었다. 지역 기반을 가진 '우정족 의원'들까지 합세해 거센 저항이 형성되었다. 결국 국민번호제는 정치·경제 이해관계에 막혀 표류하고 말았다

이후 정부는 다른 경로를 모색했다. 1980년대 초 도입된 '그린카드' 제도가 그것이다. 본래 목적은 단순했다. 당시 일본에는 300만 엔 이하의 소액 저축에 대해 세금을 면제해주는 제도가 있었는데, 사람들이 은행과 우체국을 돌며 여러 계좌를 만들어 한도를 초과하는 경우가 많았다. 정부는 그린카드라는 신분증 형태의 카드를 만들어, 이 카드로 모든 금융기관의 계좌를 통합 관리해 "1인 1계좌, 1한도"를 보장하려 했다. 그러나 문제는, 이 카드가 사실상 납세자 번호와 같은 기능을 할 수 있었다는 점이다. 개인의 금융 자산이 한눈에 파악될 수 있는 구조였기에, 반발은 불 보듯 뻔했다.

결국 1983년 제도 시행은 연기되었고, 1985년에는 아예 폐지되었다. 법률까지 만들어놓고 시행도 못 한 채 폐기된 것은 일본 역사상 전례 없는 일이었다. 표면적으로는 "프라이버시 침해" "저축이 해외로 빠져나간다"는 명분이 내세워졌지만, 실상은 정치권과 업계의 이해가 작동한 결과였다. 특히 '우정족'의 거물 정치인 가네마루 신金丸信은 노골적으로 반대했는데, 훗날 밝혀진 바에 따르면 그는 막대한 소득을 은닉하고 있었고, 번호제가 시행되면 자신의 자금 흐름이 드러날 것을 두려워했던 것이다.

이 일은 대장성(현 재무성)에 깊은 트라우마를 남겼다. "납세자 번호"라는 말만 나와도 정치적으로 자살골을 넣는 격이라는 인식이 굳어진 것이다. 이후 1999년에는 주민기본대장 네트워크가 도입되었지만, 이 역시 격렬한 반대에 부딪혔다. 보수 논객 사쿠라

이 요시코櫻井よしこ가 "나는 번호가 되고 싶지 않다""국민을 알몸으로 세우는 제도"라며 반대 운동의 얼굴이 되었고, 2003년 제정된 개인정보보호법은 세계적으로도 유례없이 강경한 모델로 자리 잡았다. 이름과 주소 같은 기초 정보마저 과도하게 묶이는 바람에, 공공은 물론 민간에서도 데이터 연계가 얼어붙었다.

이러한 역사적 맥락은 일본 사회에 뿌리 깊은 조건반사를 남겼다. 번호제도=감시, 번호제도=나쁜 것이라는 인식이 뼛속까지 각인된 것이다. 그래서 마이넘버카드가 도입되었을 때도 단순한 행정 실수를 넘어, "내 정보가 어디까지 흘러가고, 누가 보는지 모른다"는 불안이 훨씬 더 크게 작동했다. 과거의 실패와 정치적 이해, 그리고 개인정보에 대한 강박적 불신이 한꺼번에 겹쳐지면서, 오늘날의 거센 반발로 이어지고 있는 것이다.

일본 정부에 대한 불신

연쇄 사고가 잇따르면서 기시다 내각의 지지율은 급속히 하락했다. 정부는 사고를 "인위적 실수"라며 축소하려 했지만, 국민에게는 그렇게 들리지 않았다. '후리가나 대조조차 안 되는 시스템''행정 부담을 줄이려다 본인 확인 생략' 등은 단순 실수가 아니라 정책 설계의 실패로 비쳤기 때문이다.

특히 고노 다로 디지털청 장관은 기자회견에서 "잘못 등록된 계좌는 신속히 바꿔 달라"라고 호소했지만, 국민에게는 '책임을 국민에게 떠넘기는 발언'으로 들렸다. 결국 디지털청은 출범 2년도 채 되지 않아 존립 자체가 흔들리는 위기에 몰렸고, 마이나카드 정책은 내각의 지지율을 무너뜨린 직접 원인 중 하나로 기록되었다.

마이나카드는 원래 일본 행정의 디지털 전환을 상징할 제도였다. 그러나 보급의 폭주, 시스템의 미비, 현장의 붕괴, 개인정보에 대한 사회적 불안이 겹치면서 오히려 "일본 디지털화 실패의 상징"으로 자리 잡았다.

국민에게 마이나카드는 편리한 도구가 아니라, '개인정보 유출'과 '불투명한 권력'의 공포를 상기시키는 존재가 된 것이다.

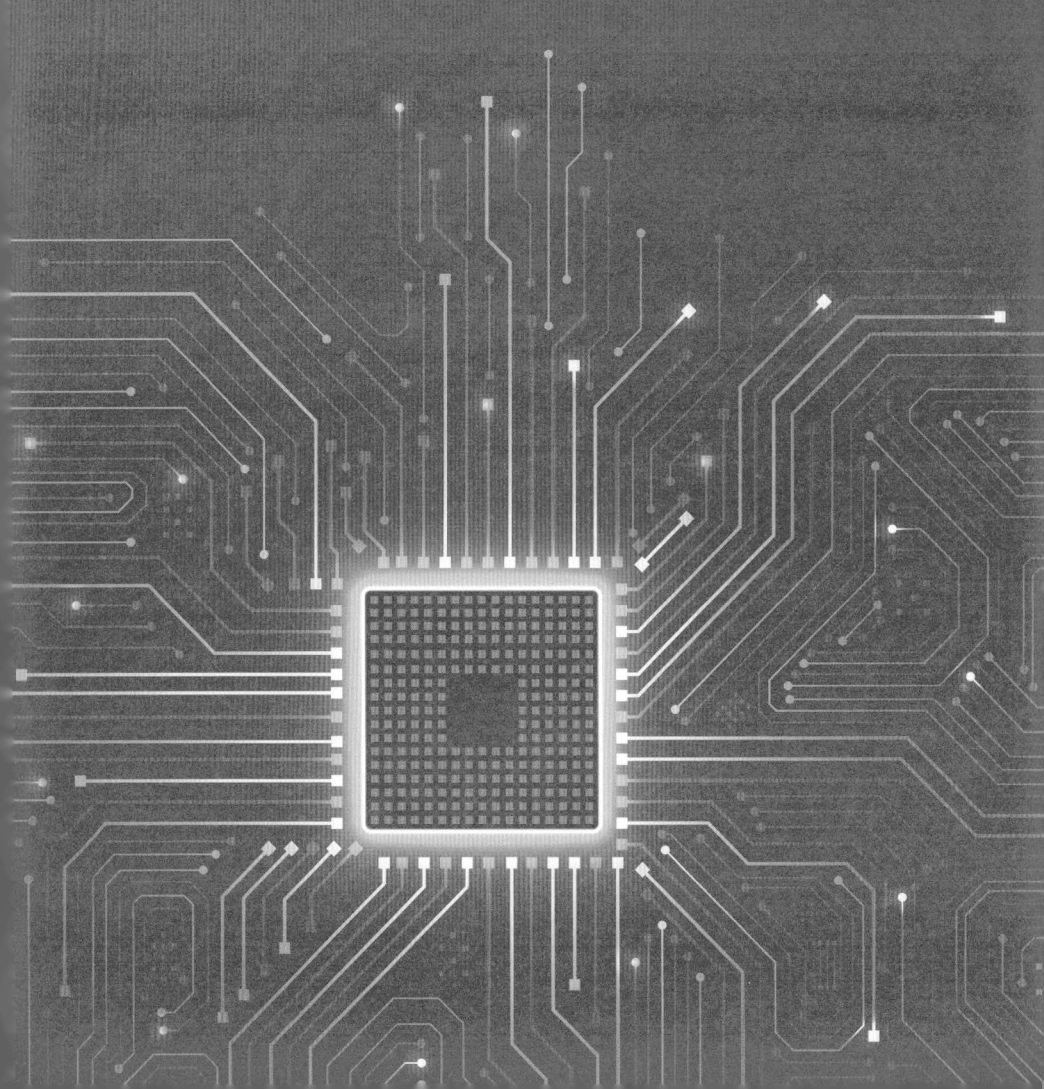

30장

사람들이 마이나카드를
꺼리는 진정한 이유

특히 일본 사회 특유의 정서가 문제를 증폭시켰다.
'이웃이 내 사정을 훤히 아는' 공동체 사회는 이미 무너졌고,
대신 불특정 다수에게 정보가 흘러들어갈 수 있다는
막연한 공포가 자리 잡았다.

마이나카드를 둘러싼 혼란은 그 뒤를 잇는 데이터 연계와 시스템 표준화 과정에서 폭발했다. 행정 절차가 디지털로 전환되려면 부처 간, 지자체 간 그리고 민간 시스템과 데이터가 원활히 연결되어야 한다. 하지만 일본의 행정은 이 지점에서 번번이 무너졌다.

마이나 보험증으로 드러난 행정 디지털의 맹점

우리나라의 건강보험처럼 일본에는 마이나 보험증이라는 것이 있다. 마이나카드에 간강보험증 기능을 등록한 것으로 의료기관 및 약국에서 사용할 수 있게 만든 제도다. 이 또한 야심차게 시작한 제도이지만, 마이나카드와 실제 정보의 연계 오류 등의 발생으로 인해 신뢰도가 하락했다.

마이나 보험증의 논란은 일본 행정 전반의 디지털 전략 부실과 직결되어 있었다. 당시 디지털청 장관이었던 고노 다로는 정부 클라우드와 자치단체, 각 부처 간의 데이터 연계를 촉진하는 정책을 내세웠다. 그러나 실제로는 정반대의 결과가 나타났다.

2024년 6월 하순, 디지털청에서 열린 데이터 표준화 관련 회의의 회의록 요지가 7월 31일이 되어서야 공개되었다. 그 문서에는 충격적인 문장이 담겨 있었다.

"데이터 연계에 관한 과제는 사업자 간 협의로 해결한다."

이 한 줄을 본 관계자들은 "의자에서 굴러떨어질 정도로 충격이었다"고 전한다. 디지털청이 국가 차원에서 결정해야 할 핵심 과제를 민간 사업자들에게 떠넘기고, 자치단체가 알아서 정리하라는 방침을 세운 것이었기 때문이다. 디지털청 내부에서도 이미 "2025년도 말까지 표준화를 실현하기는 어렵다"는 취지로 고노 다로에게 보고가 이뤄지고 있었다. 다른 부처의 고위 관계자는 이렇게 말했다.

"데이터 표준화를 전제로 추진해온 정부 클라우드는 이번 방침 철회로 사실상 좌초됐습니다. 국책으로 밀어붙여온 정부 클라우드 정책, 나아가 국가 데이터 전략을 디지털청이 스스로 무너뜨린 셈이지요. 고노 대신의 책임은 결코 가볍지 않습니다."

디지털청이 야심차게 추진한 핵심 프로젝트 중 하나가 '정부 클라우드'였다. 각 부처와 지자체가 제각각 구축해온 시스템을 클라우드로 통합·표준화해 행정 효율성을 높이겠다는 구상이었다. 그러나 데이터 표준화가 좌초되면서 이 구상은 사실상 물거품이 되었다. 겉으로는 '클라우드'라는 이름을 내세웠지만, 그 안에서 돌아가는 데이터는 여전히 뒤죽박죽이었다. 각 부처마다 데이터 구조와 입력 방식이 달라 상호 호환이 되지 않았고, 클라우드 통합은 요원한 일이 되었다.

사실 데이터 표준화는 시스템 개발에서 가장 기초적인 단계다. 어떤 데이터를 어떤 형식으로, 어떤 기관과 연계할지 정하지 않으면 이후 모든 개발 과정에서 사양 변경이 발생한다. 각 기관이 제각기 다른 기준으로 데이터를 다루면 오류가 누적되고, 통합은커녕 행정 효율성이 더 떨어지게 된다. 그때마다 시스템을 다시 설계해야 하고, 개발비는 눈덩이처럼 불어난다. 결국 정부 클라우드는 행정 디지털화의 상징이 아니라, 일본식 시스템 개발의 고질적인 병폐를 드러내는 사례로 남게 되었다.

소규모 자치단체의 경우 사정은 더욱 심각하다. NEC, 후지쓰 같은 대기업 계열에 시스템 개발을 의뢰해야 하는데, 표준이 정해지지 않으면 발주 자체가 불가능해진다. 경우에 따라서는 아예 개발 자체를 포기해야 하는 지자체도 생긴다. 총무성은 이를 보완하기 위해 개발비 보조 예산을 검토하고 있었지만, 고노 다로는 돌연 개입해 이렇게 장담했다. "표준화에 드는 비용은 국가가 전액 부담하겠다.”

　발언 직후는 환영하는 분위기도 있었지만, 문제는 돈이 아니라 ‘방향성’이었다. 표준화라는 가장 중요한 작업을 디지털청이 책임지고 조율해야 했는데, 정작 그 역할을 포기한 채 “사업자와 지자체가 알아서 해라”고 떠넘긴 것이다. 그 결과, 지방 현장은 갈피를 못 잡고 혼란에 빠졌다.

　문제의 본질은 예산 지원 여부가 아니었다. 자치단체의 역량 부족이 정말 심각했다.

　지방 자치단체에는 시스템 사양을 스스로 판단하고 결정할 수 있는 인력이 거의 없다. 결국 외부의 IT 사업자에게 의존할 수밖에 없고, 발주 과정에서 제안된 대로 시스템이 구축된다. 이 구조가 굳어져버리면, 이후 다른 업체로 교체하기도 사실상 불가능하다. 이미 4부에서 다룬 이른바 ‘벤더 고정’ 현상이다.

　회계검사원이 발표한 데이터는 이를 적나라하게 보여준다. 2008~2010년도 시스템 관련 계약을 보면, 수의계약이거나 경쟁입찰임에도 응찰 기업이 단 1곳뿐인 건이 무려 전체의 80%에 달했다. ‘입찰’이라는 형식만 있었을 뿐, 실질적으로는 지정된 벤더가 예정가의 96% 수준에 맞춰 낙찰받는 구조였다. 이름만 경쟁일 뿐, 실상은 독점이었다.

　이런 상황에서 디지털청이 발표한 “벤더 고정 구조를 끊겠다”는 선언은 현장의 시각으로 보면 ‘공허한 메아리’였다. 어느 지자체 정보 담당자는 이렇게 토로했다. “서류에는 분명 ‘경쟁입찰’이라고 적혀 있었지만, 어느 회사가 따낼지 모두 알고 있었습니다. 금액까지 사전에 조율되어 있었으니까요."

한번 납품된 시스템은 가동 후 장기간에 걸쳐 유지·보수 계약이 이어지고, 자치단체는 정보화 예산을 해당 업체에 빨려 들어가듯 제공해야 한다. 이는 행정의 자율성을 심각하게 제약하는 구조적 문제였다.

물론 사업자 측에서는 해당 자치단체의 사정을 깊이 이해하고 있어 업무 효율성을 높인다는 장점도 있다. 그러나 그럼에도 불구하고, 디지털청이 앞장서서 사업자와 지자체 간의 이해관계를 정리하고, 국가 차원에서 표준화의 틀을 제시했더라면 전혀 다른 결과가 가능했을 것이다. 그런데 고노 다로가 문제의 본질을 이해하지 못한 채, 표준화 결정을 방치하고 지자체에 떠넘긴 결과, 많은 자치단체는 재해에 비견될 만한 혼란을 겪게 되었다.

행정의 정보화는 원래 자치단체의 고유 권한과 깊이 연결된 분야다. 감염증 대응에서도 마찬가지였다. 예컨대 백신 접종 기록 시스템VRS처럼 중앙정부가 마련한 시스템을 자치단체가 얹어 쓰는 경우, 인력과 예산이 부족한 지방은 중앙의 지원 없이는 대응할 수 없었다.

예전 같았으면 지방에는 젊은 인재도 많았고 조직도 활기를 띠었기에, 중앙에서 무리한 요구가 내려와도 어찌어찌 대응할 수 있었다. 그러나 지금은 인구 감소와 재정 악화로 인해 기본 행정을 꾸려가기조차 빠듯하다. 이런 상황에서 데이터 표준화 같은 거대한 과업을 스스로 검토하고 결정하라는 요구는 사실상 불가능에 가깝다.

따라서 정부 클라우드로의 이행은 쇠퇴해가는 지방 자치단체를 어떻게 재편할 것인가라는, 일본 사회의 구조적 과제와 맞닿아 있다. 필요한 기술과 인재를 어떻게 확보하고, 이를 어떤 제도 개혁을 통해 유도할 것인가. 중앙정부가 도도부현과 자치단체를 납득시킬 수 있는 명확한 로드맵을 제시하지 않는 한, 일본의 행정 디지털화는 공허한 구호에 그칠 수밖에 없다.

지방 사회에서는 점점 더 많은 영역에서 "이것만큼은 국가가 책임지고 해달라"는 요구가 터져 나오고 있다. 마이넘버카드와 마이나 보험증의 실패는, 일본이 단지 디지털 정책에서만 뒤처진 것이 아니라 국가와 지방의 균형 자체가 무너지고 있음을 드러낸 사건이었다.

의료 현장에서 불거진 불만의 목소리

마이나카드 논란이 커진 또 다른 무대는 의료 현장이었다. 일본 정부는 마이나카드를 건강보험증과 통합하는 정책을 밀어붙였다. 표면적인 이유는 "병원 창구에서 보험 자격 확인을 원활히 하고, 의료 데이터를 디지털화해 효율성을 높인다"는 것이었다. 그러나 현장의 목소리는 전혀 달랐다.

이시카와현 가나자와시 조호쿠병원 내과의 야나기사와 후카시柳沢深 부원장은 기자회견에서 이렇게 말했다.

"보험증과 마이나카드를 연동했더니, 엉뚱한 환자 정보가 화면에 뜨는 일이 벌어졌습니다. 생명과 직결되는 의료 현장에서 이런 오류는 치명적입니다. 말 그대로 환자를 잘못 치료할 뻔한 겁니다."

실제 통계도 이를 뒷받침했다. 마이나카드와 보험증 연계 오류는 7,300건 이상 보고되었고, 국가의 지원금 계좌가 무관한 타인의 마이넘버에 잘못 등록된 사례도 수백 건에 달했다. 숫자 하나, 입력 오류 하나가 곧바로 환자의 목숨과 재정에 영향을 미치는 만큼, 의료계의 불안과 반발은 커졌다.

전국보험의료단체연합회, 일명 보단련全国保険医団体連合会의 다케다 도모오竹田智雄 회장은 정부 방침을 정면으로 비판했다.

"정부는 '인위적 실수'라며 축소하려 하지만, 문제는 훨씬 심각합니다. 데이터베이스 자체가 뒤엉켜 있고, 이를 고치려는 대응도 늦습니다. 이런 상태에서 보험증을 폐지한다는 것은 무모한 실험입니다."

현장 반발은 의료계만이 아니었다. 지방자치단체와 시민단체에서도 "개인정보가 어디까지 흘러가고, 누가 열람하는지 알 수 없다"는 근본적인 불신이 터져 나왔다. 특히 일본 사회 특유의 정서가 문제를 증폭시켰다. '이웃이 내 사정을 훤히 아는' 공동체 사회는 이미 무너졌고, 대신 불특정 다수에게 정보가 흘러들어갈 수 있다는 막연한 공포가 자리 잡았다.

사가현 사가시에서는 실제로 공무원 명찰에서 성姓과 이름을 모두 적지 않고 성만 표기하는 제도가 도입되었다. "인터넷 검색만으로도 개인 주소를 특정할 수 있다"는 스토킹 피해 우려가 이유였다. 주민들 역시 주소, 차량 번호, 가족 구성 등이 외부에 퍼질 수 있다는 점에서 극도로 민감하게 반응하고 있었다.

이런 정서를 감안하면, 마이나카드가 단순히 행정 효율화 수단이 아니라 개인 신상을 무제한으로 퍼뜨릴 수 있는 위험으로 비쳤던 것도 무리가 아니었다. 정부는 "편리하다""포인트를 준다"는 인센티브로 보급을 밀어붙였지만, 사람들의 머릿속에는 오히려 "내 정보가 어디까지 새어나갈까"라는 공포가 먼저 자리 잡았다.

31장

왜 꼭 그렇게
마이나카드를 고집할까?

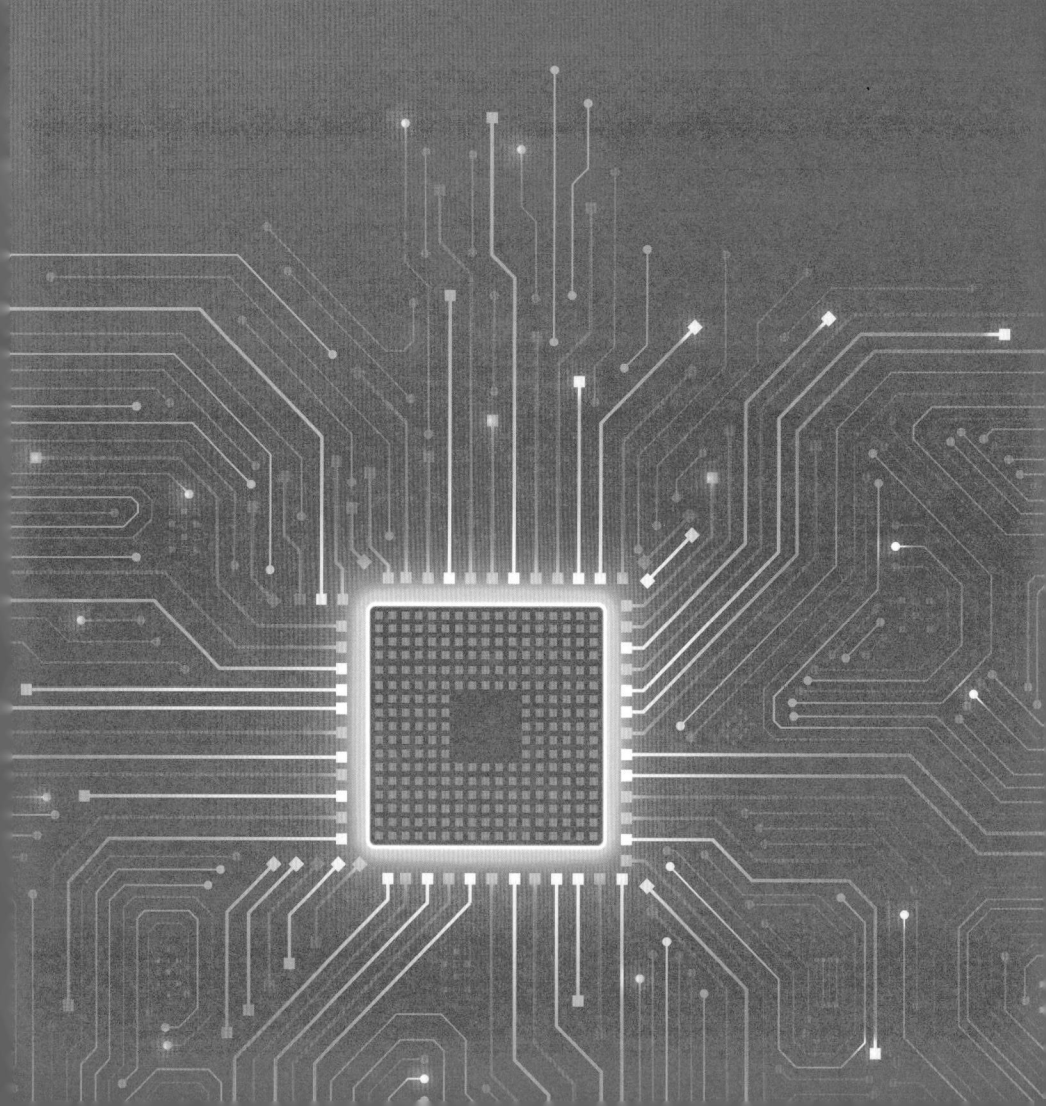

오기와라가 지적했듯, 제도의 근본적 설계에서부터 무리수가 숨어 있었다. '원래는 임의였던 카드'를 보험증과 강제로 엮어, 사실상 국민 모두가 발급받지 않으면 안 되게 만든 순간부터 반발은 예고된 것이었다.

마이나카드의 교부가 시작된 것은 2016년이었다. 그러나 정작 국민에게는 별다른 울림이 없었다. 《마이나 보험증의 함정マイナ保険証の罠》을 쓴 경제 저널리스트 오기와라 히로코荻原 博子는 이렇게 말했다.

"편의점에서 주민표 같은 서류를 발급받을 수 있다는 것 외에는 이점이 거의 없었기 때문에, 전혀 보급되지 않았습니다."

"애초에 마이넘버는 번호만으로도 재해 대응이나 사회보장 행정에 활용할 수 있는 체계입니다. 그런데 정부는 의료 디지털 전환을 당연한 전제로 삼고, 개인정보를 수집하기 위해 모두에게 마이넘버카드를 소지하게 하고, 그 정보를 민간기업까지 활용하게 하려 했습니다.

그래서 원래는 임의였던 마이넘버카드에 보험증 기능을 억지로 붙이고, 기존 건강 보험증을 폐지해버린 것이죠. 결국 마이넘버카드 취득이 사실상 강제가 되어버렸습니다. 거기서부터 모든 것이 잘못됐다고 생각합니다."

오기와라가 지적했듯, 제도의 근본적 설계에서부터 무리수가 숨어 있었다. '원래는 임의였던 카드'를 보험증과 강제로 엮어, 사실상 국민 모두가 발급받지 않으면 안 되게 만든 순간부터 반발은 예고된 것이었다.

전만 못하다는 마이나 보험증

물론 모든 의료 현장이 마이나 보험증을 부정적으로만 본 것은 아니다. 도쿄 시나가와구의 아키쓰 의원을 운영하는 아키쓰 도시오 원장은 "창구 업무 부담이 줄었다"는 점에서 환영했다. 환자가 보험증을 제시하면 직원이 번호를 일일이 입력해야 했지만, 마이나 보험증을 활용하면 이 절차가 사라져 대기 시간이 줄고 정산이 매끄러워졌다는 것이다. 행정 효율화 측면에서 보면 분명 장점은 있었다.

그러나 의료 데이터 호출 기능에 대해서는 회의적이었다. 그는 평소 환자들에게 약 수첩이나 과거 진료 기록을 직접 지참하도록 권유해왔기 때문에, 마이나 보험증이 제공하는 정보는 이미 아낼

로그 방식으로 충분히 확인 가능하다고 말했다. 요컨대 "편리하긴 하지만, 없어도 문제는 없었다"는 것이 현장의 솔직한 평가였다.

또 다른 목소리도 있었다. 출장 중 갑자기 몸이 아파 처음 방문하는 클리닉을 이용해야 하는 회사원에게는 확실히 편리할 수 있다. 보험증에 연결된 데이터 덕분에 의사가 환자의 기본 이력을 즉시 확인할 수 있기 때문이다. 그러나 반대로 한 병원·한 약국만을 꾸준히 다니는 고령자에게는 굳이 필요하지 않은 기능이었다. 결국 누구를 위한 제도인지 모호하다는 지적이 의료계 안팎에서 흘러나오기 시작했다.

정부는 마이나 보험증이 생명을 구하는 긴급 상황에서도 큰 힘을 발휘할 것이라 홍보했다. 특히 "고령의 부모가 갑자기 쓰러졌을 때, 카드에 저장된 건강 진단과 복약 이력이 의료진에게 결정적 단서가 된다"는 메시지는 TV와 브로셔를 통해 반복되었다.

그러나 실제 현장 반응은 차갑다. 오사카부 모리구치시의 기타하라 의원 원장 이노우에 미사井上美佐는 이렇게 말했다.

"심정지 같은 위급 상황에서는 혈액 응고 여부와 관계없이 처치 방침이 이미 정해져 있습니다. 그 순간에 약물 정보나 건강 이력을 확인할 여유 자체가 없습니다."

즉 정부가 주장하는 "골든타임 활용"은 의료 현장의 논리와 맞지 않았다. 실증 실험에서도 홍보와는 정반대의 결과가 나왔다.

전국 소방본부가 진행한 시험에서, 마이너 보험증을 활용했을 때 오히려 구급차 안에서 평균 6분 29초가 더 걸린다는 데이터가 나온 것이다. 구급차 안에서 단말기로 카드를 인식하고, 서버에서 정보를 불러오는 시간이 추가로 소요되었기 때문이다. 일부 의료진은 "무슨 데이터를 보느라 이렇게 지체하냐"는 불만을 토로했다. 생사가 갈리는 순간에 6분은 치명적이다.

게다가 현장 의료인력은 카드 인식 자체가 불안정하다고 지적한다. 안면 인증이 실패하거나, 비밀번호 입력이 요구되는데 대부분의 고령 환자들은 기억하지 못한다. 결국 기존의 종이 건강보험증을 다시 꺼내 확인하는 절차가 반복된다. "오히려 번거롭다"는 목소리가 쏟아지는 이유다.

실제로 마이나카드를 보유한 국민의 약 80%가 이미 보험증으로 등록을 마쳤음에도, 2024년 10월부터는 이 등록을 해지할 수 있는 절차가 새로 마련된다. 가입 중인 보험자에게 신청하면 기존 보험증과 사실상 동일한 '자격 확인서'가 교부되는 것이다. 의료 실무에 밝은 저널리스트 오기와라 히로코는 이에 대해 "자격 확인서가 현행 보험증과 큰 차이가 없습니다. 그렇다면 굳이 기존 보험증을 폐지할 이유가 어디 있습니까?"라고 꼬집었다.

약국 운영자들의 반응도 흥미롭다. 한 약사는 "마이나 보험증이 있든 없든, 단골 환자는 보험증 제시 없이도 과거 복약 이력이 공유된다"고 말했다. 오히려 그는 "익숙한 약국에 계속 다니자"는 캠페인을 강조하며, 약국을 지역 커뮤니티의 중심지로 삼아야 한다는 인식을 내세웠다. 이 시각에서 보면, 마이너 보험증은 환자와 약국의 신뢰 관계라는 아날로그 네트워크를 대체하지 못하는 불필요한 제도일 뿐이었다.

일본의 디지털 지연과 마이넘버 제도를 둘러싼 논쟁은 결국 하나의 질문으로 수렴된다. 일본은 변화의 시점마다 무엇을 지키려 했고, 무엇을 놓쳤는가. 반도체 산업에서 전략을 오판했던 순간들, 디지털 전환에서 결국 구태를 답습하는 데 그친 도전, 그리고 마이나카드를 밀어붙이려 했던 과정은 서로 단절된 사건이 아니다. 모두가 같은 사고의 연장선 위에 있다. 일본은 늘 '완성된 형태'를 만들고자 했지만, 변화하는 흐름 속에서 스스로를 갱신하는 방식에는 서툴렀다. 이 책이 되짚은 일본의 몰락은 산업과 기술의 변곡점에서 내린 판단이 얼마나 오래 지속되는 결과를 낳는지를 보여주는 기록이다. 그 판단과 선택이 쌓여 만들어진 현재 앞에서, 우리는 비로소 다음 갈림길에서 무엇을 기준으로 판단할 것인가를 질문하게 된다.

『お粗末な日本のIT、実は当初からつまずいていた』、加谷珪一、2021.09.06.

『価値を生まないムダ機能が日本電機を滅ぼした理由』、2023.03.23.

『河野太郎氏は「デジタル」をまるで理解していない…大失策のツケを地方に丸投げするデジタル大臣の呆れた実態』、山本一郎、2024.08.16.

『経産省が打ち出した日本半導体復活に向けた基本戦略 - インターネプコン2022』

『経産省がTSMCに先端半導体工場の日本進出を要請か？』、服部毅、2022.10.24.

『経産省が目指す半導体復活への3ステップ』、久保田龍之介、2023.06.22.

『経産省の半導体戦略は政治の道具か』、久保田龍之介、2023.06.26.

『このやり方では「ラピダス」も失敗する…最強官庁・経産省の肝煎り事業がことごとく大失敗する根本原因』、2023.02.17.

『熊本のTSMC新工場を喜ぶのは大間違い』、湯之上隆、2021.12.07.

『技術で勝って経営で負けた』、湯之上隆、2010.01.25.

『技術者不足でTSMC熊本工場は苦戦する』、湯之上隆、2021.10.22.

『「技術で勝って経営で負けた」という言い分の真実』、湯之上隆、2010.01.25.

『国産半導体「Rapidus」の成否を握る人材育成に全力挙げよ』、伊東乾、2022.12.15.

『サムスン半導体はシャープの技術支援のおかげ』、2023.03.27.

『戦地で反省部屋!? 戦後77年たっても変わらない組織を蝕む「日本病」とは？』、鈴木博毅、2023.01.11.

『常識破り「国策半導体ラピダス」成功に必要なこと』、南川明、2023.11.23.

『先端半導体で失われた30年を取り戻す』, ラピダス小池社長, 2023.10.13.

『一気に上りつめ、一気に陥落した日本DRAM』, 湯之上隆, 2010.01.25.

『スクープ！ 日米半導体"極秘交渉"の舞台裏：ガイアの夜明け』, 2022.12.09.

『Soft開発軽視が致命傷に — 日本が半導体戦争に惨敗した真因』, 2023.01.02.

『だから日本は世界屈指のIT後進国になった』, 津田建二, 2024.10.04.

『「2025年の崖」がリアライズする悪夢』, 木村岳史, 2024.07.29.

『「2025年の崖」までタイムリミット1年、人材不足でもDXに近づく方法』, 2024.01.12.

『DXが進まない日本企業の壁』, 木村岳史, 2024.04.11.

『DXはやはり救世主だった』, 篠崎彰彦, 2023.05.18.

『DXはなぜ日本企業の再起に効果抜群なのか』, 2023.05.18.

『TSMCが日本に急接近』, 久保田龍之介, 2023.06.23.

『TSMC新工場ができても日本半導体復活にはつながらない理由』, 湯之上隆, 2021.11.03.

『TSMC熊本工場建設の最大の問題は技術者確保』, 湯之上隆, 2021.10.22.

『なぜ13万件も？ マイナンバー大量トラブル』, 岩間宏毅, 2023.06.08.

『なぜ日本はITに"めっぽう"弱いのか？』, 野口悠紀雄, 2024.05.20.

『なぜ日本は「デジタル敗戦」したのか』, 篠崎彰彦, 2023.06.15.

『なぜ世界一だった日本の半導体は凋落したのか—経産省が「失敗だった」と反省する日の丸連合の過ち』

『日本が半導体戦争に惨敗した真因』, 2023.01.02.

『日本がTSMCに急接近』, 久保田龍之介, 2023.06.23.

『日本が貧乏になった真の原因』, 黒木亮, 2025.04.28.

『日本型組織とデジタル化は「相性悪すぎ」』, 篠崎彰彦, 2023.04.18.

『日本企業がIT人材不足に陥った理由』, リチャード・カッツ, 2023.05.02.

『日本半導体業界の失われた35年』, 2022.08.20.

『日本は電子政府化に失敗した』

『人材流出で技術が韓国・中国へ漏洩した理由』, 2022.01.02.

『まもなく2度目の「失われた30年」が始まる』, 藤巻健史, 2023.05.26.

『マイナカードはなぜ嫌われるのか』, 鈴木洋仁, 2023.09.25.

『マイナンバーカード問題とは?』

『マイナンバーカードに反対する人が恐れる本当の理由』, 池田信夫, 2023.07.02.

『マイナ保険証に見た日本の競争力低下』, 野口悠紀雄, 2024.12.08.

『マイナ保険証 医療現場での大混乱』, 2024.07.09.

『マイナ保険証 医療現場での大混乱 (死亡事案含む)』, 2024.06.20.

『マイナ保険証を取得しないと本当にまずい?』, 2024.09.17.

『見えてきた日本のIT競争力低下』, 野口悠紀雄, 2024.12.08.

『"日の丸半導体構想"再び』, 吉川明日論, 2022.11.15.

『ラピダスが直面する20年の反省と3つの技術課題』, 情ポヨ, 2023.11.21.

『ラピダスの前途が楽観視できない事情』, 菊地正典, 2024.05.07.

『ラピダスは99.7%失敗する』, 小幡績, 2024.11.16.

『私たちは電子立国日本を再生できるか』, 伊東乾, 2022.12.15.

『EE Times Japan: imecが全幅の信頼、Rapidusの成功の定義とは』, 湯之上隆,

『IBMからの電話で始まったラピダスへの道』, 久保田龍之介, 2023.06.16.

『NTT・IOWN構想／デジタル赤字45兆円警告』, 唐鎌大輔, 2025.05.28.

일본의 몰락

초판 1쇄 인쇄 ㅣ 2025년 12월 16일
초판 1쇄 발행 ㅣ 2025년 12월 22일

지은이 ㅣ 이명찬

발행인 ㅣ 정병철
발행처 ㅣ ㈜이든하우스출판
등 록 ㅣ 2021년 5월 7일 제2021-000134호
투 자 ㅣ 김준수
편 집 ㅣ 조혜정
디자인 ㅣ 스튜디오41

주 소 ㅣ 서울시 마포구 양화로 133 서교타워 1201호
전 화 ㅣ 02-323-1410
팩 스 ㅣ 02-6499-1411
이메일 ㅣ jbc072@naver.com
ISBN ㅣ 979-11-94353-30-0 (03320)

* 값은 뒤표지에 표시되어 있습니다.
* 잘못된 책은 구입하신 서점에서 바꾸어 드립니다.